英国繁荣基金项目（2016~2017年度）"中英教育技术与教育装备比较研究"（Using the UK's expertise in education technology, run a comparative study between the UK and China's educational equipment in order to improve the standard in China and therefore improve Chinese students' attainment）（项目编号：16ED13）研究成果

A Comparative Study of Educational Equipment
Standards in China and the UK

中英教育装备标准比较研究

李正福◎著

科学出版社
北京

内 容 简 介

教育装备是教书育人的必要条件,是实现教育现代化的重要支撑,是培养学生创新精神和实践能力、促进学生全面发展的重要载体。本书基于中英教育装备有关标准,对中英教育装备发展状况、教育装备标准化建设及中小学教育装备具体内容和实施情况进行了较为系统的比较,并对我国教育装备发展进行了思考。

本书对教育装备领域的研究者、管理者,中小学校校长及教育装备行业的相关企业有重要参考价值,也可供对英国教育发展感兴趣的朋友阅读。

图书在版编目(CIP)数据

中英教育装备标准比较研究 / 李正福著. —北京:科学出版社,2017.11
ISBN 978-7-03-055174-0

Ⅰ.①中… Ⅱ.①李… Ⅲ.①教学设备-教育技术-标准-对比研究-中国、英国 Ⅳ.①G484-65

中国版本图书馆 CIP 数据核字(2017)第 269951 号

责任编辑:朱丽娜 / 责任校对:何艳萍
责任印制:张克忠 / 封面设计:润一文化

编辑部电话:010-64033934
E-mail:edu_psy@ sciencep.com

科学出版社 出版
北京东黄城根北街 16 号
邮政编码:100717
http://www.sciencep.com

新科印刷有限公司 印刷
科学出版社发行 各地新华书店经销

*

2017年11月第 一 版 开本:720×1000 1/16
2017年11月第一次印刷 印张:14
字数:262 000
定价:82.00元
(如有印装质量问题,我社负责调换)

丛书序一
SEQUENCE

深化中英教育合作交流　增强教育装备创新能力

　　2016年9月5日，国家主席习近平在杭州会见了来华出席二十国集团领导人峰会的英国首相特雷莎·梅。习近平强调，2016年是中英关系"黄金时代"的开局之年，2017年将迎来两国建立大使级外交关系45周年，中方愿同英方一道，推动两国面向21世纪全球全面战略伙伴关系迈上更高水平。特雷莎·梅表示，英中正处于发展关系的"黄金时代"，两国合作领域广泛、潜力巨大。在此背景下，《中国现代教育装备》杂志社积极组织有关专家，依托英国繁荣基金项目"中英教育技术与教育装备比较研究"课题（项目编号：16ED13），加强英国教育技术和教育装备研究，为我国教育技术和教育装备工作提供参考与借鉴。本套丛书就是该项目的系列研究成果之一。

　　在深化教育改革、推进教育现代化发展阶段，开展"中英教育技术与教育装备比较研究"具有重要的时代价值和实践意义。

　　一是通过中英教育技术和教育装备工作的系统比较，能够帮助我们了解英国教育的发展情况，找寻中英教育各自的比较优势，吸收借鉴英国好的经验和作法，更好地推动我国教育技术和教育装备现代化。比如，研究发现，英国教育科技的相关标准体系建设比较完善，能够有效服务学校教育教学工作；中小学教育教学仪器设施的配备、采购、管理等与我国现行制度差别较大。这为我们深入思考教育装备管理体制机制和优化教育装备标准建设提供了另外一个视角。

二是有助于我们提高教育技术和教育装备创新能力。《教育部关于新形势下进一步做好普通中小学装备工作的意见》（教基一〔2016〕3号）强调"增强创新能力"，明确提出"推动装备对外开放合作，开展先进装备理念、产品、标准体系、应用、管理、服务的国际交流合作"。"中英教育技术与教育装备比较研究"课题就是落实这一要求的具体举措。当前，我国已进入全面建成小康社会的决定性阶段，开启了全面建设社会主义现代化国家新征程。优先发展教育事业，加快教育现代化，离不开教育技术和装备的现代化。同时，信息技术迅猛发展，云计算、物联网、虚拟现实及大数据等技术在教育中广泛应用，不仅丰富了装备的品种，优化了装备的结构，极大地提升了装备的品质，还促进了教育模式、教学方法和办学方式的转变。但是如何更好地创新技术、发展技术、利用技术，促进技术更好地服务教育教学，还有很多问题需要思考和解决。中英双方交流合作有利于加强与英国专家学者、组织机构的联系，在交流中学习，在合作中创新，促进我国教育技术与教育装备创新能力的提升。

三是有利于教育装备行业的发展。教育技术与教育装备行业是一个庞大的生态系统，如何促进这个行业健康有序地发展是教育现代化的一个重要议题。在比较中就发现，中英两国该行业在管理体制、盈利方式、产业布局、发展重点等方面存在许多不同。通过交流进一步了解了英国教育科技行业的发展理念、发展模式、管理体制等，对我们认识、反思和推动教育装备行业发展拓宽了思考空间。

"中英教育技术与教育装备比较研究"丛书关注我国教育体制机制深化改

革，服务教育技术与教育装备发展需要，聚焦发展中的热点、难点问题，搜集资料，深入比较，提供有根据、有基础的信息，供研究者和管理者参阅。课题研究团队秉持开放的态度，关注学术、实践和政策，拟推出丛书，计划依次出版《中英教育装备标准比较研究》《中英学习空间比较研究》《中英教育科技企业比较研究》三册，之后再随课题研究的深入而稳步推进。

创新是引领发展的第一动力，是推进教育技术与教育装备现代化的战略支撑。科技发展日新月异，技术革新群雄并起，转型升级势在必行，必须以时不待我的紧迫感、舍我其谁的使命感、抓铁留痕的责任感投身新时代教育技术与教育装备事业。

中国高等教育学会副会长、秘书长

2017 年 10 月

丛书序二

共同发展　共享繁荣

2017 年是中英建立大使级外交关系 45 周年。在过去 45 年里，中英关系稳步发展、不断增强，两国之间的双边贸易额增长至 5530 亿元人民币，全英国大学和学院的中国留学生则超过了 150 000 人。我们取得成就的步伐和范围，无论对单方还是双方而言，都是非同寻常的。

英国外交与联邦事务部设立繁荣基金，旨在帮助英国实现其"为全球增长创造条件"的外交政策目标。"中英教育技术与教育装备比较研究"就是在繁荣基金资助下开展的一项研究，目的在于推动中英双方教育科技领域的合作交流。

中国政府高度重视教育信息化，积极发展"互联网+教育"，着力建设"人人皆学、处处能学、时时可学"、与教育现代化发展目标相适应的教育信息化体系。近几年将进一步完善教育基础设施，加强教育装备标准化建设，提升教育信息化保障条件，引导教师依托网络进行教学综合分析，鼓励学校利用大数据技术开展对教育教学活动和学生行为数据的收集、分析和反馈，为推动个性化学习和针对性教学提供支持，全力推动信息技术与教育教学深度融合。

英国教育科技比较发达，在全球都有很强的竞争力。英国有数量众多的教育科技企业，他们长期服务学校发展，针对实际问题，持续深入研究，研发了许多优秀的软件、器材、设备，很好地满足了教育教学的需要。许多企业不仅服务英国教育，还向其他国家提供优质的产品和周到的服务，获得了全球业界的高度赞誉。

教育科技是近几年中英合作快速发展的一个新领域，中国有发展的需求，英国有优质的产品与服务，双方合作有很大的发展空间。英方资助"中英教育技术与教育装备比较研究"，旨在通过该项目推动两国的相互了解和深度合作。目前来看，该项目的研究任务已经顺利完成，中英教育科技行业的互动不仅更加频繁，合作程度也明显加深，一批英国教育科技产品进入中国并开始在中小学得到应用，研究带来的积极效应正在逐步显现。

当前，中英关系进入"黄金时代"，两国面向 21 世纪全球全面战略伙伴关系正大步迈上更高水平，交流范围不断扩大，领域合作持续深化。我们希望双方有更多的教育科技企业加入进来，共同推动教育科技发展，促进中英双方共同发展、共享繁荣。

英国驻华大使馆国际贸易部教育与技能司主任

2017 年 10 月

前言
PREFACE

  教育装备工作是我国教育事业发展的重要组成部分。《教育部关于新形势下进一步做好普通中小学装备工作的意见》（教基一〔2016〕3 号）指出，"教育教学装备是教书育人的必要条件，是实现教育现代化的重要支撑，是培养学生创新精神和实践能力、促进学生全面发展的重要载体"。当前，我国已进入全面建成小康社会的决定性阶段，以"互联网+"和"中国制造 2025"战略为引领的新型城镇化、工业化、信息化建设进入关键时期，推进教育现代化的蓝图已经基本绘就。信息技术对教育发展具有革命性影响，以云计算、物联网、虚拟现实及大数据等为代表的新兴信息技术在教育中广泛应用，促进了教育观念、教育体系、办学模式和教学方式的重大转变。加强教育装备工作是全面落实立德树人根本任务的重要基础，是促进教育公平、提高教育质量的必然要求，是实施素质教育、促进学生全面发展的重要保障，是深化教育体制改革、加快推进教育现代化的重要举措。

  教育装备标准化建设是我国教育事业发展阶段性重要任务。改革开放以来，教育装备行业为我国教育跨越式发展提供了物质条件和技术支持，做出了不可替代的重要贡献。特别是党的十八大以来，中共中央国务院高度重视教育事业发展，以标准化为手段，深入推进各级各类学校标准化建设、加强课程标准建设、完善专业教学标准体系、规范各级各类教师队伍建设标准等，初步建立了具有中国特色的教育标准体系。国务院印发的《国家教育事业发展"十三五"规划》（国发〔2017〕4 号）将"加强教育标准工作"确定为加快推进教育治理现代化的重要任务，完善教育标准研制、审定、复审机制，健全各级各类学校建设、教育装备、教育信息化等标准。教育装备标准化建设成为推进教育治理现代化的重要内容。

  为深入开展教育装备标准化相关研究工作，《中国现代教育装备》杂志社组织有关专家，成立研究团队申报英国繁荣基金项目。通过"中英教育技术与教育装备比较研究"课题（项目编号 16ED13），借助国际化的视角，既比较也借鉴，助力我国教育装备标准化工作的提升。

项目启动以来，相关工作顺利展开。一是完善研究团队，进行专门课题研究，推动实验基地建设。在英国驻华大使馆国际贸易部的帮助下，项目组通过各种渠道收集中英教育装备相关政策文本、标准原文、学术论著等资料。二是组织项目团队赴英国交流考察。先后两次赴英国实地考察英国教育装备标准发展情况，协助英国驻华大使馆国际贸易部分别在中国北京、英国伦敦举办了第一届、第二届中英教育科技发展论坛，与英国教育装备供应商协会建立了战略合作关系，走进 6 所英国中小学校考察教育装备情况，参观了在伦敦举办的英国教育培训与教育科技会展（BETT Show），系统了解了英国教育装备生态。三是组织了多次教育装备高端研讨会，促进中英教育装备专家和从业人员面对面交流，搭建了中英教育技术与装备全方位交流合作平台。一年多来，国际局势变化不断，特别是英国脱欧等事件对项目按计划推进产生了巨大的影响，项目组不仅认真开展研究工作，还及时调整推进计划，保证了任务的完成，达成了项目预定目标。本书就是项目组第一阶段相关研究成果的具体体现。

全书共分为五章，第一章主要对教育装备的概念进行了讨论，明确了本书教育装备的具体内涵，并结合国内外教育装备发展历程和趋势探讨了教育装备标准化的发展方向。第二章介绍中英教育装备发展概况，从教育装备研究方法开始，比较了中英基础教育学制及其对教育装备的影响，重点比较了中英教育装备与教育技术的异同。第三章关注教育装备标准化管理机制体制问题，围绕中英教育装备标准化展开，介绍了中英标准化管理体制机制，比较了中英教育标准化的异同及其对我国教育装备标准化的启发和借鉴意义。第四章比较了中英中小学教育装备有关领域的具体标准，包括校舍与场地标准、实验室标准、图书标准、体育标准、教育信息化标准。第五章从教育装备行业生态入手，比较了中英教育装备行业、企业、产品和服务等方面的差异，对英国教育装备发展新阶段的代表性产品进行了评析。

编　者

2017 年 10 月

目 录
CONTENTS

第一章

教育装备与标准化

第一节　教育装备概念界定

教育装备的概念由教育装备的本质决定。所以要首先论述教育装备的本质，然后分析其概念的内涵（概念对象的本质属性）与外延，再对它做出一个比较清晰的定义：教育装备是教育资源中的人工资源部分，或人工打造的教育资源。

一、教育装备的本质

事物的本质应该是该事物的存在价值，即作为客体的该事物对于主体的作用和意义，或称"客体的主体化"（李艺，颜士刚，2007）。教育装备的本质也应该是其在教育系统中的存在价值，它涉及教育的本质与装备的本质。

（一）教育的本质

胡德海教授在他《教育学原理（简缩本）》一书中归纳了国际上诸多学者对教育本质的阐释（胡德海，2006）：

1）捷克教育家夸美纽斯（2007）说："教育在于发展健全的个人"和"只有受过一种合适的教育之后，才能成为一个人"。

2）英国哲学家洛克（1998）说："人类之所以千差万别，便是由于教育之故。"

3）法国启蒙思想家、教育家卢梭（1978）说："植物是由栽培而成长，人由于教育而成为人。"又说："我们生而软弱，因而需要力量；生而无能，因而需要他人帮助；生而无知，因而需要理性。所有我们生而缺乏的东西，所有我们赖以成为人的东西，都是教育的赐予。"

4）德国哲学家、教育家康德说："人只有靠教育才能成人，人完全是教育的结果。"

5）被称为"近世儿童教育之父"的瑞士教育家裴斯泰洛齐认为："教育是人类一切知能和才性的自然的、循序的、和谐的发展。"

6）美国实用主义教育家杜威（1987）说，"教育即生活""教育即生长""教育乃是社会生活延续的工具"。他还说："教育是经验不断的改组或改造，这改组使经验的意义增加，也使控制后来经验的能力增加。"

7）苏联教育家加里宁说："依我看来，教育是对于受教育者心理上所施行的一种确定的、有目的的和有系统的感化作用，以便在受教育者的心身上，养成教育者所希望的品质。"

胡德海教授在该书中表示更加认可《中国大百科全书·教育》对广义教育定义而反映出的教育本质："从广义上说，凡是增进人们的知识和技能，影响人们的思想品德的活动，都是教育。"

通过上述对教育本质的阐述可以看出，教育具有两大功能：①教人做人（影响人们的思想品德）；②教人做事（增进人们的知识和技能）。教育的本质在于教育的存在价值，而教育的存在价值由教育的功能来体现。教育的上述两大功能反映了教育的存在价值，亦即教育的本质。

（二）装备的本质

要对一个事物本质进行理解，应使该事物不在场。某事物的不在场，使得它的存在价值更加清晰、明确。举一个哲人们会使用的例子：假设桌子表面出现一个总是划破我手臂的钉子尖，而恰好我手边又没有锤子（锤子这个事物不在场），则我就有可能用手上的手机去砸钉子，此时手机就被称为锤子而不再是手机。手机完成了锤子的功能，是因为虽然实际的锤子不存在，但锤子的理念作为真际还存在于我心［真际是冯友兰在新理学中提出的概念。"真际是本然而有；实际是自然而有。真际是本然；实际是自然。"（洪治纲，2004）］，锤子的本质和存在价值此时充分地体现了出来。揭示装备的本质和存在价值也可以使用同样的方法：可以假设世界上所有的装备（技术物）都不存在了，则人类将会因为没有了这些衣食以及获取衣食的工具而失去生存条件，但是人类的反应是马上会根据自己头脑中装备的理念，通过有意识的劳动重新制造出一批新的装备来继续生存（艾伦，2012）。从中可以看出装备的 3 个本质特征：①装备是人类生存的条件之一；②真际装备是人类心中的理念；③实际装备是通过人类有意识的劳动获得的。

通过上述分析可以看出，装备的本质就是"人类通过有意识的劳动而制造出使人类得以生存的事物"，也就是人类的人工生存条件。生存条件在这里也可以称为生存资源，所以装备就是人工资源。但是，生存条件中除了装备以外，还需要其他条件。人类赖以生存的资源并不都是通过劳动制造出来的，除了劳动产品外，一些自然资源也是人类的生存条件。例如，河里的水、树上的野果、各种可以食用的小动物等。同时，由于人类是"社会性动物"或"怕孤独的动物"，相互之间的合作、协作也是人类赖以生存的重要条件，即除了自己以外的其他人也是生存资源，可以称为人力资源。这样，人类赖以生存的条件就应该包括自然资源、人力资源和人工资源 3 个部分，而装备则是指这些资源中的人工资源部分。

（三）教育装备的本质

使得教育赖以生存的条件可以称为"教育资源"，教育资源与人类生存资源一样，也包括自然资源（如祖国山河）、人力资源（如教师学生）和人工资源（如教学设备）3 个组成部分。而教育装备的本质，则是人工打造的教育资源，它是教育资源中的人工资源部分，教育性与人工性是它的本质属性。

《教育大辞典》中定义"教育资源（educational resources）是教育过程所占用、使用和消耗的人力、物力和财力资源。即教育人力资源、物力资源和财力资源的总和"。而"教学资源（instructional resources）是支持教学活动的各种资源。分为人类资源和非人类资源"（顾明远，1998）。仔细分析可知，人类资源就是人力资源，非人类资源就是物力资源。从教育装备的角度看，财力资源并不是人们所关注的内容，在研究时可将其忽略或归入人力资源，同时将物力资源细分为自然资源和人工资源。其中，人工资源是人类为了教育教学的目的而生产、加工或改造的物力资源（教室、教具、实验仪器设备等），自然资源是未经加工的物力资源。祖国的山河是自然资源，当用于爱国主义教育或进行地理研究时就成为教育教学资源的一部分。图 1-1 所示为教育资源的组成，它反映了教育资源和教学资源之间的关系。教学资源是教育资源中的部分人力资源（教师、学生、专家等）、部分人工资源（设备、仪器、软件等）以及一些自然资源，由它们构建起教学环境。

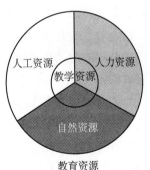

图 1-1　教育资源的组成

二、教育装备概念的界定

将教育装备的本质阐述清楚后，就可以对教育装备的定义进行规定了。目前，教育装备的定义比较多，而且各自都有自己的根据和理由。以下根据一般定义的规定原则和教育装备的本质属性对其概念进行界定。

（一）概念界定的方法

概念的界定就是给概念下定义，概念清楚了，定义并不一定就是十分准确的。给概念下定义有各种各样的方法，一般认为有逻辑学定义方法与认识论定义方法。逻辑学定义方法根据形式逻辑中对概念与定义的规定，采用"属+种差"的定义方法，而认识论定义方法则采用"发生定义"的方法。除此之外，还可以细分为词法定义、情境定义、内涵定义、外延定义、列举定义等诸多方法。其中使用比较多的是"属+种差"定义方法、内涵定义方法和列举定义方法。"属+种差"就是先找到被定义概念的临近上位属概念，再找出其种概念之差，将它们合并成为该概念的定义。内涵定义是将一个事物与其他事物之间不同的所有特征描述出来。而列举定义是一种特别的外延定义，它列出一个概念所描述的所有的事物；列举定义只适用于有限集合，而且只有在这个集合比较小的情况下才有意义。

（二）教育装备概念的内涵与外延

对事物概念的建立是人的一种思维规定。关于概念及其内涵与外延的定义，一般的逻辑学教材上都有这样的叙述："概念是反映对象特有属性或本质属性的思维形式……概念的内涵，就是指反映在概念里面的对象的特有属性或本质属性……概念的外延，就是指反映在概念里面的具有概念所反映的特有同性或本质同性的对象的总和。"（陈克守，刘金文，2008）

前面详细地论述了教育的本质、装备的本质和教育装备的本质。教育装备的本质是人工打造的教育资源，它是教育资源中的人工资源部分，教育性与人工性是它的本质属性。根据概念的内涵是对象本质属性的定义，教育装备概念的内涵就是"人工打造的教育资源"。因为它描述了教育装备的本质属性，因此，"人工打造的教育资源"也就是教育装备概念的内涵定义。

根据概念外延是反映本质同性的对象总和的定义，教育装备概念的外延就是黑板、课本、课桌椅、电子白板、校园网、学校体育场、教师办公桌等。按照概念外延的严格定义，这里应该开列反映教育装备本质同性的对象的总和。但是由于这个对象的总和是一个无限集合，所以除了已经开列的外，其余的部分在此只能用"等"代替。而这也是在逻辑学上允许使用的描述方式。

三、教育装备概念界定中的问题

教育装备的概念由教育装备的本质决定。但对教育装备的本质的认识却存在诸多差异，这就造成了人们对教育装备概念理解的不一致，从而生出各种相差甚远的教育装备定义。下面从人的思维形态与客观的物质形态本质上的不同以及参与者的语境出发，详细论述建立教育装备概念和定义的条件。

（一）事物的概念与定义

概念（concept）是人对事物本质的思维规定，而定义（definition）是对概念的语言表达。关于"概念"的定义，广泛地出现在各种逻辑学书籍中，例如：

"概念是反映对象特有属性（或本质属性）的思维形式"（郭彩琴，2007）。

"概念是通过反映对象的特有属性来反映对象的思维形态"（吴坚，傅殿英，2005）。

《教育大辞典》中对"概念"的定义为："哲学或逻辑学上，泛指反映事物共同本质特征的思维形式。"（顾明远，1998）

而对于"定义"的定义则有《现代汉语词典》中的"对于一种事物的本质特性或一个概念的内涵和外延的确切而简要的说明"（倪文杰，张卫国，冀小军，1994）。还有《教育大辞典》在"地理概念教学"中认为"将概念的内涵用简洁的语言文字表述出来，就是该概念的定义"（顾明远，1998）。

可以看出，建立概念是人的一种思维形态（thought form）。思维形态是不同于物质形态（physical form）的，物质形态没有正误之分，而思维形态是具有正误之别的。例如，日出日落是一种物质形态，我们不能说日出日落谁正谁误，或者日出日落现象是正确的还是错误的。但是思维形态却不是这样，由于人们存在专业背景、知识结构、观察视角以及态度立场等方面的差异，就产生了对一个事物本质的判断得出截然不同结论的现象。作者曾经听过一个教授讲课时举的一个十分生动的例子：两个人在街上打架，你是一个社会学家或者一个记者，你说"这是警匪之战"或"黑社会火并"；你是一个生物学家，你说"这是两只高级灵长类动物在做肉体搏斗"；你是一个物理学家，你说"这是两个非刚性物体在做非完全弹性碰撞"。作者认为，他们显然都指出了这个事物现象的本质属性，但是，由于他们没有处于同一个语境之中，所以对同一事物做出了完全不同的本质判断。语境（context）即为参与者生存场（exist field）重叠的部分，或者说是他们生存场的交集。而生存场就是人的专业背景、知识结构以及社会环境等生存境遇。对于上面的例子，如果观察者都处于社会学语境，则会共同得出第一种判断；如果他们都处于生物学语境，则会共同得出第二种判断；如果他们都处于物理学语境，则会共同得出第三种判断。另外，从时间上分析，不同时代对事物本质的认定也会发生变化。例如，对于"原子"概念的认识，在古希腊时代，其内涵是"物质不可分割的最小单位"；而到了今天，"原子"的概念已发展成无限可分的，有着各种不同层次的，其间又存在强弱不同相互作用的基本粒子群。所以，当我们对教育装备进行概念认定时，就必须首先使我们处于相同的语境之中和时代当中，各说各话是不能够得出正确的判断的。

概念的界定就是给概念下定义。既然定义是对概念的语言表述，在概念统一的基础上，如何正确使用语言就成为一个关键问题。正确使用语言包括语言表达的逻辑性和语言表达的方式。给一个事物的概念下定义时必须考虑对语言表达的一些规定。

（二）教育装备概念界定的语境

不能构成共同语境的原因有两种情况：一种是参与者的生存场之间本来就没有相同的部分，这种情况少见，除非是与原始的印第安人或婴幼儿交谈；另一种是参与者的生存场有相同的部分，但是并没有使这些相同部分重合，这种情况居多。例如，教室里的空调或者电风扇，有人认为不应属于教育装备的范畴，因为那既不是教师直接使用的教具，也不是学生直接使用的学具。也有人认为空调既然是构成教学环境的一部分，就属于支撑教学的教育资源，又因为是人工制造的，所以就应该是教育装备，教育装备并不就等于教具加上学具。其实，前者的语境是企业产品的类型，后者的语境是教育的大环境，两者没有处于同一语境当中。所以，在进行教育装备概念界定时，创建相同的语境是十分重要的。

既然要对教育装备的概念进行界定，就应该使我们的语境处于"教育"和"装备"的生存境遇约定之中。这里的"教育"应该是指所有的在校教育，包括学历教育与非学历教育，即教育部所管辖的教育，而不包括社会教育、家庭教育等非在校教育。在使用教育语境进行讨论时，应排除生产领域、经济领域、社会领域、文化领域、科技领域等非教育领域因素的干扰，不能将它们混淆在一起。另外，还应注意教育（education）与教学（instruction 或 teaching）的区别，以及它们的涵盖关系。在这一点上，人们比较容易达成共识。

对于"装备"语境的约定似乎要复杂一些，人们不能像对教育一样容易达成共识。这是因为我们恰好生存在装备无所不在的世界之中，没有装备的环境使我们不能忍受。设想如果人类生存在只有红颜色的世界之中而没有非红颜色，因为无法对比其他颜色则人类不会知道什么是红颜色。要对事物本质进行认识，应使该事物不在场。

如果能够达成以上这些共识，再对教育装备的概念进行讨论，则我们就会处于共同的语境之中，对教育装备概念的界定就会变得非常容易。

（三）与教育装备相关的其他概念

在对教育装备概念进行界定和讨论的过程中，出现过一些与教育装备相关的其他概念，如教学装备、教育技术装备、教具、学具等。在这里将这些概念与教育装备的概念进行对比分析，希望能够对我们的讨论有所裨益。在此，我们暂且将教育装备定义为"人工打造的教育资源"，以利于下面的讨论。图 1-2 显示出教育装备（A+C+D+E）、教学装备（C+D）、教育技术装备（D+E）以及教具学具（B+C+D）之间的关系。

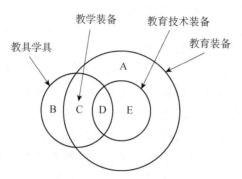

图 1-2　与教育装备相关的其他概念

1. 教育装备与教学装备

教育与教学是大小不同的两个概念，教育是"传递社会生活经验并培养人的社会活动。通常认为：广义的教育，泛指影响人们知识、技能、身心健康、思想品德的形成和发展的各种活动。狭义的教育，主要指学校教育"。而教学是"以课程内容为中介的师生双方教和学的共同活动。学校实现教育目的的基本途径。特点为通过系统知识、技能的传授与掌握，促进学生身心发展"。因为教学是"学校实现教育目的的基本途径"，所以教学显然应该附属于教育，是教育的一个基本内容或重要的组成部分。教育是个大概念，教学是教育下的一个小概念（顾明远，1998）。于是，教育装备就应该是一个大概念，而教学装备就是教育装备概念下的一个小概念。从图 1-2 中看，教育装备（A+C+D+E）与教学装备（C+D）是内含关系，教育装备涵盖了教学装备。

2. 教育装备与教育技术装备

从学科角度讲，由于教育技术学属于教育学，所以我们可以认定：教育技术是教育这个大概念下的一个小概念。于是，教育装备就应该是一个大概念，而教育技术装备就是教育装备概念下的一个小概念。从图 1-2 中可以看出，教育装备与教育技术装备（D+E）也是内含关系，教育装备涵盖了教育技术装备。需要说明的是，此处所谓教育技术装备是指"教育技术之装备"。

３. 教育装备与教具学具

如果将教具学具中的"具"理解为"工具"，因工具是人工制造的，属于装备的范畴，则教具学具就等于是教学装备了。所以，这里的"具"应该理解为"用具"，而用具有可能不是人工制造的；或者说，有一些教具学具是自然的教学资源（如树叶、蝴蝶、天然矿石等），而非人工的教学资源。于是，从图 1-2 中可以看出，教育装备与教具学具（B+C+D）之间是相交关系，它们之间有交集（C+D，即教学装备）。

４. 各区间举例

现在我们对图 1-2 中一些特殊的区域进行举例解释，用来加深对这些相关概念的理解。这些区域包括 A 区、B 区、C 区、D 区和 E 区。

A 区：教师办公室里的办公桌、教室里的空调等。它们没有直接用于教学活动，所以不是教学装备、教育技术装备、教具学具；但它们属于教育装备，因为它们满足了教育装备的定义。

B 区：空中飞舞的蝴蝶、路边拾来的矿石等。它们可以成为教具学具，但由于不是人工制造，所以不属于教育装备、教学装备以及教育技术装备。

C 区：酒精灯、烧杯等。它们是教具学具，也是教学装备，当然属于教育装备的范畴；但是它们不属于我们通常说的教育技术装备。

D 区：投影机、电子白板等。它们是教具、教学装备，同时还是教育技术装备，当然也在教育装备的范畴之内。

E 区：校园网络教学管理系统等。它们是教育信息化设备，所以属于教育技术装备，但不属于教学装备和教具学具；同时它们落在教育装备的范畴之内。

第二节　教育装备的功能

教育装备是教育资源中的人工资源部分，在落实立德树人根本任务中发挥着重要作用。那么，教育装备究竟具有什么样的功能呢？

一、教育装备的功能定位

2016 年 7 月 13 日，教育部印发了《教育部关于新形势下进一步做好普通中小学装备工作的意见》（教基一〔2016〕3 号）（以下简称《意见》）。这是自 1999

年教育部印发《关于进一步加强中小学教育技术装备工作的意见》（教基〔1999〕11 号）后又一关于中小学教育装备工作的重要指导性文件。

在该《意见》及其相关的解释文件中，教育装备的功能被定位为"教育教学装备是教书育人的必要条件"。在这里，文件强调了教育装备在教育教学中的必要性而不是完备性（必要且充分），这是一个准确的定位。我们关心对教育装备功能的科学定位，是因为它涉及上述《意见》的立论基础，即文件的立论必须有理论的证明和数据的支持。

教育装备对教育教学的作用到底有多大，这在历史上和现阶段都有理论与数据的说明。20 世纪 60 年代，美国学者科尔曼（James S. Coleman）教授做了一项针对美国"基础教育"（K-12 学段）的研究，在 1966 年形成了著名的《科尔曼报告》。该报告指出：以前认为与学生成绩有关的因素，诸如班级规模、课本质量、学校设施、教师经验等对学生的学习影响都很小，"学生学业水平与其家庭社会经济水平呈高度正相关，相关系数为 0.75"。其中的学校设施、课本质量等都属于教育装备的范畴，而它们与学生的学业水平没有相关性。距此 40 年后，于 2006 年在英国由伦敦大学学院和伦敦国王学院所做的调查研究得出了与《科尔曼报告》完全相同的结论，只是在表述上改为：学生的学业水平只与他们家庭住址的邮政编码呈高度相关性（与穷人区和富人区有关）。

在《科尔曼报告》公布的 50 年后，也是在英国相同研究结论公布的 10 年以后，在中国，通过对"全国基础教育装备专项调查研究"中的抽样数据做出的分析，发现以下规律。

一是教育装备的投入水平与学生的学业水平没有相关性，这一点与美国的《科尔曼报告》和英国的研究结论是一致的。数据分析中对 2010—2014 年各个样本学校的生均教育装备投入和学生 2010—2015 年中、高考各科成绩进行了相关性分析，其中初中生的生均教育装备投入与历年中考的语文、数学、英语、物理、化学单科成绩和总成绩及成绩变化之间都不具有相关性；高中生的生均教育装备投入与历年高考的语文、数学、外语、文综、理综和总成绩及成绩变化之间也不具有相关性。或者说，教育装备投入对初、高中学生的学业水平是没有贡献的，它们之间不存在因果关系。

二是教育装备的投入水平与学生的能力水平具有显著相关性，这一点是美国的《科尔曼报告》和英国的研究结论都没有涉及的。数据分析表明：生均教育装备投入与学生校外参赛获奖（反映出创造能力）和信息技术等能力之间在 $p<0.05$ 水平上表现出显著相关性；而学校在教育装备配备和管理水平上与学生动手能力、自我管理能力等方面在 $p<0.01$ 水平上表现出显著相关性。或者说，教育装备对学生能力水平的提高可能是有贡献的，它们之间有可能存在因果关系。对中学实验教

学的调查结果也显示，实验器材与实验掌握呈显著正相关（李正福，2015）。

我们对教育装备进行研究是希望发现那些具有因果关系的变量，并通过控制其中的自变量来影响因变量（函数），从而达到优化教育教学的目的。但是，两个事物之间具有相关关系并不代表一定具有因果关系，而如果两个事物之间存在因果关系则其必然首先应具备相关关系。也就是说，若在两个事物之间建立因果关系就必须满足完备性条件，即同时满足充分性条件与必要性条件（亦称"充要条件"或"当且仅当"）。相关性是因果性的必要条件，却不是充分条件。因此，我们再次强调，"教育教学装备是教书育人的必要条件"这一定位是准确的。

二、教育装备的功能类型

辅助认知功能是教育装备最主要的功能，除此之外，教育装备还具有环境优化和教育管理的辅助功能。

（一）辅助认知功能类

辅助认知功能可以认为是教育装备的第一功能，具有辅助认知功能的教育装备也是其中品种最多的一个类型，是构建教学基本条件的装备。教育装备中的教学装备（如黑板、粉笔以及酒精灯、烧杯等实验室仪器设备）、教育技术装备（如计算机、投影机、电子白板、助学软件等）、人工制造的教具（如挂图、机械模型、钢琴等）与学具（如圆规、直尺、铅笔等）都是具有辅助认知功能的教育装备，即属于辅助认知功能类。每当提起教育装备，我们首先想到的就是这一类型的事物，这是因为在我们的认识中总是将学校教学活动当作在校教育的最主要内容。

现代认知心理学认为，认知工作不仅仅依赖于认知主体，还涉及其他认知个体、认知对象、认知工具及认知情境（周国梅，傅小兰，2002）。分布式认知是指认知分布于个体内、个体间、媒介、环境、文化、社会和时间等之中。其中，文化是指规范、模式化的信念、价值、符号、工具等人们所共享的东西（Cole M，Engestrom Y，1993）。人工制品分为物质的（如工具、参考数据库、计算机、设备、技术）和符号的（如心智模式、方法、语言、文化）两种，人工制品在人类的智力活动中具有四方面的作用：一是认知任务的转载，即把一些简单的、非创造性的、机械的认知任务转载到人工制品（如计算机），从而让个体去做一些更加复杂的、创造性的认知任务，因为人工制品在完成特定任务上比人更有效率；二是降低认知负荷（特别是工作记忆），即从系统视角整体考察人工制品与个体的协同，人工制品的及时性、形成性、过程性、历史性的外在表征形式，可以降低个体在认知过程中的认知负荷；三是认知留存效应，即个体头脑中会留存人工制品的使用经历，在没有这种制品工具的时候个体也知道怎么样去做；四是对大脑运算结构与方式的改变，即人工制品可以转换认知任务的表征方式，使之更易于大脑的运算，从而节省脑力劳动和降低出错风险（刘俊生，余胜泉，2012）。据此理论，教育装备在促进学生认知上也有一定的功能。

对教育装备辅助认知功能的要求突出地表现在它的教学适用性方面。教育装备在教学系统中对教学主体应该具有生理、心理、认知、教师、学生、时间、空间、文化共 8 个方面的适用性，这一规定实质上是在辅助认知功能上的具体要求。

从教学系统三分论的角度去分析，辅助认知功能类的教育装备起着知识载体的作用，是将教学系统中的客体——知识（含隐性知识）传递到系统的主体——学生端的工具，反映到图 1-2 中就是 C、D、E 3 个区域。图 1-2 中 B 区所限定的事物为非人工制造，所以不属于装备，当然也就不属于教育装备；A 区所限定的事物则属于环境优化功能类和教育管理功能类教育装备。

（二）环境优化功能类

环境优化功能类的教育装备是保障学生健康成长、构建学校安全学习生活环境的装备。随着中国社会生活水平的快速发展，人们对学校中这方面的条件与设施要求也越来越高，绿色文化校园、无污染环境、恒温恒湿教室、智能学习空间等新兴概念不断涌现出来。

环境优化功能类教育装备与辅助认知功能类教育装备有着本质上的不同，对于教师教学与学生学习来说，环境优化功能类教育装备不是必需的，虽然它们也会影响到学生的学习心理，但不会直接对学生认知发生作用。例如，舒适协调的课桌椅会影响到学生的学习行为，可席地而坐的教育也曾产生过众多大家；对于现代化的学校它们是必要的，而对于学生认知来说它们不具有必要性。这看似前后矛盾的一句话其实是一个正确的命题，在充分性与必要性条件论证中，必要性是可以证伪的条件，即"有一例不成立则原命题不成立"，席地而坐的成功教育便是那使其不成立的一个特例。

（三）教育管理功能类

教育管理功能类教育装备是保障学校工作正常运行、构建学校教育科学管理环境的装备。从数量上看，它们在教育装备中所占比例最小，这是因为学校中的管理者比起学生主体来说毕竟是少数。学校里的办公设备、网络管理平台等都属于此类装备。

对于环境优化功能类和教育管理功能类的教育装备其实不存在教学适用性方面的要求，但是不得不承认环境优化功能类教育装备对生理、心理、空间以及文化适用性确实存在一定的影响力。需要说明的是：这一影响力与辅助认知功能类装备在教学适用性上的影响力在作用目标和作用强度上有着本质的不同。

三、教育装备的分类

教育装备具有行业分工分类、装备功能分类、研究领域分类和装备属性分类4个分类方法，详见表1-1（艾伦，2015）。

表1-1　教育装备分类

分类法	类型	举例
行业分工分类	教学设施设备	教室、黑板
	实验仪器设备	示波器、铁架台
	学科设施设备	体育场、乐器
	信息化设施设备	校园网、计算机
	图书设施资料	图书馆、图书
	后勤设施设备	食堂、饮水机
装备功能分类	构建教学环境的装备	课桌椅、投影机
	构建教育管理的装备	校长室、校园网
	构建生活环境的装备	学生宿舍、床位
研究领域分类	教学装备	显微镜、烧瓶
	教育技术装备	计算机、投影机
	教具与学具	挂图、算盘
装备属性分类	作为教学内容的装备	教材、标本
	辅助教学的装备	计算机、投影机
	构成教育环境的装备	教室、实验台

《中华人民共和国国民经济和社会发展第十三个五年规划纲要》（以下简称"十三五"规划）第五十九章（推进教育现代化）提出了9项教育现代化重大工程，其中在第一项"（一）义务教育学校标准化"中规定："实施加快中西部教育发展行动计划，逐步实现未达标城乡义务教育公办学校的师资标准化配置和校舍、场地标准化。"将义务教育学校的标准化放在"十三五"期间教育现代化发展重大工程的第一位，可以看出国家对教育与教育装备标准化问题的重视。规定中所提到的义务教育公办学校标准化问题有两个方面：一是师资标准化配置，二是校舍与场地标准化。其中师资标准化问题不属于我们讨论的范围，学校校舍与场地的标准化是我们关注的内容。

从教育装备的功能分类可知，学校校舍与场地可以划为环境优化功能类的教育装备。"十三五"规划中没有提及辅助认知功能类和教育管理功能类装备的标准化问题，这有两种可能性：第一，这两类装备的标准化问题已经解决；第二，这两类装备标准化问题的解决为时尚早或目前没必要解决。我们倾向于第二种可能性，因为辅助认知功能类装备种类繁多，新品种又层出不穷，且它们的教学适用性问题尚在研究和讨论阶段，成为达标装备配置的时机并不成熟，而对其元标准的制定应该成为首要任务。教育管理功能类装备与环境优化功能类装备相比毕竟是少数，作用地位也较低，在教育资源并非十分充裕的情况下放缓标准化是正确的决策。

四、教育装备标准与均衡性

在义务教育阶段，条件取向的标准化恰好表现在义务教育阶段的均衡性发展方面。目标取向的标准化是仅对通过教育使学生所应达到的目标进行标准制定；条件取向的标准化则相反，是对可能达成这一目标的各种条件进行标准制定。

《中华人民共和国教育法》第十九条规定："国家实行九年制义务教育制度。各级人民政府采取各种措施保障适龄儿童、少年就学。适龄儿童、少年的父母或者其他监护人以及有关社会组织和个人有义务使适龄儿童、少年接受并完成规定年限的义务教育。"此处特别指出了国家各级政府要为义务教育采取各种保障措施。教育均衡发展从宏观层面分析是教育供给与需求的均衡，从中观层面分析是教育资源配置的均衡，从微观层面分析是学校教育过程包括内部课程教学资源配置的均衡、教育结果的均衡以及教育评价的均衡（翟博，2006）。可见，教育的均衡性指让全国各个地区学校的这些保障措施（或教育教学条件）尽量达到一个平均、一致、标准化的水平。

"十三五"规划第五十九章的第一节标题为"加快基本公共教育均衡发展"，关于标准化问题，其中说道：科学推进城乡义务教育公办学校标准化建设，改善薄弱学校和寄宿制学校办学条件，优化教育布局，努力消除城镇学校"大班额"，基本实现县域校际资源均衡配置，义务教育巩固率提高到95%。可以看出，国家为加快义务教育均衡发展而采取的标准化工作是为了改善办学条件的决策，具有明显的条件取向特点。明确这一点具有十分重要的实际意义，它为我们科学地制定具体的标准化文件指明了方向。

五、中英教育装备类型发展对比分析

在英国，与中国的"教育装备"（educational equipment）相对应的一个词语是"教育科技"，它的英文原词是"educational technology"，这与中国"教育技术"一词的英文名称相同（美国的"教育技术"一词使用"instructional technology"），但意思相差甚远。解释这些词意是为了阐明：在英国使用的教育科技就等同于中国的教育装备。但是，英国使用"教育科技"这个名词来代替教育装备，这本身就反映出他们对辅助认知功能类与教育管理功能类的装备更加重视，并投入了更多的力量，而将环境优化功能类的装备放在了次要的位置上。并且，他们对辅助认知功能类和教育管理功能类软件开发与使用的工作要远大于硬件建设。这个认识并非主观猜测，它是通过实际调研得出的结论。

"中英教育技术与教育装备比较研究"项目组于 2016 年 10 月和 2017 年 1 月曾两次赴伦敦进行了英国中小学办学条件的实地考察。其间共走访了 6 所学校，并特别关注了这些学校的教育科技配备与使用、校舍与场地现状等情况。这些学校都是公立学校，属于伦敦市，只有一所名为"逻辑工作室"的学校（Logic Studio School）在伦敦希思罗区的费尔特姆镇，距离市中心 20 多千米，其他都在市中心。所以，将这些中小学校与中国北京市的中小学校相比较应该是可行的。

课题组首先考察了这些学校的教育信息化情况。英国伦敦这些学校的计算机配置情况比中国北京市差，不仅计算机配置水平低，数量也少很多。在教学资源与教学管理平台软件应用方面，英国伦敦这些学校的情况表现非常出色，学科学习、作业管理、能力测评、知识搜索、图书借阅、教师评价、学籍管理等软件应用十分广泛，配置不够充分的信息化硬件设备在充分地发挥着它们的作用。

课题组发现英国伦敦这 6 所学校的校舍与场地的现状相差较大。其中逻辑工作室学校是 2016 年的新建校（学校性质类似于中国的职业高中），校舍为一层临时建筑，由于学生人数不多，所以教室面积也不大，均在 20 平方米左右；校园场地有自然草皮的足球场和运动场，环境优越。哥本哈根小学（Copenhagen Primary School）则于 1886 年建校，目前使用的校舍仍然是 1886 年的楼式建筑，教室面积在 40 平方米左右；学校的场地不大，但充分利用了现有空间，在旧楼的楼顶平台上开辟出了一块学生参加自然活动的"空中花园"。伊斯特利社区学校（Eastlea Community School）是一所全日制公立学校，校舍与场地相对其他学校都比较宽裕和充分，教室面积有 70~90 平方米，学校内有自然草皮的运动场。东伦敦科学学校（East London Science School）的校舍位于一座 1776 年建立的潮汐动力水磨坊的仓库当中，房屋陈旧但牢固，教室面积有 30 多平方米；学校没有自己的场地，学生需要到社区的操场上去活动。摄政高中（Regent High School）位于市中心，校舍设施较为先进，教室面积有 60~80 平方米，但学生活动场地有限。马尔伯勒小学（Marlborough Primary School）的校舍是一个废弃的工厂车间，经改造后的环境很适合学生学习活动，教室面积在 30 平方米左右，但学校内缺少学生运动场地。

将教育装备按照功能特点进行分类对理解和研究教育装备科学管理具有十分重要的实际意义。新时期教育装备工作更加关注均衡性问题、标准化问题、信息化管理问题、科学设计开发问题、深入应用与深度融合等问题，而对这些问题进行研究与教育装备的功能有着直接的关系。

第三节　标准与标准化概念

一、标准的产生与发展

标准化起源于人类的生产生活实际需要，它具有悠久的历史。几十万年以前的旧石器时期，早期人类在制作切削、砍伐工具和盛物的土罐时就开始让同类的物品具有基本相同的形状，其性质就是一种标准化工作。另外，语言和文字的统一，冶金技术中合金成分比例的标准控制，建筑用砖瓦尺寸的一致性要求，等等，都是人类早先标准化的具体体现。据有关资料记载，早在 3000 多年前，我国古代的人们在青铜器的生产中就能应用标准化原理规范操作了。到了 2000 多年前的秦始皇时代，标准化的管理进一步上升到了法律的高度，用诏书这一法令形式对计量器具、文字、货币、道路、车辆、兵器等进行了全国性的统一。例如，秦始皇统一了度量衡、货币和制服，要求"车同轨，书同文"。北宋时毕昇发明的活字印刷术，成功地运用了标准互换性、系列化、组合化、通用化等标准化基本原则和方法，孕育了标准化的基本原理，堪称我国乃至世界标准化发展史的里程碑（张如喜，2005）。

现代标准化是古代标准化的继承和发展，现代标准化是在大机器工业的基础上快速发展起来的。1845 年，英国的瑟·韦·特瓦尔提出统一螺钉和螺母的型号尺寸，以达到互换的目的。1850—1900 年蒸汽动力的采用和轮船及铁路运输的发展，促使资本主义商业竞争加剧，产品尺寸、质量性能统一化、标准化工作也有了相应的发展。第一次世界大战爆发后，军需物资生产急剧增长，需要统一各种零件的规格，于是推动了英国、德国和日本等国标准化工作的开展。此后，美国、法国、德国、意大利、日本等国相继成立了国家标准化组织机构（孔德音，

1980）。1946 年 10 月，中、英、美、法等 25 个国家标准化机构的代表在伦敦召开大会，决定成立新的国际标准化机构，定名为 ISO（International Organization for Standardization，国际标准化组织）。大会起草了 ISO 的第一个章程和议事规则，并认可通过了该章程草案。1947 年 2 月 23 日，国际标准化组织正式成立。国际电工委员会（International Electrotechnical Commission，IEC）成立于 1906 年，是世界上成立最早的国际性电工标准化机构，负责有关电气工程和电子工程领域中的国际标准化工作。截至 2014 年年底，ISO 发布标准共计 20 493 项，IEC 发布标准共计 6933 项（中国标准化研究院，2015）。

二、标准与标准化基本概念

国家《标准化工作指南第 1 部分：标准化和相关活动的通用词汇》（GB/T 20000.1-2002）中规定了标准和标准化的概念，叙述如下：

标准的定义：为了在一定的范围内获得最佳秩序，经协商一致制定并由公认机构批准，共同使用的和重复使用的一种规范性文件。

标准化的定义：为了在一定范围内获得最佳秩序，对现实问题或潜在问题制定共同使用和重复使用的条款的活动。

标准化工作的任务为制定标准、组织实施标准和对标准的实施进行监督，标准化工作应当纳入国民经济和社会发展计划。标准化的目的是改进产品、过程和服务的适用性，防止贸易壁垒，促进技术进步。

三、标准的分类

（一）按照适用范围划分

1. 国际标准

国际标准如国际标准化组织（ISO）、国际电工委员会（IEC）和国际电信联盟（International Telecommunication Union，ITU）以及 ISO 确认并公布的其他国际组织制定的标准。

2. 国家标准

国家标准指由国家标准机构通过并公开发布的标准。我国国家标准由全国专业标准化技术委员会负责起草、审查，由国务院标准化行政主管部门审批、编号和发布。国家标准代号有两种：强制性国家标准（GB XXXXX-XXXX）和推荐性国家标准（GB/T XXXXX- XXXX），如 GB/T 18801-2015。

3. 行业标准

行业标准指在国家的某个行业通过并公开发布的标准。对没有国家标准而又需要在全国某个行业范围内统一的技术要求，可以制定行业标准。在中国，行业标准由国务院有关行政主管部门制定，并报国务院标准化行政主管部门备案。国内的主要行业标准有：教育行业标准（代号：JY），机械行业标准（代号：JB），电子行业标准（代号：SJ），通信行业标准（代号：YD），轻工行业标准（代号：QB），医药行业标准（代号：YY），建材行业标准（代号：JC），卫生行业标准（代号：WS），公安行业标准（代号：GA），计量检定规程（代号：JJG），计量技术规范（代号：JJF），环境保护行业标准（代号：HJ）。

4. 地方标准

地方标准指在国家的某个地区通过并公开发布的标准。对没有国家标准和行业标准而又需要在省、自治区、直辖市范围内统一的工业产品的安全、卫生要求，可以制定地方标准。地方标准由省、自治区、直辖市标准化行政主管部门制定，并报国务院标准化行政主管部门和国务院有关行政主管部门备案。

5. 企业标准

企业标准指针对企业范围内需要协调、统一的技术要求、管理要求和工作要求所制定的标准。企业标准是企业组织生产、经营活动的依据，由企业制定，企业法人代表（或授权人）批准发布，并报当地政府标准化行政主管部门和有关行政主管部门备案。

（二）按照标准涉及的对象类型划分

术语标准：与术语有关的标准，通常带有定义，有时还附有注、图、示例等。术语标准界定的是术语，术语不统一，人们无法正常交流。

符号标准：与符号有关的标准。符号通常分为文字符号和图形符号。

试验标准：与试验方法有关的标准，有时附有与测试有关的其他条款，如抽样、统计方法的应用、试验步骤。

产品标准：规定产品应满足的要求以确保其适用性的标准。

过程标准：规定过程应满足的要求以确保其适用性的标准。

服务标准：规定服务应满足的要求以确保其适用性的标准。

接口标准：规定产品或系统在其互连部位与兼容性有关的要求的标准。

（三）按照标准的要求程度划分

规范：规定产品、过程或服务需要满足的要求的文件。

规程：为设备、构件或产品的设计、制造、安装、维护或使用而推荐惯例或程序的文件。

指南：给出某主题的一般性、原则性、方向性的信息、指导或建议的文件。

四、有关标准化的法律法规

（一）《中华人民共和国标准化法》

1988年12月29日，《中华人民共和国标准化法》（以下简称《标准化法》）正式发布（生效日期为1989年4月1日）。该法律规定了制定标准的范围：①工业产品的品种、规格、质量、等级或者安全、卫生要求。②工业产品的设计、生产、检验、包装、储存、运输、使用的方法或者生产、储存、运输过程中的安全、卫生要求。③有关环境保护的各项技术要求和检验方法。④建设工程的设计、施工方法和安全要求。⑤有关工业生产、工程建设和环境保护的技术术语、符号、代号和制图方法。同时指出：重要农产品和其他需要制定标准的项目，由国务院规定。

该法律规定：国家标准、行业标准分为强制性标准和推荐性标准。保障人体健康，人身、财产安全的标准和法律、行政法规规定强制执行的标准是强制性标准，其他标准是推荐性标准。省、自治区、直辖市标准化行政主管部门制定的工业产品的安全、卫生要求的地方标准，在本行政区域内是强制性标准。强制性标准，必须执行。从事科研、生产、经营的单位和个人，必须严格执行强制性标准。不符合强制性标准的产品，禁止生产、销售和进口。在国内销售的一切产品（包括配套设备）不符合强制性标准要求的，不准生产和销售；专为出口而生产的产品（包括配套设备）不符合强制性标准要求的，不准在国内销售；不符合强制性标准要求的产品（包括配套设备），不准进口。该法律规定：推荐性标准，国家鼓励企业自愿采用。国家将采取优惠措施，鼓励企业采用推荐性标准。推荐性标准一旦纳入指令性文件，将具有相应的行政约束力。

1990年，根据《标准化法》制定《中华人民共和国标准化法实施条例》。条例指出，对需要统一的技术要求应当制定标准：①工业产品的品种、规格、质量、等级或者安全、卫生要求；②工业产品的设计、生产、试验、检验、包装、储存、运输、使用的方法或者生产、储存、运输过程中的安全、卫生要求；③有关环境保护的各项技术要求和检验方法；④建设工程的勘察、设计、施工、验收的技术要求和方法；⑤有关工业生产、工程建设和环境保护的技术术语、符号、代号、制图方法、互换配合要求；⑥农业（含林业、牧业、渔业，下同）产品（含种子、种苗、种畜、种禽，下同）的品种、规格、质量、等级、检验、包装、储存、运输以及生产技术、管理技术的要求；⑦信息、能源、资源、交通运输的技术要求。

（二）加强强制性标准管理的若干规定

2002 年 3 月 7 日，为了适应社会主义市场经济发展和促进国际贸易的需要，加强强制性标准的管理，根据《标准化法》《中华人民共和国标准化法实施条例》和有关标准化规章的规定，由国家标准化管理委员会制定并颁布了《关于加强强制性标准管理的若干规定》。

强制性标准或强制条文的内容限制在了下列范围：①有关国家安全的技术要求；②保护人体健康和人身财产安全的要求；③产品及产品生产、储运和使用中的安全、卫生、环境保护等技术要求；④工程建设的质量、安全、卫生、环境保护要求及国家需要控制的工程建设的其他要求；⑤污染物排放限值和环境质量要求；⑥保护动植物生命安全和健康的要求；⑦防止欺骗、保护消费者利益的要求；⑧维护国家经济秩序的重要产品的技术要求。

（三）企业产品标准管理规定

2009 年 3 月 12 日，根据《标准化法》与《中华人民共和国标准化法实施条例》等法律法规，为进一步加强企业产品标准管理，提高企业产品标准水平，保障产品质量安全，由国家质量监督检验检疫总局和国家标准化管理委员会联合颁布了《企业产品标准管理规定》。该规定适用于在中华人民共和国境内企业用于生产、加工或销售的产品标准的制定、修订、复审、备案等活动，但药品及农业种植、养殖产品等除外。

《企业产品标准管理规定》中规定了：①企业生产的产品没有国家标准、行业标准或者地方标准的，应当制定企业产品标准，作为生产和贸易的依据。②对已有国家标准、行业标准或者地方标准的，鼓励企业制定严于国家标准、行业标准或者地方标准的企业产品标准。③企业是企业产品标准的制定和实施主体，应当对其产品标准的内容及实施后果承担责任。

五、标准的制定

2009 年 6 月 17 日发布了《标准化工作导则第 1 部分：标准的结构和编写》（GB/T 1.1-2009）（2010 年 1 月 1 日正式实施）。该标准由国家质量监督检验检疫总局和国家标准化管理委员会联合发布。该标准详细地描述了各类标准编写的体例、内容、格式、尺寸等项规定。

标准文件外形尺寸和格式的要求如图 1-3～图 1-14 所示。

GB/T 1.1—2009

单位为毫米

a 填写中国标准文献分类号。

b 国家标准发布部门按有关规定填写。

图 1-3 国家标准封面

GB/T 1.1—2009

单位为毫米

a 填写中国标准文献分类号。

b 行业标准发布部门按有关规定填写。

图 1-4　行业标准封面

图 1-5 地方标准封面

GB/T 1.1—2009

单位为毫米

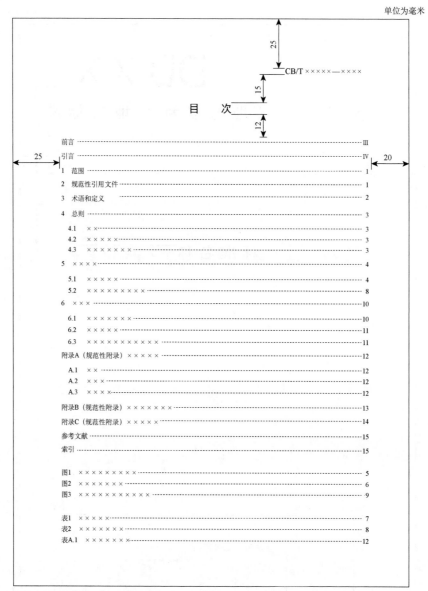

注：以单数页为例。

图1-6 标准目录

GB/T 1.1—2009

单位为毫米

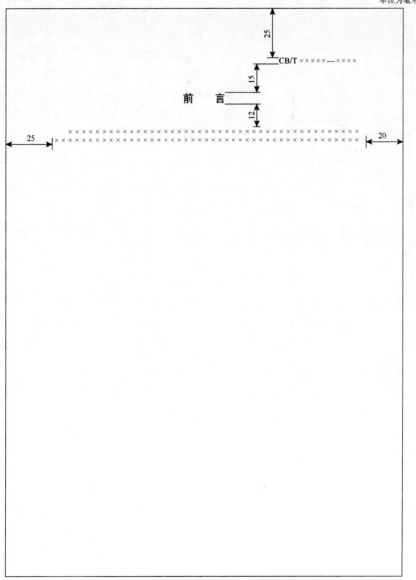

注1：以单数页为例。
注2："引言"格式与此格式相同，只将"前言"改为"引言"。

图 1-7　前言格式

GB/T 1.1—2009

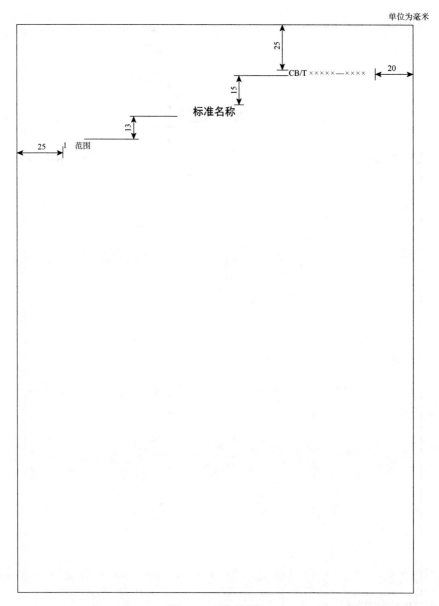

图 1-8　正文首页

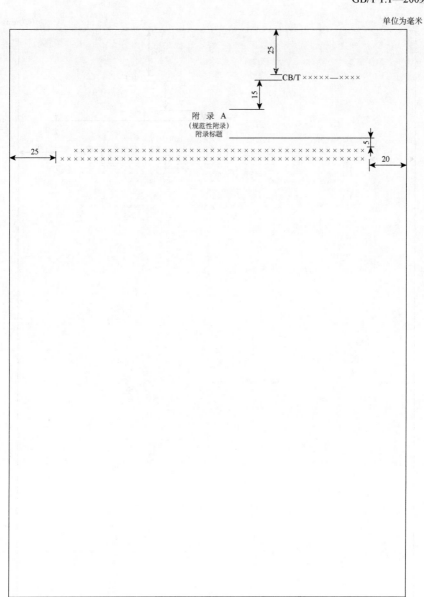

注：以单数页为例。

图1-9　附录格式

GB/T 1.1—2009

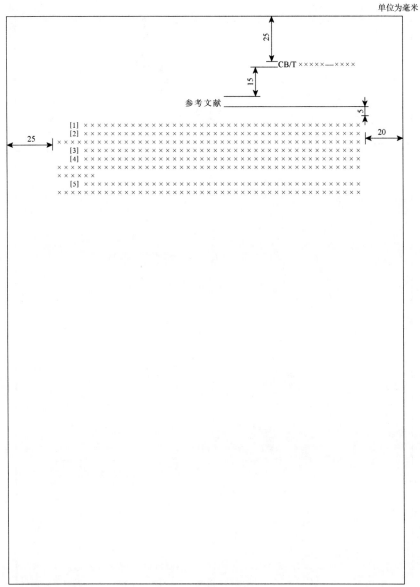

注：以单数页为例。

图 1-10　参考文献格式

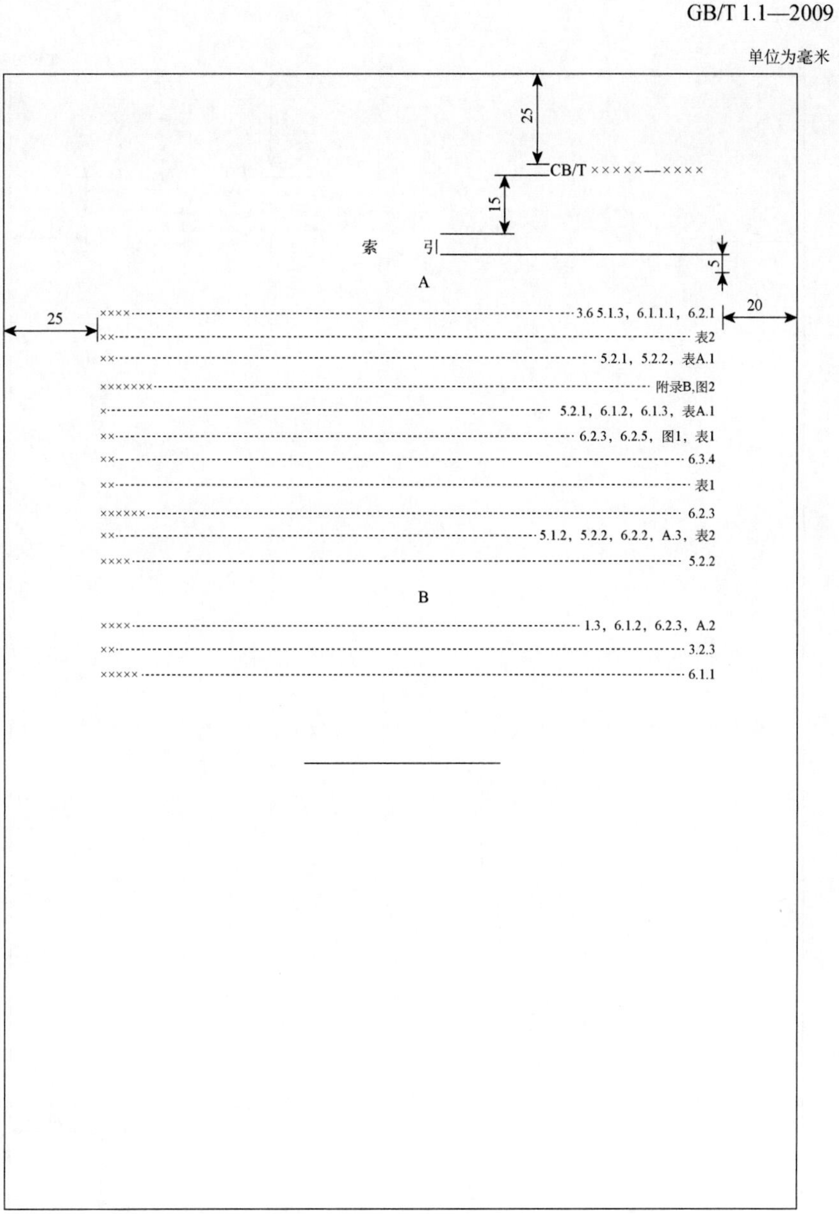

GB/T 1.1—2009

单位为毫米

注：以"索引"为标准的最后一个要素，并位于单数页为例。

图 1-11 索引格式

GB/T 1.1—2009

图 1-12　单数页格式

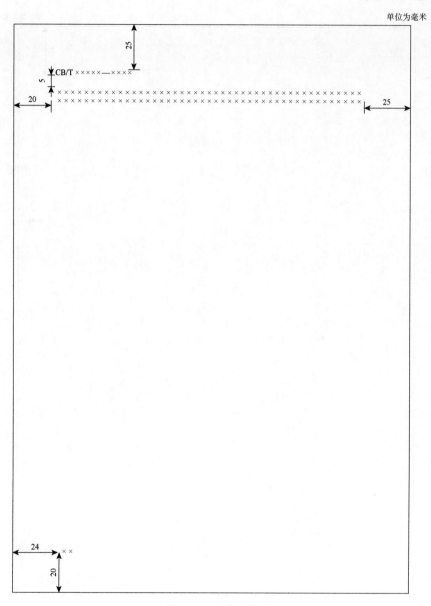

图 1-13　双数页格式

GB/T 1.1—2009

图 1-14　封底格式

　　该标准对标准文件的字体字号做了系统明确的规范。表 1-2 是对标准文件中字号字体的规定。

表 1-2　标准文件中字号字体的规定

序号	页别	位置	文字内容	字号和字体
01		左上第一、二行	ICS 号、中国标准文献分类号	五号黑体
02		左上第三行	备案号	五号黑体
03		右上第一行	标准的标志	专用美术体字
04		右上第二行	标准编号	四号黑体
05		右上第三行	代替标准编号	五号宋体
06		第一行	中华人民共和国国家标准	专用字
07	封面	第一行	中华人民共和国××行业标准	专用字
08		第二行	标准名称	一号黑体
09		第三行	标准名称的英文译名	四号黑体
10		第四行	与国际标准的一致性程度标识	四号宋体
11		倒数第二行	发布日期、实施日期	四号黑体
12		倒数第一行	标准发布部门	专用字
13		右下	发布	四号黑体
14	目次	第一行	目次	三号黑体
15			目次内容	五号宋体
16	前言	第一行	前言	三号黑体
17			前言内容	五号宋体
18	引言	第一行	引言	三号黑体
19			引言内容	五号宋体
20	正文首页	第一行	标准名称	三号黑体
21			章、条的编号和标题	五号黑体
22			标准条文、列项及其编号	五号宋体
23			标明注的"注""注×"	小五号黑体
24			标明示例的"示例""示例×"	小五号黑体
25			条文的示例	小五号宋体
26	各页		注、图注、表注	小五号宋体
27			脚注、脚注编号、图的脚注、表的脚注	小五号宋体
28			图的编号、图题；表的编号、表题	五号黑体
29			绘图、续表的"（续）"	五号宋体
30			图、表右上方关于单位的陈述	小五号宋体
31			图中的数字和文字	六号宋体
32			表中的数字和文字 [a]	小五号宋体
33		第一行	附录编号	五号黑体
34	附录	第二行	（规范性附录）、（资料性附录）	五号黑体
35		第三行	附录标题	五号黑体
36			附录内容	五号宋体
37	参考文献	第一行	参考文献	五号黑体
38			参考文献内容	五号宋体
39	索引	第一行	索引	五号黑体
40			索引内容 [b]	五号宋体

序号	页别	位置	文字内容	字号和字体
41	封底	右上角	标准编号	四号黑体
42	单双数页	书眉右、左侧	标准编号	五号黑体
43		版心右、左下角	页码	小五号宋体

注：①以表的形式编写的术语标准，表中的文字使用五号宋体。
②术语标准索引内容的字体应符合 GB/T 20001.1-2001 的规定。

第四节　教育装备标准化发展方向

　　教育装备的标准化一直是这个领域内的一个重要问题，同时也是教育装备理论、实践、生产、发展的一个研究课题，它不仅决定着产品的质量，还影响着教育现代化的进程。《教育部 2014 年工作要点》指出，要"加快推进教育装备标准化建设，提高公共教育装备服务水平"；《教育部 2016 年工作要点》明确要求"印发《新形势下进一步做好基础教育装备工作的意见》，研制基础教育装备管理办法"；《教育部 2017 年工作要点》要求"推进县域城乡义务教育学校装备配备标准化"。这表明教育装备标准化工作在近几年是教育发展比较重要的内容之一。

一、教育装备标准与标准化

　　标准是"为了在一定的范围内获得最佳秩序，经协商一致制定并由公认机构批准，共同使用的和重复使用的一种规范性文件"（GB/T 20000.1-2002）。标准化是"为了在一定范围内获得最佳秩序，对现实问题或潜在问题制定共同使用和重复使用的条款的活动"（GB/T 20000.1-2002）。标准化工作的任务是：制定标准、组织实施标准和对标准的实施进行监督。而标准化的目的则是：改进产品、过程和服务的适用性，防止贸易壁垒，促进技术进步。

　　上述关于标准和标准化的定义主要是针对工业产品、过程和服务而制定的，教育装备标准和标准化除了满足上述规定外，还具有一些特殊性问题，必须对此加以说明。目前，教育装备标准从类型上看，按照适用范围划分主要涉及国家标准（BG）、行业标准（JY）和企业标准（Q/）；而按照标准涉及的对象类型划分则主要涉及产品标准和服务标准（注：一些教育装备标准也部分地用到术语标准、符号标准、试验标准、过程标准和接口标准）。其中，产品标准是"规定产品应满足的要求以确保其适用性的标准"（GB/T 20000.1-2001），服务标准则是"规定服务应满足的要求以确保其适用性的标准"（GB/T 20000.1-2001）。教育装备的产品标准容易理解，而教育装备的服务标准应该对应其配备标准才对。从《教育部2014年工作要点》中对教育装备标准化的指示可以看出，其标准化工作主要也体现在教育装备产品标准化和服务标准化方面。

二、教育装备标准化新理念

教育装备标准应该与其他领域的标准有所不同，这是一个值得深入探讨的问题。首先，教育装备的作用对象与其他领域装备的作用对象具有本质上的区别。粗略地说，工业装备的作用对象为无机物或有机物而非生命的物质；农业装备的作用对象为植物或动物而非人类的生命体；军事装备的作用对象是以人为主并兼有非人类的物，且具有破坏性；医疗装备、体育装备、教育装备的作用对象都是人类本身，并都是具有建设性的。但是，教育装备又与医疗装备、体育装备不同，它的作用对象虽然是人，但不是人的身体，而是宇宙间最为复杂的人类的头脑和人的心智。

虽然上述各个领域装备的作用对象具有很大区别，但是它们作为产品却都要通过工业生产来获得，或者说，各个领域的装备其实都是工业产品。于是，从产品标准化的角度看，它们首先必须满足的是工业产品、过程与服务的标准。其次，它们又必须体现各个领域自己的特点，满足各个领域特殊的要求，也就是在产品标准、过程标准和服务标准中特别强调的"……以确保其适用性……"（GB/T 20000.1-2001）的问题。这是十分重要和关键的。适用性问题之所以这样重要，是因为它是确保生产出的装备产品必须在相关应用领域内能够真正发挥其作用，真正物有所值。于是，教育装备标准化问题的关键就应该是研究和量化教育装备的教育教学适用性的变量和测量指标，即重点研究影响教育装备教学适用性的各种因素，并将它们列入教育装备的标准体系中。

教育装备具有复杂性。教育装备的品种庞杂、繁多，从高端的大型仪器设备到一些实验用的杂物（如一段玻璃棒、一根牛皮筋等）不一而足，给每一样东西都制定一个标准是不可能的，也是没有必要的。所以，当前教育装备标准化的核心工作不是忙着为各种仪器设备与材料制定一些详细的标准文件，而是研究和制定一个教育装备"元标准"（meta-standard），即产品教育教学适用性标准。

三、教育装备标准的元标准

meta-（汉译为"元"）在英语中是一个前缀，原来表示"在……之后"的意思。但是在 meta-physics（"元物理学"，汉译为"形而上学"）一词出现后，meta-则开始表示"最根本最原始的原因"的意思（王德峰，2000）。人们对"元"并不陌生，在各个领域的研究中"元"是经常被用到的概念，带有"元"的学问应属于解释学范畴。例如，"元数据"是用于描述数据的数据；"元认知"是对于认知原理的认知；"元科学"是研究科学发展的科学；那么，"元标准"就应该是用于制定标准的标准了。

其实教育装备元标准也出现过，如教育部在 2003 年 7 月 9 日颁布的行业标准《教学仪器设备产品一般质量要求》（JY 0001-2003）就是一个具有这种性质的文件。该标准文件中对教育装备产品的性能、安全、结构、外观等方面都做了详尽的描述，甚至对产品的包装、运输和存储方面也都做了规定，这些都是从产品的适用性角度出发而提出的。

1）教学仪器设备产品的性能应符合教学要求，充分考虑学生心理生理特点，做到科学、适用、稳定、安全可靠；应正确反映科学规律和自然现象，体现教学思想；有利于启发学生思维，增加学习兴趣，发挥学生的主观能动性和想象力；有利于学生充分认识知识产生和发展的过程，防止形成错误认识；有利于学生进行实验探究活动，培养学生观察和分析问题、收集信息和处理信息的实践能力与创新精神。

2）教学仪器设备产品应采用新技术、新工艺、新材料，尽量减少能耗、物耗，降低成本。

3）教学仪器设备产品的型式、规格的确定，要参照国家相关系列产品的标准，保证与其配合使用的仪器相配套，并根据教学需要，形成该种产品合理的系列型谱，提高产品的标准化水平。

4）教学仪器设备产品所用计量单位，应采用法定计量单位。

5）演示实验仪器要操作方便可靠、便于携带安放，演示现象直观生动，可见度大。演示现象可分辨观测距离不小于 9 米。

6）学生实验仪器要原理清楚、性能稳定可靠、坚固耐用，便于学生规范操作和教师指导。演示现象可分辨观测距离不小于 0.3 米。

7）定量仪器的不确定度要适当，便于调整。

8）教学挂图、幻灯片、投影片等要内容正确、重点突出、图像清晰、色泽自然鲜明。

9）教具的设计要充分考虑学生不同年龄段的心理、生理特点。

10）教学仪器设备产品的控制操作件，其控制作用和运动方式的关系应符合相关规定。

但是，上述教育装备元标准还不够完善，因为教育装备的最大适用性问题应该体现在其教学有效性方面。为了保证教育装备的教学有效性，必须考虑它们在生理适用性、心理适用性、时间适用性、空间适用性、教师适用性、学生适用性、认知适用性与文化适用性等方面的影响。以人为作用对象的装备（军事、体育、医疗、教育等装备），其产品应该比以物为作用对象的装备（工业、农业等装备）更多地考虑适用性问题。军事装备在列装前必须保证其能够有效地消灭敌人，医疗装备在使用前必须保证其能够有效地治疗病人，教育装备在选配前也应该做教育教学有效性的分析论证才对。教育装备标准的适用性研究，正是针对其教学有效性提出的。研究制定教育装备的元标准就是对其产品做教学适用性的各种规定，以及如何让这些适用性显性化、数据化、可测量，形成各项技术指标。

四、教育装备标准的内容

标准属于法律文件。作为教育装备标准的法律性文件显然具有规范作用，它是一种手段，是实现教育现代化、推行素质教育的有力保障。教育装备标准主要有两大类：一类是产品质量标准，另一类则是学校配备标准。

（一）产品质量标准

产品质量标准是对教育装备的产品质量的规定，它应该包含三方面的内容：性能质量、功能质量和安全质量。性能质量是指产品在几何结构、物理、化学、生物、电气等特性上的技术指标规定，它是由生产该产品的行业进行认定的，因为教育装备基本都属于工业产品，所以它们的性能质量几乎都是由相应的工业标准来规定。我们能够解决和必须关注的问题是装备的功能质量。功能质量是对产品在教育教学适用性方面的规定，是必须由教育领域的相关部门进行科学测量和认证的。

目前，教育装备的质量问题令人担忧，2009 年刊出的《"教学仪器设备存在的问题及质量管理的思路"课题研究调查报告》一文用大量的数据描述了教育装备质量低劣现象（刘文其，胡春华，黄京文，2009）。2011 年，当时的教育部教学仪器研究所与中国教育装备行业协会（China Educational Equipment Industry Association，CEEIA）联合进行的"十二五"全国教育装备调研结果也反映出教育装备的质量问题十分严重。这种情况下对教育装备生产企业的产品提出标准化要求非常必要，同时也说明我们的企业在研究教育装备的学校适用性方面做得不够到位。

（二）学校配备标准

配备标准是学校建设中各种设施设备的配置基本要求，主要包括学校规模、占地面积、校舍建筑、教学办公生活设备、常规通用教学设备、分科学习领域专用教学设备、现代教育技术设备、图书馆设备、办公及生活设备等。教育装备配备标准在满足基本教育教学活动需求和实现教育均衡等方面发挥基础保障作用。

教育配备标准充分发挥作用需要把握好尺度。这个尺度必须限制住两头，低端应该建立基本的达标指标，而高端也应该满足需求、适用即可。2013 年 11 月 25 日《人民日报》发表了任飏的文章《基础教育要警惕过度信息化》，提出了"信息技术在基础教育阶段所起的作用，应该限定在辅助、支持、保障、提升的层面，而不是'引领'"的观点。应该注意，其实我们警惕的不是过度信息化，而是无效信息化。严格地讲，"过度信息化"是一个伪命题，因为人类在以前的历史上并没有信息化过，没有一个可量化的"度"为依据。而我们有几千年的教育教学经验，深知何为"有效教学"。告诉一个高血压患者不要过度吃盐等于没说，真正科学的态度是给患者一个测量食盐的小勺，并告诉他每天的食盐摄入量。何为过度，何为不过度，这个度必须由教育装备元标准来规定。

教育装备标准化是新时期重要的建设任务，同时也是一个重大的研究课题。教育装备具有自己的特点，所以它的标准化问题应该首先考虑其适用性、有效性，制定教育装备元标准是其核心工作。

（三）标准化与特色化

标准化是趋同，而特色化（或个性化）是求异，两者要想统一起来必须具备一定的条件。常言道，"文明一定趋同，文化必须求异"，文明和文化是两个完全不同的概念。教育的均衡化反映了国家的文明程度，教育的规模化则反映了国家的文化水平。同理，中小学装备配备的均衡性属于文明的范畴，是一定要趋同的，应该讲求标准化；而校园网、特色教室、走班教室、创客空间等装备配备则属于文化问题，是必然求异的，应该追求特色化，没有必要建立严格的配备标准。所以新形势下中小学教育装备工作的当务之急应该是为教育的均衡化发展而建立和完善标准，具体地讲，就是要更加科学地建立各种配备标准和积极推进这些配备标准的实施。

中英教育装备比较研究

第一节　教育装备研究方法

教育部印发的《教育部关于新形势下进一步做好普通中小学装备工作的意见》（教基一〔2016〕3 号）指出，教育装备是教育资源中的人工资源部分，在学校教育教学过程中是不可或缺的物质或非物化基础，是支撑教育教学工作的保障，是"教书育人的必要条件"。教育装备作为一个研究领域，与其他学科或研究一样，其研究者都是首先从建立研究方法开始的，最初大量的研究工作与成果都属于方法论范畴。

一、教育装备研究的学科性质

从学科角度讲，教育装备研究应该属于社会科学的学科范围，因为它是教育学的一部分，而不是"装备学"的一部分。

（一）学科大类

德国哲学家伊曼努尔·康德（Immanuel Kant，1724—1804），在他《实践理性批判》一书的最后一章中道出了人类对世界的认识："有两种东西，我对它们的思考越是深沉和持久，它们在我心灵中唤起的惊奇和敬畏就会越历久弥新，这就是我头上浩瀚的星空和心中的道德定律。"这句名言被刻在了康德的墓碑上。他告诉我们，人类面对的世界有两个，一个是自然世界，就是我们"头上浩瀚的星空"；另一个是人类世界，就是造成我们"心中的道德定律"的那个人类自身。所以，人们的研究也就开始于两大类：一个是自然科学（natural science），研究自然世界；另一个是人文学科（humanities），研究人类精神世界。

自然科学的研究对象是人类精神之外的自然世界，如我们常见的物理学、化学、生物学等学科。人文学科的研究对象是人类的精神世界，如我们常见的文学、历史学、哲学、艺术类等学科。但是，随着人类面对社会问题的增加，人们开始了对人类社会的研究，形成了社会科学学科。社会科学（social science）就是用科学的研究方法来研究人类社会问题的学科，如我们常见的社会学、经济学、法学、教育学等学科。于是，人们又将学科分为 3 个大类：自然科学、人文学科（注意，不是"人文科学"）和社会科学。有时，人们也将人文学科与社会科学混称为"人文社科"。

（二）教育装备的学科性质

教育装备虽然还未形成一个完整的学科，但对它的研究已经较为深入。人们对教育装备的认识论、方法论、道德论和历史观这4个方面的研究都具有了一定的基础。如果可以称为"教育装备学"，则它应该是社会科学的一种，附属于教育学而不是"装备学"。"教育装备学"的研究对象虽然是装备物，但它并不属于自然科学，这是因为装备物不是自然物而是人工物，并且它的研究不是"只见物不见人"的研究，而是对人（学生、教师）、知识和装备物三者关系以及它们构成的教学系统进行的研究。"教育装备学"是社会科学，也是用自然科学的研究方法来研究教育教学问题。

社会科学是处于自然科学与人文学科之间的一类学科，但是它们并不"集中"在一起，而是均匀地分布在自然科学与人文学科的"学科空间"中（图2-1）。一些学科更加接近自然科学，另一些学科更加接近人文学科，而还有一些则处于中间的位置，它们在"学科空间"中所处的位置决定于它们的研究对象。这是一个有趣的现象，如像教育技术学、心理学这些学科的毕业生在获得学位时，可以获理学学位，也可以获教育学学位，就是这个现象的例证。那些更加接近人文学科的社会科学类学生是不会获得理学学位的。"教育装备学"也是比较接近自然科学的社会科学学科，所以一些高校的教育装备研究生也能够获得理学硕士学位。

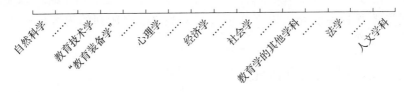

图 2-1　"学科空间"中的社会科学学科分布

（三）教育装备研究的基本理论

与其他学科或者研究领域一样，对教育装备研究的深化需要建立它的基本理论体系，这个基本理论体系应该由4个部分构成：①属于认识论范畴的描述性理论，解决"是什么与为什么"的问题；②属于方法论范畴的操作性理论，解决"做什么与怎么做"的问题；③属于道德论范畴的解释性理论，解决"何以这样想与何以这样做"的问题；④属于历史观的史实性理论，解决"前人怎样想与前人怎样做"的问题。这里讨论一下教育装备研究中的方法问题。

二、教育装备研究方法

由于方法论是一个哲学范畴，是研究方法本质的理论，而涉及的内容仅是教育装备领域相关的一些具体研究方法而已。

（一）教育装备研究方法类型

教育装备的研究对象是教育教学系统中的装备物，但是对它的研究应该是"见人见物"的，即研究内容必须是构成教育教学系统中的人、知识和装备物之间的和谐关系。于是便产生了 4 种类型的研究内容：①人对装备物的关系；②装备物对人的关系；③知识对装备物的关系；④装备物对知识的关系。这些关系及相关的研究内容开列在表 2-1 中。

表 2-1　教育装备相关研究类型

关系类型	所属研究领域	举例
人→装备物	教育装备管理	项目管理、日常管理、标准化、绩效测评等
装备物→人	教育装备功能	教育装备适用性、均衡性等
知识→装备物	教育装备研发	需求、设计、开发、生产等
装备物→知识	教育装备理论	认识论、方法论、道德论、历史观

在人、知识和装备物的三者关系中，人与知识之间的关系（教学论、心理学等研究内容）不是教育装备研究的内容，但应该对它有所了解，以便借鉴其成果促进教育装备研究。以下我们逐一对表 2-1 中所列的内容做较为详细的介绍。

（二）教育装备管理研究方法

教育装备管理研究涉及管理学的若干问题。

1. 项目管理方法

在学校的装备配备阶段，管理工作属于项目管理性质，其又大致分为需求论证、采购和项目验收 3 个阶段。需求论证阶段又具体分为需求调研、需求分析和需求管理问题。采购阶段又具体分为招标文件撰写、评标过程控制和合同签订问题。项目验收阶段又具体分为质量控制、功能验收（初验）和技术指标验收（终验）等问题。所有这些问题都有其详细的管理方法。

2. 日常维护方法

在学校的装备进入日常维护阶段时，管理工作属于日常管理性质。教育装备的日常管理工作包括技术保障、装备造册、维修与抢修等内容。这些内容都具有对应的管理方法。

3. 标准化管理方法

教育装备标准化问题涉及标准如何分类、配备标准如何制定、教育装备元标准如何制定以及基础教育相关标准如何进行统计等。

4. 绩效测评方法

教育装备绩效测评的方法问题涉及测量与评价原则如何规定、调研问卷如何设计、测量变量如何选择、测量的数据如何处理、装备管理评价指标体系如何建立以及一些具体的管理问题，如用户周期费用的最小值求法、对成本与效益进行的数据包络分析、教育装备达标评价预测的算法等。

5. 教育装备功能研究方法

教育装备的三大功能为辅助认知功能、环境优化功能和教育管理功能。其中辅助认知功能方面主要考查装备的教学适用性问题，而环境优化功能与教育管理功能已经不属于教育教学的基本要求，它们的配备情况主要表现在教育装备的均衡性方面。

（1）教学适用性研究方法

对教育装备辅助认知功能的要求突出地表现在它的教学适用性方面。教育装备在教学系统中对教学主体应该具有生理、心理、认知、教师、学生、时间、空间、文化 8 个方面的适用性。这一规定实质上是对辅助认知功能的具体要求，而对这些适用性方面的研究方法是目前亟待解决和十分困难的问题。

（2）教育装备均衡性研究方法

对教育装备均衡性的要求是具有条件取向性的，判断教育装备的均衡性可以借鉴基尼系数法，也可以使用教育装备均衡指数（J 指数）来进行判断。无论使用基尼系数法还是均衡指数法都需要明确具体的计算方法，以及对计算出数值的意义解释和定义。

6. 教育装备开发研究方法

教育装备的产品研发不仅应该受到企业的关注，更应该是研究机构和应用单位的任务。研发过程是一个复杂过程，研究方法涉及的问题也很多，但最重要的应该是需求分析及方法。装备物的需求应该由应用单位提出，由相关企业、研究机构和用户共同进行论证。需求论证包括必要性分析和可行性分析，其中企业提供技术可行性，用户提供应用的必要性和条件的可行性，研究机构应对待开发产品的教育教学适用性提出要求并予以控制。

7. 教育装备理论研究方法

严格地讲，这是在哲学层面对教育装备理论进行研究，探讨这个理论的逻辑起点与历史起点，确定研究对象、寻找研究方法。解决"是什么与为什么"的问题，需要采取描述性的方法；解决"做什么与怎么做"的问题，需要采取操作性的方法；解决"何以这样想与何以这样做"的问题，需要采取解释性的方法；解决"前人怎样想与前人怎样做"的问题，需要采取史实性的方法。

（三）教育系统与教学系统的教育装备问题

在此之前，我们并没有对教育装备与教学装备、教育系统与教学系统进行区分，但要在研究方法上将问题阐述清楚就必须将它们分别讨论。

1. 教育系统与教学系统

教育是个大概念，教学是教育下的一个小概念。构成教育环境的是教育系统，构成教学环境的则是教学系统。教育系统与教学系统都是复杂系统，因为它们都具有众多影响它们存在和发展的变量，而且这些变量大多都是隐变量，变量之间呈现出非线性的关系。同时，教育系统比教学系统更加复杂。教育系统的复杂性决定了教育学与自然科学之间有着巨大的区别，使得它具有作为社会科学学科存在的必然性。

2. 教育装备的教学适用性与教育适用性

教育装备包括了教学装备，教学装备是教育装备中体现辅助认知功能的那一部分。我们在讨论"教育装备的教学适用性"问题时，其实是在讨论"教育装备中教学装备的教学适用性"。教育装备既有教学适用性问题也有教育适用性问题，教育装备的教学适用性是针对教学装备提出的，而教育装备的教育适用性，则是要关注和讨论那些与教育系统有关的教育装备问题，它们不是学校教学中的问题，而是教育问题。

为了说明教育适用性与教学适用性的区别，这里举一个典型的教育装备教育适用性问题的例子。我们在部分山区进行实地调研时发现，学校里的许多教室都安装了多媒体设备，计算机、投影机和投影幕是最为普遍的标准配置，但有的投影机不能工作，原因是投影机灯泡达到了寿命期限。学校在上级主管部门的关照下安装了这些设备，却没有后续的经费购买必需的耗材与配件。在经费管理制度上固然存在一定的问题，但是作为产品开发商和采购供应论证人员，他们并没有认真考虑学校装备的教育适用性问题是个不争的事实。中国城乡之间的教育投入有着很大的不均衡性，如何生产与采购适应中国国情特点、具有中国教育装备适用性的学校设备是十分重要的问题。配备经久耐用的设备是采购人员需要认真对待的任务；不去一味追求售后增值利润，而为中国教育生产无需后期配件的设备是教育装备开发商与厂商的职责。从技术角度讲，这是完全可行的。

（四）教育装备比较研究方法

在社会科学的研究中，比较研究是一种常用的研究方法。教育装备研究作为社会科学的一部分，其研究方法也完全能够采用比较研究方法。

1. 比较研究的特点

在讨论教育装备研究方法时，将比较研究方法单独拿出来阐述是因为它具有特殊性，在前文所呈现出的教育装备那些系统的研究方法中，并没有比较研究方法的位置。《社会科学研究方法》一书中将比较研究的概念界定为：比较研究方法，又称类比分析法，是指对两个或两个以上的事物或对象加以对比，以找出它们之间的相似性与差异性的一种分析方法。它是人们认识事物的一种基本方法（林聚任，刘玉安，2004）。

比较研究既有在空间上的比较（称地区比较），也有在时间上的比较（称历史比较），空间上的比较研究是最为常用的。在这里我们重点讨论的比较研究方法也属于空间上的比较研究法，特别是国内与国外这种空间上的比较研究。

2. 中英教育装备比较研究

2016 年，《中国现代教育装备》杂志申报并获得了英国外交与联邦事务部全球繁荣基金——中国繁荣战略基金 2016—2017 年度项目"中英教育技术与教育装备比较研究"，项目课题编号（项目代码）：16ED13。该项目属于空间上国与国之间的比较研究。

作为项目的中方申请者，认定该项目的研究目的是：明确中英教育技术与装备标准的比较优势，为优化中国教育技术与装备标准体系提供参考，为促进双方形成多层面、宽领域、重实效的深度合作创造条件。项目分 3 个阶段，要分别达到 3 个研究目标：第一阶段，分析确定中英教育技术与装备标准差异和比较优势；第二阶段，中英双方部分教育装备企业达成合作共识，建立初步的合作机制；第三阶段，教育技术与装备标准比较优势在中英双方学校中具体实现。整个项目的开展是以第一阶段的研究为基础的，所以中英教育装备标准的比较研究是最为重要的部分，采取的具体研究方法为文献调研和实地考察、采访的方法。

3. 中英教育装备研究方法差异

英国不用"教育装备"这个名词，而是用"教育科技"一词代替"教育装备"。他们在教育装备（或教育科技）研究上最关注的是辅助认知功能类与教育管理功能类装备的开发、生产问题。而研究方法上也与我们存在很大差异，尤其是在教育装备产品需求分析方面。中国教育装备的产业特点更多地表现为企业"推送"产品到学校，即当一个新技术或新产品出现后，企业将它介绍到学校，并期望其在教育教学中发挥作用。英国更多地表现为学校根据教育教学中的难题提出技术需求，企业深入学校进行调研，再与学校相关人员共同开发相应的技术产品，以进一步推广使用。

英国教育装备或科技产品主要表现在计算机辅助教学和学校教育管理的智能软件方面，这些软件从采用的技术角度看水平并不是太高，但是他们从教育教学需求出发而发现问题、解决问题的创新思路和活跃新颖的方式方法都是需要我们认真学习的。同时，这些软件在建立数学模型和创建算法上也表现得非常突出。

教育装备研究方法是教育装备研究领域最早发动、最为深入、成果最多的理论研究，把它们系统化和进一步理论化再指导该研究领域的发展具有十分重要的意义。希望通过对它的讨论进一步发现研究规律，为我国新时期教育装备的发展和其管理水平的优化提供理论支持。

第二节　中英基础教育学制差异

中国与英国在基础教育学制方面存在较大差异性，对它们的差异性进行分析和对比，可以使中英中小学教育装备标准的比较研究更加有针对性。

一、中国基础教育学制

我国基础教育包括幼儿教育、小学教育、普通中学教育（初中、高中），中小学分小学、初级中学、高级中学三个阶段。小学一般为 6 年，从小学一年级到六年级，规定学生年龄从 6 周岁到 12 周岁；初级中学一般为 3 年，从初中一年级到初中三年级，规定学生年龄为 12 周岁到 15 周岁；高级中学一般为 3 年，从高中一年级到高中三年级，规定学生年龄从 16 周岁到 18 周岁。

虽然我国中小学大体包括 3 个阶段，但构成的学校类型却比较复杂，一般来讲常见的有以下 6 种：

1）6 年制独立小学。

2）3 年制独立初级中学。

3）3 年制独立高级中学。

4）6 年制完全中学（3 年初中+3 年高中）。

5）九年一贯制学校（6 年小学+3 年初中）。

6）十二年一贯制学校（6 年小学+3 年初中+3 年高中）。

在中国的边远山区，有时也会将小学再划分为 4 年初级小学和 2 年高级小学，但这种情况比较少见。除此之外，还有一些学校将学前教育与基础教育混合建校，构成一些更为特殊的学校，但此类学校多为民办学校。表 2-2 为中国基础教育学制各类学校。

表 2-2　中国基础教育学制各类学校

阶段	小学学段 6 年	初级中学学段 3 年	高级中学学段 3 年
年龄	6～12 岁	12～15 岁	15～18 岁
独立小学	▨		
独立初级中学		▨	
独立高级中学			▨
完全中学		▨	▨
九年一贯制学校	▨	▨	
十二年一贯制学校	▨	▨	▨

二、英国基础教育学制

英国基础教育可粗略划分为两个学段：初等（primary）教育阶段和中等（secondary）教育阶段。2010—2013 年英国基础教育阶段学校数量统计情况见表 2-3。

表 2-3　2010—2013 年英国基础教育阶段学校数量统计情况　　单位/所

年份	托儿学校	初等教育阶段学校	中等教育阶段学校	特色学校	学生推荐单位	独立学校	合计
2010	430	16 971	3 333	1 054	452	2 376	24 616
2011	425	16 884	3 310	1 046	427	2 415	24 507
2012	424	16 818	3 268	1 039	403	2 420	24 372
2013	418	16 784	3 281	1 032	400	2 413	24 328

（一）初等教育阶段学校

在英国，5～11 岁的学生在初等教育学校就读。服务 2～5 岁的儿童就读的托儿学校，也在初等教育阶段之列。初等教育阶段公立学校的办学经费来自国家拨款，学生免费就读。公立学校主要包括：学生推荐单位（pupil referral unit，PRU），自愿与信仰学校（voluntary and faith schools），社区与社区特殊学校（community and community special schools），基金会、基金会特色与信托学校（foundation，foundation special and trust schools）。私立学校包括：独立学校（independent school）、学院式学校（academy）。

（二）中等教育阶段学校

在英国，12～18 岁的学生在中等教育学校就读。中等教育阶段公立学校主要包括：学生推荐单位、自愿与信仰学校、社区与社区特殊学校、基金会，基金会特色与信托学校，还有文法学校（grammar school）。文法学校以学术性课程为主，多为单一性别学校，数量很少。私立学校包括：独立学校、公学（public school）、学院式学校、自由学校（free school）、第六学级学校（sixth-form college）等。

英国基础教育学制是非常复杂的，表 2-4 是英国基础教育学制及学校分布情况（李建民，2015）。

表 2-4　英国基础教育学制及学校分布情况

年龄	学校类型				年级	学段	性质
18		第三级学院	第六学级		十三		
17					十二		
16	公学			"高级"学校	十一	中等教育	
15			中等学校		十		
14		中学			九		
13					八		义务教育（5～17 岁）
12				"中间"学校	七		
11					六		
10	预备学校（私立）				五		
9		小学			四	初等教育	
8			初等学校		三		
7				"第一级"学校	二		
6					一		
5		幼儿学校				学前教育	

英国基础教育阶段学校呈现多样性主要有以下两个方面原因。

1. 自由主义传统盛行

英国自 17—18 世纪长期以来形成了自由主义传统，自由主义可谓是英国人的一种生活方式，社会主流力量一贯反对国家干预教育，反对国家办学。学校自主选择办学模式的意愿也较强。

2. 政党轮流执政，教育政策难以一贯始终

英国基础教育的发展与改革，始于 20 世纪 80 年代撒切尔夫人执政时期，虽然在提升英国基础教育质量、提高国际竞争力的大方向上是一致的，但保守党、工党轮流执政，各自都出台了一些标志性的政策文件，使教育政策难以一贯始终，却也造就了"教育生态"的多样性。英国基础教育阶段学校的多样性，折射出英国"教育生态"的多样性，而这种多样性的受益者，恰恰也是社区、家庭及学生本人，因为会有更多的教育机会可以满足不同的教育需求。

第三节　中英教育装备概念异同

本书讨论的问题是中国与英国中小学教育装备差异性，所以必须对两国教育装备的概念进行界定。本书的第一章已经给教育装备下了一个学术上的定义，即教育装备是教育资源中的人工资源。但是在实践中，人们通常使用的教育装备概念并不是十分严谨，而中国与英国在教育装备概念的理解和使用上也是完全不同的。此处将中英两国教育装备概念的习惯性使用进行比较，对后面的研究非常重要。

一、中国教育装备概念的多元化

"教育装备学"这个名词最早是华东师范大学祝智庭教授于 2002 年为首都师范大学教育技术系一个专业方向命名而提出的。自教育装备这一概念提出以后，教育装备理论研究经历了概念界定、内容划分、方法引进、历史考证等一系列活动。对教育装备的定义也多种多样，现部分地开列如下。与此同时，将教育技术装备的定义也部分地开列出来，因为从它们定义的表述中可以认为是"教育之技术装备"。

1）教育装备是在教育活动中，支持承载和传递知识信息的配备物与配备行

为。也可以更加具体地表述为：教育装备是指实施和保障教育教学活动所需的仪器、设备、资料、学具、设施以及相关软件的总称（何智，艾伦，2004）。

2）教育装备是指在教育领域中，为实施和保障教育教学活动而配备的各种资源总和以及对其进行相应配置、配备的行为与过程（殷常鸿等，2005）。

3）教育装备是指实施和保障教育教学活动所需的仪器、设备、资料、学具、设施以及相关软件的总称（艾伦等，2006）。

4）教育技术装备，是指实施和保障教育教学活动所需的物质设施（包括教学仪器、教学设备设施、教学资料、教学软件、教学工具等）（后有为，2006）。

5）教育技术装备是指为实现教育教学目的，在一定的环境下进行建设、配备、管理、使用、研究的各种物质条件和手段的总和（马如宇，2009）。

6）教育装备是整个教育资源中除了人力资源、自然资源以外的一切人工资源部分（艾伦，2009）。

从这些定义可以看出，它们大部分将教育装备概念基本上限定在学校教学辅助工具的范围内，严格地讲，应该属于教学装备的概念。

二、教育装备的英文译名

教育装备的英文名称为"educational equipment"，这是汉语英文直译的结果，其中将"装备"一词译为"equipment"，是仪器设备的意思。这个对中国教育装备的英文解释与教育装备是"人工打造的教育资源"这一概念有着本质的差异。其实，按照教育装备的本质将"教育装备"一词翻译成英文"artificial education resources"（人工教育资源）更加合适。在英国，没有"educational equipment"这个名词，代替中国使用的"教育装备"一词的是英文"educational technology"。在这里，这个英文名词的汉语意思是"教育科技"，而不被翻译成"教育技术"。中国目前使用的"教育技术"一词来源于美国。1994 年，美国教育传播和技术协会（Association for Educational Communications and Technology，AECT）对教育技术下的定义是："Instructional technology is the theory and practice of design，development，utilization，management，and evaluation of processes and resources for learning."该定义传到中国后被业界确定为公认的"教育技术 94 定义"，原文被译为："教育技术是对教学过程和教学资源进行设计、开发、使用、管理和评价的理论与实践。"但是，原文中"instructional technology"一词原意是"教学技术"，而非"教育技术"。中国教育技术业界将其翻译成"教育技术"有夸大其作用范围的目的"，并在此后的使用中，又将"教育技术"一词的英文名称使用了"educational technology",而不是"instructional technology"。于是"educational technology"在中国就有了两个不同的意思,在讨论从美国引进的教育技术和中国传统的电化教育问题时,这个名词代表的是"教育技术";而在讨论中国与英国的教育装备问题时,这个名词被翻译成"教育科技"。本书是讨论中英教育装备的标准化问题,所以将"educational technology"一词译为"教育科技"较为合适。

三、教育装备与教育科技

我们强调中国的"教育装备"一词就是英国的"教育科技"是有事实依据的。这需要从以下 3 个方面来说明。

(一)英国教育供应商协会的认定

英国教育供应商协会(British Educational Suppliers Association,BESA)于 1933 年成立,是英国目前唯一的教育产品提供商(厂商与经销商)的社会组织,BESA 旗下的教育供应商占全英国此类供应商的 85% 以上。BESA 旗下的供应商包括教育类艺术、工艺与耗材生产厂商(art,craft and consumables),与教育相关的咨询公司(consultancy),教育科技/信息通信技术厂商(Ed-Tech / ICT),产品经销商(distributors),教育工程策划类公司(engineering),教学仪器设备生产厂商(equipment),教学家具生产厂商(furniture),教育类印刷出版公司(print publishing),教育服务类公司(services),包括系统集成商,教具与学具生产厂商(teaching aids)。这些商家经营的产品显然都属于中国环境下所定义的教育装备的范围,而这些产品都被 BESA 定义为教育科技产品。

(二)英国教育培训与教育科技会展的展品

BETT Show 的全称为"British Educational Training and Technology Show",可译为"英国教育培训与教育科技会展"。BETT Show 创始于 1985 年,基本上每年一届,由世界著名的英国 Top Right Group(全球跨平台传媒集团)主办,由 BESA 承办。该展会虽然被冠以"英国",但已成为世界上最大和最具有影响力的教育科技展会,其展品包括:在线课程及远程教育设备、视听设备、交互式电子白板、电脑、投影机、扫描仪、打印机、广播设备、网络宽带、电视会议、电信设备、数据存储、数据库、课程软件光盘、绘图及出版软硬件产品、光学仪器、安保设备、产品技术支持和服务设备、安装及维修设备、学校家具、学校建设备、服务器产品及软件等教学相关仪器设备。

中国每年举办两届"中国教育装备展示会",这是全国规模最大的面向基础教育的教育装备展会。该展会的展品包括教学仪器设备、教具、标本、模型、计算机及软件、电教器材、图书、挂图和学校后勤设备设施、校服及校办产业产品等,与 BETT Show 的展品是完全相同的。这些展品在中国被称为教育装备产品,在英国则被称为教育科技产品,所以在现实中,中国的教育装备就是英国的教育科技。

(三)英国学校的认识

对于"educational technology"的理解,我们也与英国国际贸易部(Parliamentary Under Secretary of State,Department for International Trade)官员和英国驻华使馆的业务主管进行了交流沟通,他们认为"educational technology"包括教育教学中的各种设备及相关技术。在英国中小学考察中,校方在介绍学校的教育装备时经常使用"educational technology",范围包括交互式电子白板、电脑、投影机、扫描仪、打印机等,还包括对于学生表现的相关测评软件。

第四节 中英教育装备与教育技术比较研究

一、中英教育技术与教育装备比较研究申报书[①]

(一)项目名称

该项目名称为"中英教育技术与教育装备比较研究",旨在利用英国教育技术专家,在中英教育装备之间开展比较研究,目的是改进中国的教育装备标准,提高中国学生的实际获得。

(二)目的

截至 2017 年 4 月,明确中英教育技术与装备标准的比较优势,为制定中国"十三五"期间教育装备计划提供参考,同时促进中英教育技术的贸易与文化合作。

---

① 本节源于《中英教育技术与教育装备比较研究申报书》的基本内容及翻译。

（三）项目背景和需求

教育技术与装备是有效开展教育教学的基本条件，是提高人才培养质量的重要保障。中国教育正处于快速发展的转型升级战略时期。2015 年 11 月，教育部召开全国基础教育装备工作会议，明确提出"十三五"期间要完善国家教育装备标准、鼓励各地健全本地标准、为教育教学提供装备保障。

英国教育取得的成绩举世瞩目。英国教育装备能够为学生开展有质量的学习活动提供支撑，能够真正促进学生素养的发展。英国科技教育企业为教育教学提供了高质量的产品与服务。中国推进教育改革与发展需要借鉴英国的教育装备政策和标准，也需要引进英国教育设备、仪器、在线课程以及评价工具等。

2015 年 10 月，中华人民共和国商务部和英国商业、创新与技能部签署了《关于加强中英两国地方贸易投资合作的谅解备忘录》，将进一步加强两国地方政府间的交流与合作，促进和深化双方企业贸易与投资合作；中华人民共和国商务部与英国国际发展部也签署了谅解备忘录，将进一步深化中英新型发展合作，拓展合作领域。

（四）项目摘要

2017 年 4 月前，项目组找到中英双方教育技术与装备标准的差异，明确各自的比较优势；同时搭建两国教育管理部门、学校、企业之间的交流平台，推进双方教育文化合作与发展，促进中英教育科技贸易的繁荣。按如下环节执行：

1）组建专家团队，制订实施方案。

2）收集、整理、翻译、校对标准。

3）分析中英标准差异，明确双方的比较优势。

4）推进双方企业参加各自的教育装备展览会，深化合作。

5）建设中英教育装备示范校和实验区，探索教育技术促进教育质量提升的标准，也为企业推广创造条件。

提交项目报告，并向中英双方相关部门和公司呈送相关研究结果。

（五）产出

中英教育技术与装备标准比较研究项目产出见表 2-5～表 2-7。

表 2-5　产出 1：分析确定中英教育技术与装备标准差异和比较优势

指标	基线	来源	里程碑	目标日期
1. 中英教育技术与装备标准文本个数 2. 标准差异与比较优势被找到	1. 尚未建立标准文献库 2. 教育技术标准库尚未系统比较分析过	1. 公共资源 2. 中国标准管理部门 3. 教育部教育装备发展与研究中心 4. 英国教育科技供应协会	1. 标准文献库被建立 2. 标准的优势差异被确定	1. 2016 年 6 月建立不少于 50 个标准的文献库 2. 2016 年 10 月，找到差异，发现比较优势

续表

指标	基线	来源	里程碑	目标日期
产出 1 所链接的活动	1.1　成立专家组，协调、分工、决策 1.2　召开教育技术与装备标准对比分析项目启动会（包括标准的研究目标、任务、方法和实施方案等） 1.3　中英教育技术与装备标准调研、交流活动（收集中英及省市相关标准资料） 1.4　中英教育技术与装备标准桌面研究（翻译、校对、对比） 1.5　标准差异与比较优势的论证会			

表 2-6　产出 2：双方达成合作共识，建立初步的合作机制

指标	基线	来源	里程碑	目标日期
1. 建立专家组 2. 互访人次 3. 签署文件份数 4. 参加 BETT、China Didac2016 的人次	1. 项目专家团队未建立 2. 以教育科技为主题的合作少	1. 公共资源 2. 中国高等教育学会技术物质研究中心 3. 中国教育装备行业协会 4. 英国教育供应商协会	1. 项目团队被建立 2. 2016 年 8 月，首次实现互访 3. 备忘录和合作意见书被签署 4. 双方完成参展	1. 2016 年 5 月，包括政策制定者、研究专家、媒体和企业代表的专家组被建立（含企业） 2. 全年 50 人次互访（含企业） 3. 2016 年 9—12 月，签署不少于 3 份备忘和合作意见书 4. 2016 年 10 月，不少于 3 个企业参加 China Didac2016 5. 2017 年 1 月，不少于 3 个企业参加 BETT
产出 2 所链接的活动	2.1　中英教育科技与装备协作组（行会、学校、企业）成立 2.2　中方组团访问英国，了解和学习英国教育技术与装备，沟通交流，寻找合作内容 2.3　中英教育科技企业相互参加对方教育装备展览会，签署合作框架意向书 2.4　组织中英两国学校校长交流，签署学校之间的教育技术与装备合作协议			

表 2-7　产出 3：教育技术与装备标准比较优势在双方学校实现

指标	基线	来源	里程碑	目标日期
1. 可实施比较优势标准数量 2. 利益相关方（学校、企业、标准制定方等）达成合作协议数量 3. 创建示范学校的数量	1. 尚未确立比较优势标准 2. 中英双方协议尚未达成 3. 尚无典型性学习环境被创建	1. 公共资源 2. 中国标准管理部门 3. 教育部教育装备发展与研究中心 4. 英国教育供应商协会	1. 确立可实施的比较优势标准 2. 合作协议被签署 3. 示范校中学生学习环境被创建、学习功能区的装备配置要求被建立 4. 成果被发布	1. 2016 年 10 月，找到 5 个可实施的比较优势 2. 2016 年 11 月，至少 3 所学校签署合作协议，至少 3 个企业之间的合作协议被签署 3. 2017 年 3 月，建成示范学校（包括学生学习环境创建、学习功能区的装备配置要求等），引领更多学校参与 4. 2017 年 3 月，发布成果
产出 3 所链接的活动	3.1　遴选学校学习环境建设或学习功能区的装备配置要求等方案，遴选参建企业与参建学校 3.2　专家对学校的建设活动实施监理、验收 3.3　对学校学习环境建设或装备配置要求成果进行发布、推广			

二、赴英国考察报告

项目开展以来，项目组两次组队赴英国考察交流教育技术与教育装备发展，

与英国国际贸易部、英国驻华使馆、英国教育供应商协会等机构的官员、专家进行了交流，参访了部分中小学、教育科技公司，考察了英国教育科技展。项目组成员根据研究目标，分别就英国教育科技管理、教育科技对教育的支撑、教育科技应用效果、中小学教育科技创新等主题收集了一手材料，撰写了相关论文。图2-2为召开第一次总课题组会议。

图2-2　召开第一次总课题组会议

（一）2016年10月考察报告

"中英教育技术与教育装备比较研究"项目组赴英国交流考察团考察报告如下。

2016年10月2—12日，英国繁荣基金项目"中英教育技术与教育装备比较研究"项目组部分人员赴英国进行实地考察。

1. 预期考察目标

赴英国考察前，总课题组制订了考察计划并将考察目标具体化。

（1）预期课题目标

1）文献收集。英国教育技术与教育装备标准。包括普通教室、图书馆、实验室、楼道门厅、办公场地、剧场与学生活动空间、体育运动场地设施设备的配备标准。①学校建设方案与案例。收集学校建设方案、校内各空间建设案例、仪器设备配置清单、各类学校空间设置与设备配备情况。②学校个性化、特色化区域建设方案。

2）学习空间。收集学校有关学习空间的设计理念，环境氛围创建，设备配置、使用，管理相关资料（图片、文字、视频资料）。

3）课程情况。了解英国小学科学、中学理化生科学课程，了解中小学技术课程、艺术课程、体育课程。了解"课程+装备+环境"建设以及三者结合产生的效益。

4）教师培训。了解英语、科学、艺术课程教师培训情况，探讨合作模式。

（2）预期商务目标

通过企业交流探讨企业合作的模式、产品引进的方法、共同开发的可能性。

2. 实际考察内容

受到考察时间和地域的限制，实际考察内容与原计划有较大出入。

（1）与 BESA 的交流

10 月 3 日交流考察团一行到 BESA 总部对其进行拜访（图 2-3）。上午，由 BESA 总干事 Caroline Wright 做了关于英国教育科技和英国教育体系的介绍。介绍共分 5 部分内容，分别为：

1）BESA 简介，包括 BESA 的历史、成员构成、规模、效益、功能等情况。

2）英国教育体系，包括英国基础教育的学制、区域教育、教师的构成等情况。

3）学校经费简介，包括国家对教育经费的投入分布、教育装备与教学资源投入比例、项目领导与学校领导负责采购教育装备及其类型的百分比分布。

4）英国教育领导机构，包括英国基础教育指导与监理的构成。

5）英国教育科技提供商面临的问题，包括英国私立学校迅速发展，学生数量增加，一些中学课程严重缺乏教师，教育预算缩减，英国脱欧的影响。

图 2-3　项目代表团参访 BESA 总部

（2）与企业的交流

1）10 月 3 日下午交流考察团与部分 BESA 会员企业交流，会议由 BESA 国际部主任 William Prieto-Parra 主持。参加会议的企业有：Teachersmedia、Hodder

Education、Groupcall、Connect、2simple、Discovery、Data Harvest、Tigtag 等。

2）10 月 4 日下午交流考察团与英国教育科技公司、2simple 进行了深入交流。

3）10 月 6 日上午交流考察团与 Groupcall 公司，下午与 Tm teachersmedia 公司进行了深入交流。

4）10 月 7 日上午交流考察团与英国出版业的 Hodder Education 公司进行了深入交流。下午与部分 BESA 会员企业交流，会议由 BESA 国际部主任 William Prieto-Parra 主持。参加会议的企业有 Tulio Althoff，Gl Education，Fuze 等。

（3）对学校的参观

1）10 月 4 日上午交流考察团参观了伦敦 Copenhagen 小学。该学校由幼教部和小学部两部分组成，交流考察团参观了该校的上课情况和设备设施情况，并与学校 ITC 系统集成设计者进行了交流。

2）10 月 5 日上午交流考察团参观了伦敦 Eastlea Community School，听了一节计算机编程实验课，参观了理科试验室、艺术教室、科技教室，并与部分学生进行了谈话交流。

3）10 月 8 日交流考察团参访了剑桥大学。

4）10 月 9 日交流考察团参访了牛津大学。

3. 考察目标达成情况

预计目标虽然没有全部达成，但通过考察，对于改变研究思路、推进课题发展起着决定性的作用。

（1）课题目标达成情况

在英国，基础教育在教育技术与教育装备上没有统一的配备标准；同时，学校教学环境建设也没有统一的模式。但是，英国对于学生获得的知识和能力的提高都具有统一的测量标准，学生初中毕业与高中毕业都根据这些标准进行测量。

（2）商务目标达成情况

已有中英双方企业达成合作意向。其中，Discovery，Tm Teachersmedia，Hodder 都与参访的中国公司达成了合作意向。

（3）其他相关收获情况

通过考察活动，在上述目标达成的基础上还有更多的其他收获。

1）中国与英国在教育技术装备标准上存在差异。

中国比较注重教育技术装备配备标准的作用，其因素有两点：一是将标准看作法律文件，在强调依法治教的形势下突出标准的引领作用；二是配备标准在实现教育均衡的措施中起着重要的作用。

英国没有教育技术装备配备标准，政府对聘用来的学校校长足够信任，认为他/她们是教育专家，相信他/她们十分清楚学校教学环境建设的需求，由他/她们自己决定各种设施与装备的配备，不需要标准文件对配备物进行规定。

2）英国教育相关限令（禁令）的作用。

英国政府出台一些针对学生和学校的限令（禁令），规定不能对学生做什么。从这点上看，这些限令更具有法律文件的性质。

中国教育领导部门应该注重限令的颁布和作用，而将标准制定的工作放权给教育装备行业。

3）中国与英国在学生培养上存在差异。

中国在学生能力培养和提高上只有政策，没有措施，虽然认识到素质教育的"能力为重"，但在以下几方面未着力去解决：①学生需要培养和提高哪些能力；②怎样培养和提高这些能力；③能力培养和提高的水平如何测量与评价；等等。

从 BESA 大量会员企业的产品中可以发现，英国对学生能力的标准与测量方法已经研究几十年，目前许多测量评价软件都能够反映这方面的问题。

4）英国与中国在教育装备产品开发上存在差异。

英国教育技术装备产品的开发是从学校需求出发的，产品开发的主要人员基本上都是有教学经验的教师。

中国教育技术装备较少有开发过程，多是将一个新技术工业产品直接用于学校。这一现象必须纠正。

5）BESA 与 CEIEA（中国教育装备行业协会）在企业构成上存在差异。BESA 的会员单位中集成商为少数，而 CEIEA 的会员单位以系统集成商为主。这是由社会特点、体制特点决定的，是用户市场的需求，不能轻易定论它们之间的利弊。

（二）2017 年 1 月考察报告

"中英教育技术与教育装备比较研究"项目组赴英国交流考察团 2017 年 1 月考察报告如下。

2017 年 1 月 16—26 日，英国繁荣基金项目"中英教育技术与教育装备比较研究"项目组 20 人赴英国伦敦进行第二次实地交流考察。

1. 交流考察项目

（1）参加第二届中英教育科技发展论坛

2017 年 1 月 19 日上午第二届中英教育科技发展论坛会在英国国际贸易部会议中心举行，交流考察团作为中方代表参加了本次论坛（图 2-4）。

1）论坛由英国驻华大使馆一等秘书 Anna Shotbolt 主持，于上午 9∶30 准时开始。

2）英国国际贸易部副部长 Mark Garnier 致开幕词。

图 2-4　项目组联合主办第二届中英教育科技发展论坛，
英国国际贸易部副部长 Mark Garnier 出席

3）BESA 主管 Patrick Hayes 做关于英国教育科技产品发展的报告。

4）中国代表团成员艾伦做关于中国基础教育装备发展现状与需求分析的报告。

5）中国代表团成员张庆做关于中国四川省成都市基础教育信息化发展情况的报告。

6）中国代表团成员孙广学、许原芝、后有为、贾康生、王长华、冯振开、周利在主席台上以小组讨论的形式与会场的英国代表进行互动。小组讨论的主持人为英国驻华大使馆潘登宇。

7）英国教育科技企业代表与中国代表团进行交流。

（2）中小学学校考察

交流考察团在英国交流考察期间共计参观考察了 4 所中小学校，包括逻辑工作室学校、摄政高中（图 2-5）、东伦敦科学学校和马尔伯勒小学。

（3）英国教育科技企业交流

交流考察团在英国交流考察期间共计到 3 个企业进行了交流。

1）2017 年 1 月 19 日下午交流考察团到 Show My Homework 公司进行交流。对该公司的软件"Show My Homework"性质以及在中国进行推广使用的可行性进行了深入探讨。

2）2017 年 1 月 20 日下午交流考察团到 Hodder Education 公司进行交流。对该公司的标准化考试系统与学生学习水平评价系统软件的推广可行性进行了深入探讨。

图 2-5　项目实验校北京市密云区第六中学与伦敦摄政高中之间的校际交流

3）2017 年 1 月 23 日下午交流考察团到 TES 公司进行交流。对该公司的教师培训系统和软件的推广使用可行性进行了深入探讨。

（4）中英教育科技发展课题情况交流

2017 年 1 月 24 日下午在英国国际贸易部会议中心，交流考察团与英国驻华大使馆繁荣基金项目领导人进行课题情况交流。中英双方就研究过程中的成绩、存在的问题、双方的期望等问题进行了深入的讨论。

（5）参观 BETT Show

2017 年 1 月 25 日上午、下午，交流考察团参观了 BETT Show（图 2-6）。

图 2-6　项目代表团参观 2017 BETT Show

2. 交流考察收获

（1）关于教育信息化的比较

上述中小学属于英国伦敦地区的学校，拿来与中国北京地区的学校比较具有可比性。交流考察团考察这些学校的教育信息化情况时，首先注意到相对于中国教育信息化"三通两平台"的建设目标，英国伦敦所有这些学校在互联网接入方面基本上都实现了校校通，但是不具有班班通与人人通，而北京市的所有中小学校在 2016 年基本上都实现了"三通"。英国伦敦这些学校的计算机配置情况相对于北京市较差，不仅计算机配置水平低，数量也少很多，考察组通过观察进行测算，伦敦这些学校的平均生机比为 20∶1 至 15∶1，而北京市中小学校的平均生机比在 2015 年已经达到 5.33∶1。在教学资源与教学管理平台软件应用方面，英国伦敦这些学校软件应用十分广泛，硬件设备在充分地发挥着它们的作用。

（2）关于校舍与场地的比较

"十三五"规划第五十九章（推进教育现代化）提出了校舍、场地标准化，可以看出国家对教育装备标准化问题的重视。

对于教育装备，英国及伦敦政府没有统一的标准化要求，学校的各种设施设备的配备完全由校长决定。总的来看，英国中小学校环境优化功能类的教育装备（如校舍与场地等）很不一致，但不存在均衡性矛盾。这一点与中国存在巨大差异，分析原因有 3 个方面：第一，中英的建筑具有本质上的不同，英国古代建筑皆为石材楼式，结构牢固，可常年使用；中国建筑多以砖木结构为主，相比英国校舍更新周期要短得多。第二，20 世纪以来，英国的教育改革经历了"进步"和"平等"两个时期，并于 20 世纪 80 年代后开始进入"卓越"期，在"平等"阶段时教育均衡问题已经基本解决，所以政府对校园环境的均衡与标准化问题并不关心。第三，英国教育标准化具有目标取向的特征，对条件取向的标准化没有具体政策。

（3）关于标准化的比较

为了对中英基础教育相关标准有一个更加系统的认识，将这些类型的标准开列在表 2-8 中进行对照。从表 2-8 中可以看出，中国基础教育相关标准无论在数量上还是种类上都远多于英国，尤其在教育装备的标准方面表现突出，而且在配备标准方面是中国独有的。一般地讲，质量标准是具有目标取向性的，而配备标准则是具有条件取向性的，英国对条件取向性的配备标准不予以关注，而更加重视目标取向性的质量标准。英国标准协会或英国标准机构（British Standard Institution，BSI）被称为世界标准之源，在世界标准界占据了举足轻重的位置。英国的标准化工作走在世界前列。中英基础教育相关标准对照应该对我们的教育与教育装备标准化工作具有重要启示。

表 2-8　中英基础教育相关标准对照

项目		质量标准	配备标准	国际标准	国家标准	行业标准	企业标准
课程标准	中国		√		√		
	英国		√		√		
教师标准	中国	√			√		
	英国	√			√		
校长标准	中国	√			√		
	英国	√			√		
学校标准	中国	√		√			
	英国	√		√			
装备标准	中国	√	√		√	√	√
	英国	√		√	√		
标准考试	中国	√			√		
	英国	√			√		
其他标准	中国	√				√	
	英国						

中英教育装备标准化管理与运行

第一节　中英标准化管理机构与基础教育标准

目前教育装备标准化是一个热门话题，众多的单位、企业甚至个人都在积极参与研究和制定教育装备标准的工作。为了使该项工作更加规范而有效，需要参考国际上具有丰富经验国家的标准化成就。繁荣基金项目"中英教育技术与教育装备比较研究"项目组于 2016 年 10 月和 2017 年 1 月两次赴伦敦进行实地考察，走访了 6 所伦敦的中小学校和多个相关单位，并就教育与教育装备标准化问题与英国同行进行了研讨。通过分析中英两国在本领域的工作，找出差距，积累经验，达到促进我国教育装备标准化工作科学发展的目的。

一、中英标准化管理机构

国家标准化工作由国家标准化管理机构指导，教育标准化与教育装备标准化工作也有相应的机构负责，了解中英两国标准化管理机构的情况并加以比较是进一步掌握中英教育与教育装备相关标准差异研究的基础。

（一）中国国家标准化管理委员会与英国标准协会

中华人民共和国成立前，国民政府曾在实业部正式成立过中央标准局，颁布过《标准法》。中华人民共和国成立后，中央人民政府政务院成立了中央技术管理局，下设标准规格处。此后又经历了国家标准总局、国家标准局、国家技术监督局、国家质量技术监督局等阶段（中国标准化研究院，2014）。中国国家标准化管理委员会（Standardization Administration of the People's Republic of China，SAC）于 2001 年成立，为中国国家质量监督检验检疫总局管理的事业单位，是国务院授权的履行行政管理职能、统一管理全国标准化工作的主管机构。SAC 代表国家参加国际标准化组织（ISO）、国际电工委员会（IEC）和其他国际或区域性标准化组织，负责组织 ISO、IEC 中国国家委员会的工作。

BSI 成立于 1901 年，当时称为英国工程标准委员会。1929 年 4 月 22 日，工程标准委员会被《皇家宪章》认可，1931 年更名为英国标准协会。BSI 是英国的国家标准机构，也是全球首个国家标准机构（中国标准化研究院国家标准馆，2015），同时它也是 ISO 的创始成员之一。BSI 承担的职责包括：服务于公共政策利益，是英国经济基础结构的组成部分；兼顾工业、政府和消费者等各方的不同利益；促进英国国家标准、欧洲标准和国际标准的研发；提供延伸的非正式产品和服务；作为国际标准化、欧洲标准化的重要桥梁。

SAC 与 BSI 除了在历史上和国际影响力上的差距以外，在各自国家中的地位和作用是基本相当的。

（二）中英基础教育相关标准管理机构

1. 中华人民共和国教育部教材局

教育部教材局承担国家教材委员会办公室工作，拟订全国教材建设规划和年度工作计划，负责组织专家研制课程设置方案和课程标准，制定完善教材建设基本制度规范，指导管理教材建设，加强教材管理信息化建设。由教育部组织成立基础教育课程教材工作领导小组，于 2000 年和 2014 年分别成立两届基础教育课程教材专家工作委员会，并组织国家课程标准编写组负责对中小学各个学科课程标准进行编写。

2. 中国全国教学仪器标准化技术委员会

1988 年，当时的国家教委（1998 年改回为教育部）在国家技术监督局的支持下成立了全国教学仪器标准化技术委员会，代号 CSBTS/TC125。该委员会旗下有力学和热学（CSBTS/TC125/SC1）、电学和磁学（CSBTS/TC125/SC2）、光学和原子物理学（CSBTS/TC125/SC3）、生物学（CSBTS/TC125/SC4）、化学（CSBTS/TC125/SC5）、小幼教（CSBTS/TC125/SC6）6 个分委员会，负责组织教学仪器设备国家标准与行业标准的制定、修订和复审工作。2016 年该委员会更名为全国教育装备标准化技术委员会。

3. 中华人民共和国教育部教育信息化技术标准委员会

2000 年，教育部科技司组织力量研制现代远程教育技术标准，并于 2001 年成立了现代远程教育技术标准化委员会，2002 年更名为教育部教育信息化技术标准委员会。同年，经 SAC 批准成为全国信息技术标准化技术委员会（SAC：TC28）教育技术分技术委员会（China E-Learning Technology Standardization Committee，CELTSC），授权承担全国教育技术、教育信息化相关标准的研制、认证和应用推广工作。[①]

4. 英国教育标准局和英国资格与考试管理办公室

教育标准局（Office for Standards in Education, Ofsted）是英国中央层面教育管理的重要机构，但它是一个非政府部门，在其网站上清楚地标明："Ofsted is a

---

① 教育部教育信息化技术标准委员会. http://www.celtsc.edu.cn/index.html.

non-ministerial department."（https：//www.gov.uk/government/organisations/ofsted）Ofsted 依据英国 1992 年颁布的《教育（学校）法》［*Education （School）Act*，1992］于 1993 年正式成立。2007 年它的全称改为"教育、儿童服务及技能标准局"（Office for Standards in Education，Children's Services and Skills），但是目前仍沿用 Ofsted 这个英文缩写名称。Ofsted 虽然被称为英国教育标准局，但其主要工作并非是制定各种教育相关标准，而是对学校教育进行督导，它的主持人是由教育大臣任命的皇家总督学。①

英国资格与考试管理办公室（Office of Qualifications and Examinations Regulation，Ofqual）于 2007 年成立，为独立法人组织，直接对英国议会负责，承担国家教育考试和测验管理事务。而 Ofsted 对影响国家课程评价标准的相关问题进行监测并向 Ofqual 报告检测信息。②

5. 英国资格与课程委员会与英国资格与课程发展局

资格与课程委员会（Qualification and Curriculum Authority，QCA）是代表英国政府具体负责在全国范围内推行发展各级教育和培训课程与资格的权威部门，于 1997 年由国家职业资格委员会（National Council for Vocational Qualifications）和学校课程评审委员会（School Curriculum and Assessment Authority）合并成立。在英国，QCA 的主要任务是制定国家课程标准。③

英国资格与课程发展局（Qualification and Curriculum Development Agency，QCDA）于 2008 年成立，取代 QCA 来负责开发和制定国家课程标准，同时负责与国家考试相关的一系列事务。2010 年英国撤销 QCDA，并成立新的机构负责原来 QCDA 的工作。④

二、中英标准文号与标识

标准文件一般都应具有文号与标识，而各国的标准文件所采用的编号方法不同，它们之间存在一些差别，本节对此进行简单的说明。

（一）中国标准文件

中国国家标准标识为 GB，文号格式采用：GB+顺序号+批准年号，如 GB 50099-2011。带有 GB 标识的标准是由 SAC 起草、审查，由国务院标准化行

---

① Office for Standards in Education. https://www.gov.uk/government/organisations/ofsted.
② Office of Qualifications and Examinations Regulation. http://dera.ioe.ac.uk/14514/.
③ Qualification and Curriculum Authority. http://www.qca.org.uk/.
④ Surhone L M，Tennoe M T，Henssonow S F，et al.2010. Qualifications and Curriculum Development Agency. Montana USA：Betascript Publishing.

政主管部门审批、编号和发布的。国家标准又分强制执行标准与推荐执行标准，强制执行标准的标识就是上面所述的 GB，推荐执行标准的标识是在其基础上加有"/T"，如 GB/T 21747-2008。中国国家标准有时会等同采用国际标准，如《管理体系审核指南》GB/T 19011-2012 就是等同采用国际标准英文版的 ISO19011：2011。

对没有国家标准而又需要在全国某个行业范围内统一技术要求的则制定行业标准。中国的行业标准由国务院有关行政主管部门制定，并报国务院标准化行政主管部门备案。行业标准的文号格式：行业标识+顺序号+批准年号。教育行业标准标识为 JY，文号格式采用：JY+顺序号+批准年号，如 JY 0001-2003。行业标准也有强制性标准与推荐性标准之分，标识方法与国家标准相同，如 JY/T 0386-2006。

除此之外，中国还有企业标准（标识为 Q）和地方标准（标识为 DB）等。

（二）英国标准文件

英国标准文件使用的标识为 BS（British standard），文号格式采用：BS（+专业代号）+序号+制定（修订）年份。非专业性的一般标准没有专业号项。当文件为同一标准的不同部分时，文号则使用标识"pt. +序号"的方法，如 BS 594 pt. 2-1996。

带有标识 BS 的标准是英国标准机构 BSI 制定的标准，属于英国国家标准。但英国所使用的标准并非都是自己制定的，它也经常直接使用欧盟标准（标识 EN）、国际标准（标识 ISO）、国际电工委员会标准（标识 IEC）等进行转化或等同采用为自己的标准。例如，文号为 BS EN ISO/IEC 19796-1-2006 的标准文件就是一个经转化或等同采用英国、欧盟、国际以及国际电工委员会的标准。该标准的英文名称为：Information technology. Learning, education and training. Quality management, assurance and metrics. General approach。中文名称为：信息技术；学习、教育和培训；质量管理、保证和度量；一般方法。①

三、中英基础教育相关标准

涉及基础教育的相关标准有国家课程标准、教师标准、校长标准、学校质量管理 ISO 9001 标准认证和教育装备标准等，下面逐一进行介绍。

---

① BSI. https://www.bsigroup.com/.

（一）国家课程标准

"国家课程"是国家控制的全国统一性的教育质量标准，是衡量基础教育质量的标尺。中英两国都有自己国家的课程标准，并都为此付出巨大努力。

1. 中国基础教育国家课程标准

1912 年，当时的民国政府教育部公布了中国课程发展史上的第一个课程标准：《普通教育暂行课程标准》。此后，1923 年颁布了中小学课程暂行标准纲要，1929 年颁布了中小学课程暂行标准，1936 年、1942 年、1948 年先后颁布了中小学课程修正、修订、二次修正标准。中华人民共和国成立初期颁布过小学各科和中学个别科目课程标准（草案）。1952 年以后，改用教学计划、教学大纲（顾明远，1998）。2001 年，在新一轮课程改革中教育部制定并颁布了 2001 年版"新课程标准"，该课程标准涉及义务教育各个学科的 19 门课程和高中的 13 门课程。2011 年对 2001 年版的课程标准进行了修订和改造，重新颁布了 2011 年版义务教育阶段各门课程标准（小学科学课程除外）。

2. 英国基础教育国家课程标准

1988 年，英国议会通过《教育改革法》，规定在全国中小学实施"国家课程"。1989 年，当时的英国教育和科学部正式颁布了国家课程标准。国家课程由 10 个学科的课程组成，其中英语、数学和科学为 3 个核心学科，历史、地理、技术、美术、音乐、体育和现代外语则为 7 个基础学科。此后，英国教育和科学部分别在 1991 年和 1995 年对其进行了修订和调整。2000 年，英国新成立的教育与就业部和资格与课程委员会 QCA 共同颁布了面向 21 世纪的新国家课程标准。目前，英国中小学课程标准使用 2014 年教育部颁布的《英国国家课程框架文件》（*The National Curriculum in England：Framework Document*）。[①]

中英基础教育国家课程标准文件都没有使用各自国家标准文件的统一文号，也不带有国家标准文件的标识。

（二）教师标准

1. 中国基础教育教师专业标准

2012 年，教育部根据《中华人民共和国教师法》和《中华人民共和国义务教育法》制定并正式颁布了《幼儿园教师专业标准（试行）》《小学教师专业标准（试行）》和《中学教师专业标准（试行）》3 部教师专业标准。标准文件提出了"学生为本，师德为先，能力为重，终身学习"的基本精神，确立了"专业理念

---

① The National Curriculum in England：Framework Document. https://www.gov.uk/government/publications/natio nal-curriculum-in-england-framework-for-key-stages-1-to-4.

和师德、专业知识、专业能力"3 个核心标准化内容。[①]

2. 中国义务教育师资配置标准

2014 年 11 月，中央编办、教育部、财政部联合印发《关于统一城乡中小学教职工编制标准的通知》，进一步明确要求，统一编制标准，促进城乡中小学教育资源均衡配置。根据中央关于推进城乡发展一体化和基本公共服务均等化精神，在遵循《国务院办公厅转发中央编办、教育部、财政部关于制定中小学教职工编制标准意见的通知》（国办发〔2001〕74 号）和《关于进一步落实〈国务院办公厅转发中央编办、教育部、财政部关于制定中小学教职工编制标准意见的通知〉有关问题的通知》（中央编办发〔2009〕6 号）关于核定中小学教职工编制原则和有关工作要求的基础上，将县镇、农村中小学教职工编制标准统一到城市标准，即高中教职工与学生比为 1：12.5、初中为 1：13.5、小学为 1：19。2016 年，在"十三五"规划第五十九章（推进教育现代化）提出了九项教育现代化重大工程，其中在第一项"（一）义务教育学校标准化"中规定："实施加快中西部教育发展行动计划，逐步实现未达标城乡义务教育公办学校的师资标准化配置和校舍、场地标准化。"2017 年 5 月，教育部办公厅印发《关于中小学教职工编制管理创新工作案例的通报》，介绍了山东省和内蒙古自治区落实教师配置要求的创新做法。

3. 英国基础教育教师专业标准

1988 年，英国议会通过《教育改革法》，教育和科学部公布了《合格教师身份》咨询文件。1989 年，英国成立教师教育认证委员会 CATE（Council Accreditation of Teacher Education），并颁布了《合格教师资格标准》。1998 年，英国师资培训署颁布了《英国中小学教研组长的专业标准》，2002 年，颁布了《英国合格教师专业标准与教师职前培训要求》。2007 年，英国开始实行《教师专业标准框架》，该框架的 3 个核心标准化内容为：专业品质、专业知识和理解、专业技能（章云珠，2012）。

同样，中英基础教育涉及教师专业标准的标准文件也都没有使用各自国家标准文件的统一文号，也不带有国家标准文件的标识。

（三）校长标准

1. 中国基础教育校长专业标准

中国教育部于 2013 年制定印发了《义务教育学校校长专业标准》，又于 2015 年制定印发了《普通高中校长专业标准》，至此，中国基础教育校长专业标准全

[①] 教育部（教师〔2012〕1 号）http://www.gov.cn/zwgk/2012-09/14/content_2224534.htm.

部具备。这些标准中提出了"以德为先、育人为本、引领发展、能力为重、终身学习"的办学理念，在专业要求方面规定了"规划学校发展、营造育人文化、领导课程教学、引领教师成长、优化内部管理、调适外部环境"6个方面的专业职责。

2. 英国基础教育国家校长标准

英国《国家校长标准》（*National Standards for Headteachers*，NSH）于1998年首次颁布并实施使用，又于2004年做了重要的修订。该标准规定了校长工作的三项基本原则：以学习为中心的、重视领导作用的发挥、体现出最高的专业水准；指出校长工作的核心目的是为学校提供专业领导和管理；详细说明了校长工作的6个领域为：规划未来、领导学与教、发展自我和与他人一起工作、对组织的管理、明确责任、加强与社区的联系。2015年，英国又颁布了《国家卓越校长标准》（*National standards of excellence for headteachers*）。①

中英基础教育校长标准也未配有标识与文号。

（四）学校质量管理 ISO 9001 标准认证

1. ISO 9001 标准与质量管理体系认证

ISO 9000 标准是 ISO 于 1994 年发布的标准，称为 1994 版 ISO 9000 族系列标准，在 2000 年又正式发布了 2000 版 ISO 9000 族系列标准。ISO 9001 标准是 ISO 9000 族系列标准的一个子项，2000 版 ISO 9001 标准的使用截止到 2010 年 11 月，目前使用的最新版是 ISO 9001：2008 版标准。根据 ISO 9001 标准建立起来的质量管理体系是全世界公认的各个行业进行质量测量和评估的依据与工具。ISO 9001 质量管理体系认证就是对各个行业法人单位的质量管理机制和监督机制进行认证。ISO 9001 认证适用的行业一共有 39 个，大部分为生产制造业和服务业，其中公共行政管理被排到第 36 位，教育行业被排到第 37 位。

2. 中英基础教育学校 ISO 9001 认证

为了提高与保证学校教育质量，中国与英国的中小学都有一些学校申请并获得了 ISO 9001 质量管理体系认证。中国申请 ISO 9001 认证的中小学以民办学校最为踊跃。1998 年，无锡南洋国际学校（从幼儿园到高中的民办十五年一贯制学校）成为中国首家获得认证的学校；1999 年，广东东莞民办的东方明珠学校也通过了 ISO 9001 认证。2002 年，南京市赤壁路小学成为我国第一个获得认证的公立学校；2003 年，北京市 25 中通过了 ISO 9001 质量管理体系和 ISO 14001 环境

---

① National standards of excellence for headteachers. https://www.gov.uk/government/publications/national-standards-of-excellence-for-headteachers.

管理体系的双认证。据不完全统计，到 2013 年全国获得 ISO 9001 认证的中小学达 500 多所，其中大部分为民办学校。但是根据教育部网站上提供的信息，在 2013 年全国公办中小学校为 26 万多所，民办中小学校也达到了 1 万所左右；而且到 2013 年 11 月对全国各个行业发放的 ISO 9001 证书数已经达到 31 万张。由此可见，这 500 多所中小学校的认证数都显得太少了。造成这种情况的原因除了对学校与校长的管理理念和管理水平要求非常高之外，也与一些业内专家反对中小学校申请 ISO 9001 认证的观点和宣传有着直接的关系。这些专家最主要的一个观点是：依据 ISO 9001 质量管理体系对学校进行管理是"文本管理"，而学校是育人单位，需要"人本管理"。其实，ISO 9001 认证的过程就是对一个单位进行文本评估或评价，这种文本的评价体现了客观与量化的特点，相对于人本的主观与定性评价要科学得多。另外，ISO 9001 质量管理体系运用的是目标化管理，与"人本管理"的过程性管理方式相比有着明显的优势。

英国中小学申请 ISO 9001 质量管理体系认证的学校数量也不是很多。"中英教育技术与教育装备比较研究"项目组在英国伦敦走访的 6 个中小学是随机抽取的学校，这 6 个学校中只有 1 所学校（东伦敦科学学校）的校长在介绍本校情况时提到了申请 ISO 9001 标准质量管理体系认证的问题。

（五）教育装备标准

1. 教育装备配备标准

中国的教育装备类标准主要是配备标准，如实验室仪器设备配备标准、学校信息化建设标准（计算机机房、校园网等）、房屋建筑标准（教室、实验室等）、图书配置标准（图书馆、图书等）、运动场所建设标准（跑道、风雨操场等）、教室条件建设标准（课桌椅、黑板等）、班级环境建设标准（照明、空调、通风系统等）、辅助设施建设标准（食堂、校园文化等），除此之外还有各种专用教室（录播教室、创新实验室、走班制教室等）的标准。这些条件取向性的教育装备标准是中国特色，在英国不存在此类标准。此外，对其他国家和地区的研究也发现，配备标准主要存在于东亚地区，日本和中国的香港、澳门地区也存在配备标准，但具体配备方式也不相同。比如，我国根据学校规模、班级规模来确定配备标准，包括器材目录和具体数量，有多少个班级就配置对应的器材数量；日本只明确配备器材名录，确定一套器材供几人使用，学校根据学生人数来确定配置多少套器材（李正福，2017）。

2. 教育装备质量标准

教育装备质量标准属于产品质量标准，包括性能质量、安全质量和功能质量。性能质量是指产品在几何结构、物理、化学、生物、电气等特性上的技术指标规定，它是由生产该产品的行业进行认定的，因为教育装备基本都属于工业产品，所以它们的性能质量几乎都是由相应的工业标准来规定。安全质量是指产品在涉及使用者（或消费者）个人、生态环境、社会与国家安全方面的规定，它是由国家进行强制认证（如 3C 认证、QS 认证等）的。功能质量是对产品在教育教学适用性方面的规定，是目前处于研究阶段而尚未解决的问题。教育装备质量标准在中国分为国家标准、行业标准和企业标准，在英国则只采用国家标准（BS）以及进行转化或等同采用的欧盟标准（EN）、国际标准（ISO）。

（六）其他标准

1. 学生学业质量标准

学生学业质量标准其实就是标准化考试。中国基础教育阶段的标准化考试有两个，一个是中考，另一个是高考。英国标准化考试较多，有每年分别针对 7 岁、11 岁、14 岁、16 岁学生进行的核心课程（英语、科学、数学）学业成绩的标准化考试，还有对应于中国中考的 GSCE（General Certificate of Secondary Education）标准化考试和对应于中国高考的 A-Level（General Certificate of Education Advanced Level）标准化考试。

2. 教师教育技术能力标准

教师教育技术能力标准是中国特色标准。2004 年 12 月 25 日，教育部正式颁布了《中小学教师教育技术能力标准（试行）》，对中小学教学人员、中小学管理人员、中小学技术支持人员的教育技术能力加强引导和培训。从意识与态度（重要性的认识、应用意识、评价与反思、终身学习），知识与技能（基本知识、基本技能），应用与创新（教学设计与实施、教学支持与管理、科研与发展、合作与交流），社会责任四大维度提出具体要求。

3. 教师教育信息技术能力标准

教师教育信息技术能力标准也是中国特色标准。2014 年 5 月 27 日，教育部办公厅印发了《中小学教师信息技术应用能力标准（试行）》。该能力标准是规范与引领中小学教师在教育教学和专业发展中有效应用信息技术的准则，是各地开展教师信息技术应用能力培养、培训和测评等工作的基本依据。应用信息技术优化课堂教学的能力为基本要求，主要包括教师利用信息技术进行讲解、启发、示范、指导、评价等教学活动应具备的能力。应用信息技术转变学习方式的能力为发展性要求，主要针对教师在学生具备网络学习环境或相应设备的条件下，利用信息技术支持学生开展自主、合作、探究等学习活动所应具有的能力。本能力标准根据教师教育教学工作与专业发展主线，将信息技术应用能力区分为技术素养、计划与准备、组织与管理、评估与诊断、学习与发展 5 个维度。

第二节　中英教育装备标准化运行机制

分析讨论中国与英国在教育装备标准化运行机制方面存在的差异，找出其原因和优劣，对进一步发展我国教育装备标准化建设具有特殊的意义。这里以中英基础教育为背景，将双方教育装备标准化运行机制进行对比，以此来实现研究目的。

一、教育装备标准化运行机制

在讨论中英教育装备标准化运行机制之前，应该对一些相关概念进行界定，以使我们的讨论更有针对性、更反映事物本质、更有实际意义。本节将对标准、标准化、运行机制等相关概念做一一介绍。

（一）运行机制

运行机制（operating mechanism）是指在人类社会有规律的运动中，影响这种运动各因素的结构、功能及其相互关系，以及这些因素产生的影响、发挥功能的作用过程和作用原理及其运行方式。因此，在讨论运行机制时应该涉及参与一项活动（或称运动）的机构、人群，还应涉及活动的作用过程、运行方式和产生的社会作用与影响。

（二）标准化运行机制

标准化（standardization）是为了在一定范围内获得最佳秩序，对现实问题或潜在问题制定共同使用和重复使用的条款的活动。标准化工作的任务是为制定标准、组织实施标准和对标准的实施进行监督，标准化工作应当纳入国民经济和社会发展计划。标准化的目的是改进产品、过程和服务的适用性，防止贸易壁垒，促进技术进步（国家质量监督检验检疫总局，2002）。而标准（standard）则是为了在一定的范围内获得最佳秩序，经协商一致制定并由公认机构批准，共同使用的和重复使用的一种规范性文件（国家质量监督检验检疫总局，2002）。

标准化运行机制一般是由中央政府或政府委派的行政机构进行标准化管理与推行工作，由地方政府的相关部门和市场进行监督，由企业或研究部门对标准进行制定、修改与完善，由企业与用户参照标准执行的社会活动。

（三）教育装备标准类型与运行

教育装备标准化运行机制与教育装备标准的类型有着非常紧密的关系，不同类型的装备标准有着不同的制定部门、推行部门与检查部门，且运行方式也不大相同。

1. 教育装备标准类型

教育装备标准按照涉及对象主要分为两类：一类是配备标准，另一类是产品质量标准。其中配备标准是教育领域所特有的，特别是基础教育，如理科实验室仪器设备标准、学校信息化建设标准、房屋建设标准、图书配置标准、运动场所建设标准、教室条件建设标准、班级环境建设标准、辅助设施建设标准等。这些标准由国家政府标准化管理行政部门或教育部门制定与发布，由各级教育部门推行，教育装备管理部门监督，学校用户执行。产品质量标准又分性能质量标准、安全质量标准和功能质量标准。这些标准是工业标准，多由企业制定，由国家标准化管理机构发布，教育装备管理部门监督，企业与学校用户执行。

2. 教育装备标准体制

教育装备标准按照适用范围分类可以分为国际标准、国家标准、行业标准、地方标准和企业标准，也称为标准体制或标准制式。其中，配备标准多为国家标准、行业标准和地方标准，而产品质量标准多为国际标准、国家标准、行业标准和企业标准。从这些类型的名称上就能够看出该制式标准制定、发布、执行与监控机构的性质。

3. 教育装备标准执行强度

教育装备标准按照要求程度分类可以分为强制标准、推荐标准、规范、规程、指南等，对这些类型标准的要求强度或执行强度是按上述顺序逐次递减的。教育装备配备标准很少出现强制类型的标准，而质量标准中的安全卫生质量要求常在强制标准范围内。

教育装备标准化运行机制具有非常复杂的作用过程和运行方式，而中英在标准化运行机制方面又有所不同，需要分别进行详细说明。所以，这里所涉的教育装备标准化运行机制更多的是针对配备标准问题进行的讨论。

二、中国基础教育装备标准化运行机制

《中华人民共和国标准化法》于 1988 年底发布，并于 1989 年 4 月 1 日起实行。同期，"全国教学仪器标准化技术委员会"正式成立（2016 年该委员会更名为"全国教育装备标准化技术委员会"），从此中国基础教育装备标准化工作开始逐步走向新征程。

（一）标准化需求

教育装备标准化是国家基础教育发展战略需求的重要组成部分，是在《标准化法》指导下的政府行为。2016 年 3 月，"十三五"规划正式发布，明确提出："实施加快中西部教育发展行动计划，逐步实现未达标城乡义务教育公办学校的师资标准化配置和校舍、场地标准化。"其中师资标准化配置应属于人力教育资源配备标准问题，而校舍、场地标准化则属于教育装备（人工教育资源）配备标准问题。2016 年 7 月，教育部印发了《教育部关于新形势下进一步做好普通中小学装备工作的意见》（教基一〔2016〕3 号），它在"一、总体要求"的"（一）主要目标"部分提出要建立"与国家课程标准相匹配的国家装备配备和质量标准体系"的目标，在"（二）工作原则"部分提出了"标准引领、专业支撑"和"实现标准化与特色化的有机统一"的建设原则，并在文件中明确指出需要建立和完善的标准体系主要包括教育装备配备标准和质量标准。

这些国家文件的发布，说明中国基础教育装备标准化的需求是国家的教育发展战略需求，对基础教育装备标准化工作的认识必须上升到国家战略层面。

（二）标准体制与管理

教育装备标准体制与其适用范围类型有关，国家标准、行业标准、地方标准和企业标准的制定部门都由《标准化法》规定。国家《标准化法》的第二章第六条是对标准体制适用范围和制定部门的规定，以下对这些规定进行重述并加以解释。

1. 国家标准

对需要在全国范围内统一的技术要求，应当制定国家标准。国家标准由国务院标准化行政主管部门制定。其中，国务院标准化行政主管部门就是 SAC，教育装备的国家标准与其他领域国家标准一样，都要由 SAC 统一制定与管理。

2. 行业标准

对没有国家标准而又需要在全国某个行业范围内统一的技术要求，可以制定行业标准。行业标准由国务院有关行政主管部门制定，并报国务院标准化行政主管部门 SAC 备案，在公布国家标准之后，该项行业标准即行废止。教育装备行业标准由教育部组织制定，基础教育的装备标准多为配备标准，一般由教育部教育装备研究与发展中心（原教育部教学仪器研究所）负责编写并提交给教育部，教育部向 SAC 报备后正式发布。

3. 地方标准

对没有国家标准和行业标准而又需要在省、自治区、直辖市范围内统一的工业产品的安全、卫生要求，可以制定地方标准。地方标准由省、自治区、直辖市标准化行政主管部门制定，并报国务院标准化行政主管部门和国务院有关行政主管部门备案，在公布国家标准或者行业标准之后，该项地方标准即行废止。教育装备地方标准多为配备标准，有时各地根据本地特点和经济情况自行制定地方标准，并向 SAC 报备。

4. 企业标准

企业生产的产品没有国家标准和行业标准的，应当制定企业标准，作为组织生产的依据。企业的产品标准须报当地政府标准化行政主管部门和有关行政主管部门备案。已有国家标准或者行业标准的，国家鼓励企业制定严于国家标准或者行业标准的企业标准，在企业内部适用。教育装备很少使用企业标准，除非是在一些特殊应用方面需要严于国家标准或行业标准的情况下才采用，如某些课桌椅、厨房用具等。

在 SAC 网站上可以查询到主管部门为教育部（编号 360）的国家标准，这些标准开列在表 3-1 中。表中 23 项标准中属于教育装备的共计 14 项，其中以中小学体育器材与场地方面的标准为多数，涉及实验室与教学仪器设备的标准只有 5 项。这 5 项占教育装备类国家标准（14 项）的 35.7%，占全部教育类国家标准（23 项）的 21.7%。在 14 项教育装备标准中为强制标准的有《教学仪器设备安全要求仪器和零部件的基本要求》（GB 21748-2008）、《学校安全与健康设计通用规范》（GB 30533-2014）、《教学仪器设备安全要求总则》（GB 21746-2008）以及《教学仪器设备安全要求玻璃仪器及连接部件》（GB 21749-2008）4 项，它们全部都是关于教育装备安全质量的标准，其他大部分则为推荐标准。

表 3-1　教育部制定的国家标准

序号	标准文号	中文标准名称	备注
1	GB/T 15834-2011	标点符号用法	2012-06-01 实施
2	GB/T 19851.18-2007	中小学体育器材和场地第 18 部分：实心球	2007-06-01 实施
3	GB 21748-2008	教学仪器设备安全要求仪器和零部件的基本要求	2008-08-01 实施
4	GB/T 19851.13-2007	中小学体育器材和场地第 13 部分：排球网柱、羽毛球网柱、网球网柱	2007-06-01 实施
5	GB/T 13504-2008	汉语清晰度诊断押韵测试（DRT）法	2008-12-01 实施，代替 GB/T 13504-1992
6	GB/T 19851.20-2007	中小学体育器材和场地第 20 部分：跳绳	2007-06-01 实施
7	GB/T 30240.1-2013	公共服务领域英文译写规范第 1 部分：通则	2013 年第 27 号公告
8	GB 30533-2014	学校安全与健康设计通用规范	2014 年第 8 号公告
9	GB/T 28920-2012	教学实验用危险固体、液体的使用与保管	2012 年第 25 号公告
10	GB/T 16159-2012	汉语拼音正词法基本规则	2012 年第 13 号公告
11	GB/T 28039-2011	中国人名汉语拼音字母拼写规则	2012-02-01 实施
12	GB/T 15835-2011	出版物上数字用法	2011-11-01 实施
13	GB/T 19851.21-2007	中小学体育器材和场地第 21 部分：毽球、花毽	2007-06-01 实施
14	GB/T 19851.16-2007	中小学体育器材和场地第 16 部分：跨栏架	2007-06-01 实施
15	GB/T 19851.19-2007	中小学体育器材和场地第 19 部分：垒球	2007-06-01 实施
16	GB/T 19851.15-2007	中小学体育器材和场地第 15 部分：足球门	2007-06-01 实施
17	GB/T 19851.22-2007	中小学体育器材和场地第 22 部分：软式橄榄球	2007-06-01 实施
18	GB/T 19851.14-2007	中小学体育器材和场地第 14 部分：球网	2007-06-01 实施
19	GB/T 19851.17-2007	中小学体育器材和场地第 17 部分：跳高架	2007-06-01 实施
20	GB 21746-2008	教学仪器设备安全要求总则	2008-08-01 实施
21	GB/T 21747-2008	教学实验室设备实验台（桌）的安全要求及试验方法	2008-08-01 实施
22	GB 21749-2008	教学仪器设备安全要求玻璃仪器及连接部件	2008-08-01 实施
23	GB/T 20532-2006	信息处理用现代汉语词类标记规范	2007-03-01 实施

资料来源：中国国家标准化管理委员会网站. http://www.sac.gov.cn/

（三）标准执行

中国基础教育的装备标准是在教育部正式发布后由地方政府教育部门负责推广执行。但是，地方政府往往会参照教育部发布的标准，根据当地具体情况再重新制定一个相关的地方标准推广使用。2006 年 7 月教育部正式发布了《中小学理科实验室装备规范》（JY/T 0385-2006）、《初中理科教学仪器配备标准》（JY/T 0386-2006）、《初中科学教学仪器配备标准》（JY/T 0387-2006）和《小学数学科学教学仪器配备标准》（JY/T 0388-2006）4 个教育行业标准。教育部对此发布的通知（教基〔2006〕16 号）是发给全国各省、自治区、直辖市教育厅（教委）的文件。文件指出，"各地可以根据实际情况，创建更利于培养学生创新精神和实践能力的实验室，满足基础教育课程改革对实验教学的要求"。各省、自治区、直辖市教育厅（教委）多是依据这 4 个行业标准又重新制定了各自的地方标准，对部分内容要求予以抬高。例如，2015 年 10 月 14 日，北京市教委正式发布《北京市中小学办学条件标准细则（修订）》（普通高中部分），以适应课程标准与高考改革的需要（何智，2015）；2017 年 6 月，《江苏省中小学理科教学仪器配备目录（试行）》完成研制，包括小学、初中、高中共 12 个学科教学仪器配备标准（http://www.jsjyzb.cn/Html/Article/7179/）；2007 年，福建省教育厅印发了《福建省初中理科教学仪器配备标准（试行）》和《福建省小学数学科学教学仪器配备标准（试行）》等文件。其实，全国各省、自治区、直辖市都有这样的地方标准印发，此处不一一列举。

（四）标准监控

中国基础教育的装备标准执行情况由各地教育装备管理部门进行监督和控制。教育装备管理部门多为事业单位，各省、自治区、直辖市对它们的命名不大相同，有的称为"教育装备管理中心"，有的称为"教育技术装备管理中心"等。一般，省一级单位称"中心"，县及县以下单位称"站"。这些"中心""站"负责监督本地中小学的教育装备按照标准进行采购和管理，并将教育装备建设、配备、管理及应用的情况统计上来向主管上级报告。目前，随着政府机构改革和职能调整，教育装备部门的有些职能已经转移到学校或者其他部门。

三、英国基础教育装备标准化运行机制

英国基础教育的装备标准化运行机制与中国有着本质的不同，这不仅与英国标准化发展特点有关，也与英国基础教育的发展有着重要联系。所以在讨论英国基础教育的装备标准化运行机制时，不能够采用对中国该项社会活动的讨论方式。

（一）英国基础教育特点

英国国民教育制度的建立始于 19 世纪，最具代表性的是英国的第一部教育法，即 1870 年出台的《初等教育法案》（*Elementary Education Act*，1870），该法案又称《福斯特法案》（*Forster Act*），它的建立为义务教育的发展奠定了基础。1918 年英国开始实行完全免费的初等义务教育制度。此后，《1912 年教育法》巩固了英国公共中等教育制度。但是，基础教育的不平等问题一直没有得到解决。

直至《1944 年教育法》(*Education Act*, 1944)的正式颁布，英国的初等教育、中等教育以及继续教育的教育体制完成了很大的飞跃发展，教育的公平性得到了充分的体现。1988 年的《教育改革法》(*Education Reform Act*, 1988)促使英国的基础教育进入一个全新的发展阶段，卓越教育已经成为教育发展的最高追求。这近 150 年来几次大的变革，使得英国的基础教育具备了以下一些特点。

1. 具有明显的西方教育发展的三个阶段特点

1870 年《初等教育法案》至《1944 年教育法》为"进步"阶段；《1944 年教育法》至 1988 年《教育改革法》为"平等"阶段；1988 年《教育改革法》至今为"卓越"阶段。进入 21 世纪的英国基础教育，公平性已经不是特别需要关注的问题，而学校的均衡性对于英国的基础教育或义务教育来说一直就未曾被提出过。

2. 英国的基础教育存在明显的"市场化"特点

虽然英国的基础教育受执政党政纲的影响，但其市场化特点一直保持。1988 年《教育改革法》规定基础教育要"开放式入学"(open enrolment)，去除对学校能力的人为限制，只要学校有容纳空间，家长就可以为其孩子选择在此就读。学校的预算经费与学生数量紧密关联，政府鼓励学校为维持或提高其经费收入而竞争生源（冯大鸣，2004）。这一政策除了使学校办学水平与办学条件逐步提高以外，也使学校管理层的财政大权得到巩固，学校采购活动的目标多由学校管理层决定。

3. 英国中小学的学校领导具有绝对的经费支配权

英国中小学校的管理层由学校董事会、校长和高级管理团队共同组成。1988 年《教育改革法》规定地方成立学校管理委员会，把经费和资源管理权移交给学校管理团体和学校的员工，并由此大大削减地方教育当局的权力。学校的需求可以不接受地方教育当局控制而成为直接拨款的条件。直接拨款从国家基金代理机构获取经费和资本预算，该机构的成员由教育大臣任命（冯大鸣，2004）。对于教育经费，立法规定了大部分由学校负责，只有基本建设费、地方教育行政管理费、培训费用等仍归入地方预算，由地方教育当局支配与控制。同时，政府鼓励地方教育当局采取措施为学校修建保安墙、安装闭路电视监视器等，以减少学生受到攻击侵害、财产受损、被盗或纵火等事故的发生（祝怀新，2003）。可见，地方教育当局除了在基本建设和安全防护方面具有权限外，在学校财政上的控制权还是十分有限的。

以上所述特点决定了英国基础教育的装备配备特点，学校除了基本建设、安全卫生方面的装备有比较统一的规定外，其他方面的装备并没有统一的配备要求，学校需要配备什么装备不是由政府决定，而大多数情况下是由学校管理层根据学校具体需求决定是否进行采购。

（二）英国标准化运行机制特点

英国的标准化运行机制与中国有着很大的不同，在标准化管理，标准制定依据，标准体制，标准推行、监督与测评，标准国际化等方面都具有其显著特点。

1. 标准化管理

英国标准化管理机构的名称为 BSI，BSI 虽然是非政府机构，但具有国家标准化机构的地位，它拥有由英国政府根据《皇家宪章》和《英国政府就国家标准机构活动的谅解备忘录》（以下简称《谅解备忘录》）赋予的权力，政府只负责涉及国家安全、人们健康等强制执行的法规类文件的制定，其他涉及技术问题的自愿性标准则由 BSI 进行统一管理。

2. 标准制定依据

英国国家标准的标准文号标识为 BS，格式为：BS（+专业代号）+序号+制定（修订）年份。BSI 拥有 100 多年打造标准的经验，可引导和促进各专家达成共识；确保标准委员会具有代表性、包容性且便于联系，并确保编制过程严格而透明。BSI 采用特定原则起草标准，以确保 BSI 的标准具有权威性并且得到广泛遵守。这些原则均列于 BS 0 标准中（中国标准化研究院国家标准馆，2015）。"BS 0"的标准名称为《英国标准导则制定标准用的标准》（*British Standard Guidelines：A Standard for Standards*，以下简称《BS 0》），这也就是我们所说的"元标准"（Meta-Standard）。该元标准于 1981 年正式颁布，它规定了标准制定、标准管理、组织架构、标准格式等内容，是英国制定标准的根本依据。

3. 标准体制

英国的标准体制虽然将标准分为国家标准、专业标准和公司标准 3 种类型，但全国基本上以单一国家标准（标识 BS）为主。专业标准以国家标准的形式出现，在标准文号中用专业代号加以标识。公司标准则较少出现。BSI 管理的标准基本都属于自愿性标准，或者称为推荐性标准，标准本身不具有强制性。

4. 标准推行、监督与测评

英国的标准化具有市场化特点，标准的立项和编制建立在市场经济的基础上。企业根据市场需求和自身发展需要自愿提出申请，再由 BSI 进行立项、通报、拟定草案、公共评论、批准、签署、发布、复审等一系列工作。所以，英国标准推行的特点是"企业主导，政府推行"。

英国标准的执行受到社会和市场的监督，更具体地讲，就是通过发布技术法规的形式对企业的产品进入市场规定准入制度，并由政府授权检验检测机构依据标准对进入市场产品的合格性进行测评，社会的监督使得企业的任何违法行为都将受到严重的惩罚，并丢失市场。

英国政府会经常委托一些大学对 BSI 当年的标准化工作做第三方的绩效评价，并以此作为对 BSI 进行财政拨款的依据。测评的内容主要包括：标准对宏观经济、微观经济、推动市场竞争、企业发展与消费者等方面的影响（胡泽君，2008）。

5. 标准国际化

BSI 是国际标准化组织（ISO）、国际电工委员会（IEC）、欧洲标准化委员会（European Committee for Standardization，CEN）、欧洲电工标准化委员会（European Committee for Electro technical Standardization，CENELEC）、欧洲电信标准化学会（European Telecommunications Standards Institute，ETSI）等国际标准化机构的创始成员，与这些机构有着天然的联系。大部分英国国家标准均按照国际水平制定。所以，英国经常直接使用欧盟标准（标识 EN）、国际标准（标识 ISO）、国际电工委员会标准（标识 IEC）等进行转化或等同采用为自己的标准。例如，文号为 BS EN ISO/IEC 19796-1-2006 的标准就是一个经转化或等同采用英国、欧盟、国际以及国际电工委员会的标准。同时，BSI 还向 ISO 提供大量标准，使其国家标准进入国际标准的行列。

（三）英国基础教育的装备标准化运行机制特点

英国基础教育的装备标准化运行机制由英国基础教育的特点与英国国家标准化的特点所决定，它具有以下这些特点。

1. 无教育装备配备标准

英国基础教育没有专门的教育装备配备标准，配备什么完全根据学校的教育教学需求，由学校领导来决定。但是，配备采购的产品、学校的校舍建设等，在其质量方面都需要按照国家标准进行操作，而安全与卫生方面则要根据政府法规执行。在学校设施方面，校舍维护费、改扩建基础需求费、小型设备采购费用等要分别按照不同的规定进行具体操作，政府部门根据各类标准或经验模型提供分配方式、搭建制度框架，采购与建设的具体方案则由地方教育当局和学校自主决定。例如，在校舍建设方面，学校需要按照《2010 年建筑条例》（*Building Regulations 2010*）设计和建设校舍。校舍建设首先要确保安全及校舍内外和周边人员的健康（李建民，2015）。

2. 使用单一的自愿性国家标准

英国基础教育学校采购的教育装备或称教育科技（educational technology）产品的质量标准遵照国家标准（BS）执行，这些标准有时也同时属于国际标准（ISO）或欧洲标准（EN）。产品质量的国家标准虽然没有注明，但往往不具有强制性。在英国元标准《BS 0》的 7.1 中规定了自愿性原则：英国标准是在为了保证能普遍接受而进行的共同商议过程中产生的、自愿同意的、公众适用的文件。

3. 市场化特点

前文谈到，英国的基础教育具有市场化特点，英国的标准化运行机制也具有市场化特点，这就决定了英国基础教育的装备标准化运行机制同样会具有市场化特点。在英国，当一个中小学校根据教育教学需求进行教育装备采购或校舍建设时，通过招投标方式，学校的管理层会直接与社会上的相关企业建立联系，提出需求并做出说明，由企业根据说明和学校具体情况做出需求分析、可行性分析、技术方案、项目实施方案等一系列相关文件，集体论证后，参照国家标准进行实际操作。国家标准执行得如何，由社会、市场以及家长进行监督。这种情况相当普遍，如英国繁荣基金项目的"中英教育技术与教育装备比较研究"项目组于2016 年 10 月和 2017 年 1 月曾两次赴伦敦，对那里的中小学办学条件进行实地考察，其间共走访了 6 所学校，这些学校的教育装备采购或校舍建设以及对标准的执行都是采用上述这种模式进行的。

4. 标准化的目标取向性特点

英国中小学没有教育装备配备标准，也就是不具备条件取向性的教育装备标准化，对学校采取的是目标取向性的标准化。针对基础教育，《英国国家课程框架文件》以及 GSCE 和 A-Level 标准化考试都是对学校教学效果的考查标准，英国教育标准局（Ofsted）负责对学校的教育教学进行督导，社会、家长则对标准的执行与效果进行监督。也就是说，对学校不去考查其办学条件如何，只关心它教育教学效果怎样。这样原则下的标准化，具有明显的目标取向性特点。

（四）中英教育装备标准化运行机制差异分析

中国与英国基础教育的装备标准化运行机制存在巨大差异，这些差异许多是由于两国体制和文化不同造成的。发现这些差异性，找出其产生的原因，分析它们的优劣，对于推动我国教育装备标准化发展具有重要的意义。

1. 标准种类差异分析

中国基础教育的装备标准有配备标准和产品质量标准两类。其中，配备标准包括仪器设备的配备标准和校舍场地的配备标准；产品质量标准则包括仪器设备设施的质量标准和房屋建筑的质量标准。产品质量标准中特别重要的是安全卫生方面的质量。英国基础教育的装备标准除了没有配备标准以外，其他与中国的情况基本相同。

推行配备标准（或达标配备标准）是在中国基础教育强调均衡性发展的战略决策大环境下提出的具体措施。教育的均衡性不等于教育的公平性，均衡性是为所有的学校创造相同的学习环境与条件，公平性是为每个人提供均等的教育各个学段的入学机会。于是，英国所具有的目标取向性的标准化特征，使得其教育在从"进步"阶段走向"平等"阶段，再向"卓越"阶段迈进的各个过程中，基础教育的教育均衡问题一直没有被提到议事日程，教育装备的配备标准也就一直没有机会出现。

2. 管理体制差异分析

中国教育装备标准化与其他领域的标准化一样，实行"统一领导、分级管理、分工负责"的管理体制。从标准化的法律体系看，既有国家一级的《标准化法》和《中华人民共和国标准化法实施条例》，也有 SAC 与各个行业发布的标准化规章制度，还有各级地方标准化管理条例等配套规章，整个体系较为复杂。英国教育装备标准化也与其他领域标准化一样，管理体制较为简单，而且具有"市场化、集中型"的特点。英国没有建立标准化法，只是根据《皇家宪章》和《谅解备忘录》由 BSI 统一管理全国的标准化工作。SAC 于 2001 年成立，而 BSI 在1901 年成立，它们成立的时间相差整整 100 年，所以中国在标准化管理体制上还有很长的路要走。

3. 标准制定、审批与发布差异分析

中国教育装备标准的制定与其他领域的标准一样，实行"政府主导、企业参与"的管理机制，这是根据《标准化法》第六条规定形成的制度。国家标准的审批与发布工作由政府授权的行政机构 SAC 全权负责，行业标准、地方标准、企业标准虽然由各相关部门制定，但审批发布都需要向 SAC 报备，所以标准的审批与发布具有"政府负责"的特点。英国与中国不同，在标准制定上实行"企业主导、政府推动"的管理机制；而在标准的审批发布上具有"政府授权、社会组织负责"的特点，即由 BSI 全权负责。

4. 标准体制差异分析

中国的教育装备标准具有国际标准（ISO）、国家标准（GB）、行业标准（JY）、地方（DB）标准、企业标准（Q）等不同类型，形制比较复杂。而英国的教育装备标准基本上只有单一的国家标准（BS）。

根据英国元标准《BS 0》中 7.1 的规定，国家标准（BS）都属于"自愿性"执行的标准，这相当于中国带有标识"/T"的推荐性标准。而 SAC 颁布的国家标准（GB）既有强制性标准，也有推荐性标准（GB/T）。但是，这种情况正在发生改变。2016 年 1 月，国务院办公厅颁布了《强制性标准整合精简工作方案》，该方案规定"对现行强制性国家标准、行业标准和地方标准及制修订计划开展清理评估"，要求将大部分强制性标准进行废止或转化为推荐性标准。根据这种逐渐走向国际化的趋势分析，教育装备标准除了保留关于安全与卫生的强制性规定

外，将全部成为推荐性标准。通过对英国教育装备标准情况的分析可以看出，在英国教育装备标准化并不是十分重要，尤其对条件取向性的配备标准根本就不曾考虑。中国的教育装备标准化发展趋势也将会向这个方向靠拢，其实，标准化的本质是"趋同"，而绝对的均衡和绝对的公平都势必会导致竞争机制的缺失与效益的降低。随着教育装备标准化的不断发展，各种配备标准都将失去其效用，取而代之的是教育装备元标准的建立和实施。

5. 标准化监督机制差异分析

中国教育装备标准化的监督主要依靠地方相关的行政机构，具体地讲就是各地各层次建立的教育装备管理"中心""站"，它们是在各地教育局、委领导下的事业单位，负责各地中小学教育装备的采购和对标准的执行情况进行考查与监督，并将统计结果向上级汇报。前文谈到，英国标准的执行受到社会和市场的监督，并且有检验检测机构依据标准对教育装备产品合格性做准入认证。与英国这方面比较，中国的教育装备标准化监督机制相对落后且没有保障，尤其缺乏地方的检验检测机构，对教育装备标准化的评价停留在主观评价的基础上，无法实施客观量化的科学评价。

还有一个问题必须特别申明，教育装备的检验检测机构与一般工业产品检验检测机构的性质不应该完全相同，这是因为对教育装备的质量要求除了安全质量、性能质量以外，还有一个不容忽视的教育教学功能质量需要进行检验检测，即要对教育装备的教育适用性与教学适用性进行测评。这一实质性的监督工作是随着教育装备标准化的发展建立起来的，它反映了教育装备管理工作的本质。

6. 标准国际化差异分析

标准国际化有两方面含义：一个是国家标准对国际标准的等同采用；另一个是国家标准向国际标准的转化，即向 ISO 提供标准。中国的教育装备标准在这方面是没有什么建树的，这一方面是因为英国与其他国家基本上不存在教育装备配备标准；另一方面是中国标准化工作还处于初始发展阶段，2008 年 BSI 对 ISO 的标准贡献率大约为 17%，而 SAC 对 ISO 的标准贡献率仅为 0.2%（胡泽君，2008）。中国教育装备标准如果不在装备的元标准和教学适用性方面进行深入的研究，要想为 ISO 做出贡献几乎是不可能的。

第三节　中英基础教育装备标准化的趋向性差异

英国繁荣基金项目"中英教育技术与教育装备比较研究"项目组在英国进行考察期间特别关注了英国的教育装备标准化问题,此后又对英国的教育装备标准做了较为深入的调研。在此次考察和英国教育标准文献研究的基础上,提出了目标取向标准化与条件取向标准化的概念,并对它们的特点和优劣进行客观分析。

一、英国教育标准化

英国是一个十分重视教育的国家,政府将教育摆在了国家发展战略的首位,"当问及英国首相其政府发展目标的重点是什么时,回答是:教育,教育,教育"(新标准信息,1999)。

(一)英国教育改革

西方教育在经历了"进步""平等""卓越"的三大标志性进程后,由"经济动力""社会动力""政治动力"的驱使于20世纪80年代进入较为彻底的教育改革时期。英国则在1988年正式颁布了著名的《教育改革法》。该法在基础教育方面的重大变革主要表现在以下5个方面(冯大鸣,2004):

1)国家课程。有详尽的课程内容说明和对7岁、11岁、14岁与16岁学生的评估安排。

2)地方学校管理委员会。把经费和资源管理权移交给学校管理团体和学校的员工,并由此大大消减地方教育当局的权力。

3)开放式入学。去除对学校能力的人为限制,使家长能够为其孩子选择就读的学校,只要学校的物理容量允许即可。学校的预算经费与学生数量紧密关联,鼓励学校为维持或提高其经费收入而竞争生源。

4)学校可以"不接受"地方教育当局控制而成为直接拨款的条件。直接拨款从基金代理机构获取经费和资本预算,该机构的成员由教育大臣任命。

5)引入国家控制的督导制度,该制度将确保所有学校每4年接受一次督导,督导的标准由教育标准局制定。

在此之后英国政府又于2002年颁布了《传递结果:到2006年的战略》,它全面勾画出英国国家教育改革发展的战略目标（表 3-2）。

表 3-2　英国国家教育部战略目标（2002—2006 年）

战略目标
通过下述目标旨在帮助构建一种竞争性的经济和全纳的社会： ● 为每个人发展其学习创造良机 ● 释放人的潜力，以发挥其最大作用 ● 在教育标准和技能水平上达成卓越

具体目标 1	具体目标 2	具体目标 3
给予儿童一个卓越的教育开端，以使他们对未来的学习拥有一个更好的基础	使所有年轻人能够发展并拥有生活与工作所需要的技能、知识和个人素养	鼓励并使成人能够学习，改善其技能并丰富其生活

从上述这些教育改革发展目标与措施中可以清楚地看出，此次改革的重点突出表现在标准化、经费放权、关注学生能力等方面。

（二）英国教育标准化方向

英国中央层面教育管理的一个重要的机构就是前面提到的教育标准局（Ofsted），其对英国的教育行政决策和教育管理事务发挥着广泛而重要的作用。英国 Ofsted 注重的是以学生成就为核心的教育质量标准体系。反映学生成就的教育质量标准主要涉及以下几个方面（王小飞，2010）：

1）学生学业质量标准。根据该标准，在学生学完每个义务教育阶段的课程后要进行学业成绩测评，测评科目主要是英语、数学、科学 3 科，其目的是评价学生学业成就质量的优劣。

2）教师专业标准。根据该标准，学校要对教师进行测评，从而不断提高教师的专业水平，用以保障学生的学业成绩质量。

3）国家课程质量标准。根据该标准，Ofsted 要对 7 岁、11 岁、14 岁和 16 岁学生各门课程的学业成绩进行检查，检查方法包括任课教师对学生所做的形成性测评和 QCA（教育质量局）组织的全英统一终结性测评。

4）学校质量标准。英国教育的首要目标是提高学生的成就，学校系统改革的关键不在于结构变化而在于关注学生的成就标准。所以学校质量标准仍然仅包括这些内容：①学生学习质量，包括课堂获得的知识和胜任学习的能力；②学校效率，即学校是否充分利用了资源；③学校总体质量标准，反映学生纪律、文化、精神、道德发展情况；④教学质量。

（三）英国基础教育标准化特点

通过对上述标准问题的分析可以看出，英国基础教育标准化的一个显著特点是其制定的标准为目标取向。所谓目标取向是说政府仅对通过教育使学生所应达到的目标进行标准制定，而对可能达成这一目标的各种条件几乎都不进行标准规定，即标准化不是条件取向的。在针对基础教育的各类标准中，除了教师专业标准外，我们看不到对学校规模、设施设备、教学环境等办学条件方面的标准化规定，即使在学校质量标准的规定中也都反映出对最终目标的追求。目标取向的教育标准化就如同目标管理责任制，不管你以什么样的条件为基础，也不管你通过什么样的办法，只要能够达到规定的建设目标即可，而我仅对你是否达到了所规定的目标建立标准和依据此标准进行测量评价。我们不得不承认这种目标取向的标准化是科学的，它经历了历史的磨炼，在英国的基础教育中发挥着重要的作用。

（四）英国教育装备标准化

"中英教育技术与教育装备比较研究"项目组在英考察期间与英国教育供应商协会进行了深入交流，并对中英教育装备的标准化问题展开讨论。相对于中国教育装备的配备标准和质量标准，中英之间存在巨大的差异，在英国不存在教育装备的配备标准，而教育装备的质量标准就是产品的工业标准，由行业和企业对其进行规定。英国教育更加注重目标取向的教育质量标准的制定，而对条件取向性的教育装备配备标准并不关注。

二、我国教育装备工作定位分析

2016 年 7 月 13 日教育部印发了《教育部关于新形势下进一步做好普通中小学装备工作的意见》（教基一〔2016〕3 号）（以下简称《装备意见》），这是自 1999 年教育部印发《关于进一步加强中小学教育技术装备工作的意见》（教基〔1999〕11 号）之后又一关于基础教育阶段教育装备工作的重要指导性文件。

（一）教育装备标准化工作定位

对于教育装备的作用与其标准化工作的重要性，《装备意见》强调指出："教育教学装备是教书育人的必要条件"和"标准引领、专业支撑。以课程标准规定、装备标准体系和规范工作机制为引领，强化法治意识、规范意识和专业意识，坚持推进装备规划、实施、管理的制度化和专业化"（教基一〔2016〕3 号）。而对于教育装备标准建设的种类，教育部发布的解释文件《加强中小学装备工作　服务立德树人根本任务——教育部印发〈关于新形势下进一步做好普通中小学装备工作的意见〉》一文中指出："《意见》强调要贯彻创新、协调、绿色、开放、共享发展理念，建立与基础教育改革发展相适应，与学生发展核心素养培育相协调，与国家课程标准相匹配的国家装备配备和质量标准体系。"[①]同时，《装备意见》还特别提出："加强装备工作是推进义务教育均衡发展、促进教育公平的必然要求，是实施素质教育、促进学生全面发展的重要基础，是提高教育质量、加快推进教育现代化的重要举措。"

对上面教育装备标准化工作的定位进行分析，可以得出以下几点结论：

1）我国的教育装备标准化具有条件取向的性质。

2）我国教育装备标准具有法律文件的属性，执行配备标准是依法治教的具体体现。

3）我国教育装备标准主要关注配备标准与产品质量标准两种。

4）实施教育装备标准化配备是推进教育均衡性和公平性的重要举措。

（二）教育装备配备标准及其取向属性

配备标准是教育领域所特有的，并且我国中小学教育装备工作所涉及的标准几乎都属于配备标准。一般，人们容易把对配备标准的理解仅局限于学校理科、文科实验室的实验仪器设备标准化配备方面，但实际上学校信息化建设（计算机机房、校园网等）标准、房屋建设（教室、实验室等）标准、图书配置（图书馆、图书等）标准、运动场所建设（跑道、风雨操场等）标准、教室条件建设（课桌椅、黑板等）标准、班级环境建设（照明、空调、通风系统等）标准、辅助设施建设（食堂、校园文化等）标准以及地方性的各种学校建设达标标准等一系列标准都应该属于教育装备配备标准的范围。

上述林林总总的配备标准是对构成学校教育教学环境、条件的标准化规定，所以它们具有明显的条件取向的特征，因此我们可以认为，教育装备配备标准是条件取向性的标准。而我国教育标准化则更多的是关注这些条件取向的标准建设，对目标取向的标准问题研究和重视不够。况且，教育装备的配备对学生的学业水平是否能够发挥良性作用还是值得怀疑的，美国（American，A）1966 年的《科尔曼报告》、英国（British，B）2006 年 KCL 和 UCL 的相关调研以及中国（China，C）2016 年的全国基础教育装备专项调研（以下合并简称"ABC 调研"）都显示出：教育教学环境与学生学业水平不具有相关性，详见表 3-3（艾伦，2016）。对于学生的学业水平，规定条件性的工作繁杂而无效，规定目标性的工作倒有可能产生好的效果，所以目标取向的标准化优于条件取向的标准化在

---

① 加强中小学装备工作　服务立德树人根本任务——教育部印发《关于新形势下进一步做好普通中小学装备工作的意见》. http://www.moe.gov.cn/jyb_xwfb/gzdt_gzdt/s5987/201607/t20160727_273081.html

很大可能性下是成立的。

表 3-3　教育装备与教学成果相关性研究

时间	国家	研究	结论	
1966 年	A. American 美国	《科尔曼报告》	学生学业水平与教育装备投入无关	学生学业水平与学生家庭经济水平呈高度相关，相关系数 0.75
2006 年	B. British 英国	KCL&UCL 的相关研究	学生学业水平与教育装备投入无关	学生学业水平与学生家庭住址的邮政编码呈现高度相关性
2016 年	C. China 中国	全国基础教育装备专项调研	学生学业水平与教育装备投入无关	学生能力水平与学校教育装备投入在 $p<0.01$ 水平上呈现显著相关性

教育装备标准化由条件取向性向目标取向性转化是必由之路。目前，太多的、各种各样的配备标准已使教育装备工作不堪重负，而且配备标准的规定正在逐渐失去其现实意义，人们不再重视它的作用，"一校一标准"甚至"一班一标准"的现象普遍存在，配备标准的严肃性、权威性面临挑战。教育装备工作必须开始研究和建立目标取向的统一标准，"教育装备元标准"就是典型的目标取向性标准。教育装备元标准对教育装备的教学适用性做了严格规定，而教学适用性的本质是教学有效性，即要求教育装备必须能够对教育教学效果产生良好的作用，必须经过教育教学有效性的实际检验。规定和测评教育装备教学适用性是教育装备元标准的核心内容。教学适用性或教学有效性的规定与 ABC 调研的结论并不矛盾，原因有以下 3 个：

1）ABC 调研的中国调研中有一条结论，虽然教育装备对学生学业水平（中、高考成绩）不产生作用，但是与学生各种能力的提高的确呈现出显著相关性。

2）不得不考虑到，在此之前的教育装备配备是没有进行深入的教学适用性或有效性设计、检验和认定的，而经过这些处理的教育装备就应该会对教学效果发挥作用。

3）ABC 调研是对教育装备整体表现进行的判断，并未对逐个装备的教学有效性表现进行相关性分析，所以具有教学有效性的教育装备存在的可能性是有的。

（三）标准化文件的法律属性分析

党的十八大之后，政府提出了"依法治国"的发展国策，教育领域则提出了相应的"依法治教"策略，教育装备管理部门为了响应政府的号召，将"依法治教"落实到装备管理工作中，在制定的《装备意见》中强调通过"标准引领"来体现教育装备工作的"依法治教"。这无形中就将课程标准、装备配备标准等标准文件定位在了法律文件上面。于是，教育装备配备标准是否真的具有法律文件的性质便成为我们现在需要认真讨论的问题。法国思想家、法理奠基人孟德斯鸠认为："在君主国里，教育的法律的目的应该是荣誉；在共和国里，应该是品德；在专制国里，应该是恐怖。"（孟德斯鸠，1961）可见孟德斯鸠将教育的法律定位在了更加接近道德的层面上。

道德与法律是两种不同的对人进行约束的精神，但是道德讲求自律，法律则强调他律；道德告诉人们应该怎样做，而法律则规定人们不应该做什么。从法权关系角度去分析，法理规定人与人之间可以建立法权关系，如监护人与被监护人的关系；人（此处为人格）与物之间也可以建立法权关系，如人与私有财产的关系；但物与物之间无法建立法权关系，我们不能说"此物占有彼物"。再来看教育装备配备标准，它规定了何物必须放在何处，此物与彼物之间如何关联，所以该类标准不具有法律文件所应具有的一些特征，不能归入法律的范畴。倒是教育管理部门颁布的一些与教育装备相关的限令（或禁令）反而具有法律文件的性质。

（四）教育装备产品质量标准分析

教育装备产品质量标准对产品质量做了 3 方面的规定：①性能质量标准；②安全质量标准；③功能质量标准。

1. 性能质量标准

性能质量标准是指产品在几何结构、物理、化学、生物、电气等特性上的技术指标规定，它是由生产该产品的行业进行认定的，因为教育装备基本都属于工业产品，所以它们的性能质量几乎都是由相应的工业标准来规定。在教育装备领域人们热衷于建立几乎所有装备产品的性能质量标准，但是教育装备的"非限定性"，使得其他任何领域的装备都可以拿到学校里作为教育装备使用，若给它们都制定一个性能质量标准是不可能的，其实也是没有必要的。据粗略统计，教育装备中除了通用产品（如计算机、电视机、工具类产品、化学药品、玻璃仪器等）外，专门用于学校教学的仪器产品就有 514 个品种（注：每个品种又有许多类型和型号）；根据《初中理科教学仪器配备标准》（JY/T 0386-2006）和《小学数学科学教学仪器配备标准》（JY/T 0388-2006）中描述的情况，仅九年义务教育阶段的理科实验室教学仪器就有 1471 件之多。

一台用于校园网的交换机与用于其他领域的商用机在技术参数上是否应该存在差别呢？网络交换机的技术指标需求由它所工作的网络环境决定，网络的吞吐量、无阻塞、可靠性等要求决定了包转发率、背板带宽、可扩展性、冗余度等技术指标方面对网络交换机的选型。相同的技术环境下对交换机提高或降低技术要求标准，以及制定一个完全相同的标准显然是毫无意义的。

2. 安全质量标准

安全质量标准是指产品在涉及使用者（或消费者）个人、生态环境、社会与国家安全方面的规定，它是由国家进行强制认证（如 3C 认证、QS 认证等）的。同样，为用于学校的产品再去做一个完全相同的安全质量标准也没有任何意义。我国重视安全质量问题，由教育部提出、全国教学仪器标准化技术委员会归口的《中小学校教学设施设备安全通用要求》《中小学教学场所设施设备安全管理规范》和《中小学学生活动场所设施设备安全管理规范》3 项国家标准已于 2015 年完成了起草工作。

3. 功能质量标准

功能质量标准是对产品在教育教学适用性、有效性方面的规定，必须由教育领域的相关部门进行科学测量和认定，但它还仅处于研究阶段。例如，基于 Pad 形式的电子书包是在苹果公司 iPad 的基础上衍生出来的，而乔布斯的设计理念是尽量简化用户对使用这一电子产品的操作，用单击图标的动作几乎代替了全部相关操作指令。这样的设计理念或许对于具有西方文化使用拼音文字的学习者毫无影响，因为他们毕竟只有 26 个字母需要记忆。但是对使用象形文字的中国学生来说，由于有成千上万的汉字需要记忆，乔布斯的设计必定会对他们产生适用性方面的问题，长期使用电子书包而造成"提笔忘字"的现象是该类装备在文化适用性方面不匹配的典型表现。如果我们必须给中国学生使用的电子书包制定一个产品质量标准的话，那么首先要解决的就是它文化适用性的功能质量标准。

（五）均衡性与公平性的取向特点

"加强装备工作是推进义务教育均衡发展、促进教育公平的必然要求"（教育部，2016），教育装备对于促进教育均衡发展具有重要意义。

1. 教育均衡性具有条件取向性

《中华人民共和国教育法》第十九条规定："国家实行九年制义务教育制度。各级人民政府采取各种措施保障适龄儿童、少年就学。适龄儿童、少年的父母或者其他监护人以及有关社会组织和个人有义务使适龄儿童、少年接受并完成规定年限的义务教育。"此处特别指出了国家各级政府要为义务教育采取各种保障措施，教育的均衡性就是让全国各个地区学校的这些保障措施（或教育教学条件）尽量达到一个平均、一致、标准化的水平。所以，教育装备配备标准的必要性主要体现在义务教育阶段，这是因为如前文所述——配备标准是具有明显条件取向性特征的。

2. 教育公平性具有目标取向性

"民不患寡而患不均"，人们对教育公平性的关注度非常之高，而且主要表现在高中教育与高等教育阶段。国内高等教育资源的缺乏和获得高等教育后的利益使得它成为人们关注的焦点，而教育公平应表现为获得高等教育的同等机会。其实，人们对同等机会的理解是这样的：无论身处全国什么地方，无论什么样的家庭背景，只要满足报考高等学校条件，那么他所在的那个地区或学校都具有高等教育普通学校、重点高校以及名校的相同考中比例。这是一个十分明确的目标，或者说公平性是具有明显目标取向性的。但现状是考中高等学校的机会集中在一些城市中的重点高中，于是使得能够进入这些重点高中的机会又表现出教育公平问题。对于一所高中校，教育装备投入量是否均衡人们并不关心，人们最关心的是它的学生考入重点高校的比例，而且 ABC 调研的结论说明了教育装备投入其实对学生高考成绩没有贡献，所以高中校的教育装备配备标准在目标取向的公平教育需求下就显得无足轻重了。

三、教育装备限令的作用

限令（ordering）或禁令（injunction）是政府颁布的法律文件，起着限制或禁止从事某项活动或使用某物的规定作用。教育限令是政府在教育领域颁布的法律文件，是依法治教的具体体现。教育装备限令则是教育管理部门对教育装备的推广使用所做出的法律规定。英国在基础教育阶段基本不存在教育装备配备标准，体现法律作用的是一些必须颁布和执行的限令。

我国一些学校曾出现了毒跑道事件。该事件对教育装备管理的科学性提出了更高的要求。为避免此类事件再次发生或在事先就能够防止此类事件发生的办法是制定相关的法律文件。与此相关的法律文件有两种形式：一是制定标准，二是颁布限令。

（一）制定相关标准的困境

对于塑胶跑道这个产品，当我们对其在中小学校表现出的安全质量还没有进行深入研究和测试时，制定能够满足学校适用性的标准是一件十分困难的事情。首先，我们并不知道像《体育场地使用要求及检验方法第 6 部分：田径场地》（GB/T 22517.6-2011）与《合成材料跑道面层》（GB/T 14833-2011）等这些标准所规定的那些对于成人可以适应的材料是否同样能够适用于中小学生，或者说成人与中小学生是否应该使用同一个标准文件。另外，在采购、施工与验收时，原来适用于其他领域的方法是否同样适用于中小学校这个环境。制定一个具有教学适用性的产品标准要经历一个长期过程。同时，对以次充好等奸商行为用制定标准的办法来约束也是无济于事的。

除了制定相应标准外，证书制也是非常重要的措施。在英国使用塑胶跑道的学校占全部学校（大中小学和学前班）的比例不足1%，而铺设学校田径跑道必须具有证书，"申请证书的新跑道或需要重新测量的跑道必须在有官方机构授权的测量师监督下，通过一个完整的调查问卷。在英国田径协会收到所需的全部手续后，将会递交给国家/地方设施统筹机构，该机构将会派出评估员进行参观评估。根据评估报告的建议，将颁发相应水平的证书。证书一般自检查日起有效期5年"（人民网，2016）。

（二）颁布相关限令的有效性

"毒跑道"事件出现后最有效的补救办法不是修订标准，而是颁布相关限令。塑胶跑道并不是一个十分成熟的产品，而且这种产品在中小学校中使用的必要性和安全性也没有经过科学的论证。"中英教育技术与教育装备比较研究"项目组在英国进行考察时发现，所参观过的中小学和幼儿园的操场都没有铺设塑胶跑道和塑胶草皮，而是使用真草皮。

在中小学校中使用一个新产品必须慎重，应经过科学的需求和安全论证，需求分析必须充分，安全认证一定可靠。当所有这些都不具备时，出现问题后教育管理部门应立即发出限令，禁止中小学校使用此类产品。同样，对于一种未经检验的产品或技术，在中小学校推广使用之前一旦发现苗头应立即颁布限令。例如，目前校园网室内无线路由器的载波频率普遍使用2.4 GHz的，新产品则开始使用5.8 GHz载波频率。其中2.4 GHz是成熟技术，其安全性经过检验，而5.8 GHz安全性还有待考验，在中小学校盲目推广使用5.8 GHz产品是不负责任的行为。出现此类苗头时，相关部门应颁布限令，在中小学校目前阶段要禁止使用5.8 GHz产品，只有这样做才能在教育装备工作中真正体现出依法治教的精神和科学管理的态度。

四、结束语

通过中英教育装备标准化特点对比分析得出的目标取向与条件取向概念应该给予重视，是一个值得研究的课题。中英两国在教育标准和教育装备标准上取向的不同反映出在教育管理方式上的巨大差异。英国教育的改革与发展经历了不同的阶段，在教育装备管理方面也积累近一个世纪的经验，他们曾经遇到的问题或许我们也正在经历。了解他们的历史和现状，对我们与他们之间的差别进行分析，取长补短、发现机遇，提高我们的教育装备管理水平，推进我们教育事业更加快速发展是该项研究的目的。

中英中小学教育装备标准

第一节　中英中小学校舍与场地标准

分析讨论中国与英国中小学在校舍、场地标准化方面存在的差异，找出其原因和优劣，对进一步发展我国教育装备标准化建设具有特殊的意义。

一、中小学校舍、场地与教育装备

教育装备被定义为：人工制造的教育资源。按照此定义，中小学校舍、场地应属于教育装备的范畴。首先，学校的校舍、场地属于教育资源，这是毋庸置疑的事实，同时它们又都是人工建造的。在这里，我们将学校校舍、场地与教育装备联系起来，其目的是希望用教育装备的研究方法来研究校舍、场地，用教育装备标准化的分析方法来分析校舍、场地的标准化问题。

此处应该注意，我们必须区分土地、场地与用地这些不同的概念。土地一般指原始未开发的土地，校园范围内未开发的原始土地属于教育的自然资源，由于没有经过人力加工，所以不在教育装备的范畴之内。学校场地则是人力加工过的教育资源，属于教育装备的范畴，如运动场地、实验场地、教学场地等。而学校用地也是一个经常使用的概念，如建筑用地、体育用地、绿化用地、道路用地、广场用地、停车场用地等，它们多为经过初步人力加工后的土地，是预留发展用地，也属于教育装备的范畴。

校舍、场地是中小学教育教学的必要条件，在日常教学活动中起着重要的作用。2016 年 3 月正式发布的"十三五"规划中规定："实施加快中西部教育发展行动计划，逐步实现未达标城乡义务教育公办学校的师资标准化配置和校舍、场地标准化。"将中小学义务教育学校的校舍、场地标准化问题纳入国民经济和社会发展的规划当中，可见国家对中小学校舍、场地建设的重视程度。

二、中小学校舍、场地标准类型

2016 年 7 月 13 日，教育部印发的《装备意见》（教基一〔2016〕3 号）中明确指出：需要建立和完善的标准体系主要包括教育装备配备标准和质量标准。前文讨论过，中小学校舍、场地属于教育装备，而教育装备标准体系又包括配备标准和质量标准，所以中小学校舍、场地标准也就应该包括配备标准和质量标准两种类型。

（一）校舍、场地配备标准

教育装备配备标准是作为学校教育教学必要条件的规定，是对学校构成学生学习环境、学校生活环境、教师工作环境、学生活动环境等条件的基本要求。配备标准一般是对教育装备种类与数量的规定，中小学校舍、场地配备标准的指标规定与学校的规模（学生人数）有关，与学校学制（小学、初中或高中）有关，与学校地域属性（城市、乡镇或农村）有关。表 4-1 开列了中小学校舍、场地配备标准项目实例[1]；表 4-2 开列了配备标准对学校规模的规定实例[2]；表 4-3 开列了配备标准对独立初中教室数量的规定实例[2]。

表 4-1 中小学校舍、场地配备标准项目实例

类别		项目	备注
校舍	教学及教学辅助用房	普通教室	数量由学校规模决定
		实验室	理化生等实验室、仪器室
		科学、史地、美术、书法教室	属专用教室
		音乐、舞蹈教室	属专用教室
		计算机教室	属专用教室
		图书阅览室	面积由学生数决定
		教师办公室、休息室	由教师数量决定
	行政和生活服务用房	行政办公用房	校长、教务、总务等办公
		生活服务用房	厕所、浴室、食堂等
场地	建筑用地	校舍建筑占地	由学校规模决定
	运动场地	田径运动场	每校 1 个
		篮球或排球场	每 6 个班 1 个
		风雨操场	选配
	绿化用地	绿化与自然科学园地	成片绿地、种植用地等

注：表中专用教室包括实验室、小学科学教室、音乐教室、美术教室、书法教室、史地教室、劳技教室、信息技术教室或计算机教室、多功能教室、心理咨询室。

[1] 中华人民共和国国家计划委员会. 1986-12-25. 中小学校建筑设计规范（GBJ 99-86）.

[2] 北京市教育委员会. 2005-12-01. 北京市中小学校办学条件标准.

表 4-2 配备标准对学校规模的规定实例

学制	适宜规模	班额
独立小学	每年级 2～4 班，合计 12～24 班	≤40 人
独立初中	每年级 6～10 班，合计 18～30 班	≤40 人
九年一贯制学校	每年级 2～4 班，合计 18～36 班	≤40 人
独立高中	每年级 8～12 班，合计 24～36 班	≤45 人
完全中学	每年级 4～6 班，合计 24～36 班	初中部：≤40 人 高中部：≤45 人

注：表中未开列十二年一贯制学校的规模规定。

表 4-3 配备标准对独立初中教室数量的规定实例

项目	18 班	24 班	30 班
专用教室个数	18	24	26
普通教室个数	班级数＋2		

配备标准还规定了学校应配置的教学设施设备，如普通教室应设置黑板、讲台、清洁柜、窗帘杆、银幕挂钩、广播喇叭箱、"学习园地"栏、挂衣钩、雨具存放处；教室的前后墙应各设置一组电源插座[①]。

中小学校舍、场地配备标准就是对一个标准的学校应该具备的各种用房与用地项目种类和规模数量的统一规定，是学校保障教育教学正常进行的基本条件，是中小学校舍、场地标准的重要组成部分。

（二）校舍、场地质量标准

校舍、场地质量标准是中小学校舍、场地标准除配备标准外的另一个重要组成部分。教育装备质量标准包括安全质量、性能质量和功能质量 3 个部分，中小学校舍、场地质量标准一般仅有安全质量和性能质量两部分。其中，安全质量还包含了卫生和环保等方面的内容；而性能质量主要体现在尺寸、面积、材料等方面。表 4-4 开列了中小学校舍、场地性能质量标准项目实例[②]，表 4-5 开列了中小学校舍、场地安全质量标准项目实例[③]。

表 4-4 中小学校舍、场地性能质量标准项目实例

项目	指标		参数
普通教室	课桌椅	排距	小学：≥850mm，中学：≥900mm；纵向走道宽：≥550mm；课桌端部与墙面净距离：≥120mm

---

① 中华人民共和国国家计划委员会. 1986-12-25. 中小学校建筑设计规范（GBJ 99-86）.

② 同上。

③ 同上。

续表

项目	指标		参数
普通教室	课桌椅	水平视角	前排边坐的学生与黑板远端水平视角：≥30°
		视距	前排课桌前沿与黑板水平距离：≥2000mm； 最后排课桌后沿与黑板水平距离，小学：≤8000mm，中学： ≤8500mm； 教室后部横向走道宽度：≥600mm
	黑板	尺寸	高度：≥1000mm；宽度，小学：≥3600mm，中学：≥4000mm
		高度	黑板下沿与讲台面的垂直距离，小学：800～900mm，中学：1000～1100mm
		材料	表面采用耐磨和无光泽材料
	讲台	距离	讲台与黑板边缘水平距离：≥200mm
		宽度	≥650mm
		高度	200mm
运动场地	课间操运动场		小学每学生：≥2.3m²，中学每学生：≥3.3m²
	田径场	环形跑道	小学：200m，中学：250～400m
		直跑道	小学：60m×2，中学：100m×2

表4-5　中小学校舍、场地安全质量标准项目实例

项目	指标参数要求
安全	学校不宜与市场、公共娱乐场所、医院太平间等不利于学生学习和身心健康以及危及学生安全的场所毗邻
	校区内不得有架空高压输电线穿过
	中学服务半径不宜大于1000m，小学服务半径不宜大于500m；走读小学生不应跨过城镇干道、公路及铁路
	学校的校门不宜开向城镇干道或机动车流量每小时超过300辆的道路；校门处应留出一定缓冲距离
卫生环保	学校校址应选择在阳光充足、空气流通、场地干燥、排水通畅、地势较高的地段；校内应有布置运动场的场地和提供设置给水排水及供电设施的条件
	学校宜设在无污染的地段；学校与各类污染源的距离应符合国家有关防护距离的规定
	学校主要教学用房的外墙面与铁路的距离不应小于300m；与机动车流量超过每小时270辆的道路同侧路边的距离不应小于80m；当小于80m时必须采取有效的隔声措施
	教学用房应有良好的自然通风。南向的普通教室冬至日底层满窗日照不应小于2h。两排教室的长边相对时，其间距不应小于25m；教室的长边与运动场地的间距不应小于25m

三、中国中小学校舍、场地标准特点

通过文献查阅可知，中国正式颁布的第一部中小学校舍、场地国家标准是在1986年由天津市城乡建设委员会编制，经中华人民共和国国家计划委员会批准的《中小学校建筑设计规范》（GBJ 99-86），该标准于1987年10月1日开始施行。

前文表 4-1、表 4-4、表 4-5 开列出的项目都是引用这个标准的部分内容。

中国现行的中小学校舍、场地标准为《中小学校设计规范》（GB 50099-2011）（以下简称《规范》），这是在 2010 年由中华人民共和国住房和城乡建设部制定与批准，于 2012 年 1 月 1 日开始施行的国家标准。该标准发布公告施行的同时宣布了废止原来的标准《中小学校建筑设计规范》（GBJ 99-86）。除了国家标准外，中国现行中小学校舍、场地标准中还有很多地方标准。

（一）配备标准特点

中国中小学校舍、场地配备标准主要体现在地方标准中，国家标准基本上只对校舍场地的性能质量和安全（含卫生、环保）质量做出规定。全国各省、自治区、直辖市基本上都具有自行制定的中小学校舍、场地的地方标准，如《北京市中小学校办学条件标准》、《上海普通中小学校建设标准》、《南京市普通中小学办学条件标准（修订版）》、《浙江省九年制义务教育普通学校建设标准》（DB 33/1018-2005）、《浙江省寄宿制普通高级中学建设标准》（DB 33/1025-2006）、《广东省义务教育规范化学校标准（试行）》、《长沙普通中小学标准化学校建设标准》等。这些标准中都对学校的规模，各种教室、实验室种类与数量，图书馆、运动场大小以及辅助用房等项目做了规定。

但是，需要说明的是这些地方标准在对校舍、场地配备情况进行规定的同时还存在一些对校舍、场地性能质量、安全质量方面的要求，如《北京市中小学校办学条件标准》中就有关于教室、实验室、图书馆面积和尺寸的规定。同时，这些地方标准中还对教学、办公及生活设备的配备做了详细的规定[①]。

（二）性能质量标准特点

对中小学校舍、场地的性能质量进行详细规定主要体现在国家标准中，现行《规范》就是这样一个标准。这里重点讨论该标准在校舍、场地性能质量规定上的一些特点。

1. 标准规定的详尽性

《规范》中对学校的场地和总面积、教学用房及教学辅助用房、行政办公用房和生活服务用房的尺寸、规格、室内设施布局等做出规定。并且专门设置第 7 部分内容："主要教学用房及教学辅助用房面积指标和净高"，对教室每个学生的占地面积、辅助用房每位教师的使用面积、教学用房和风雨操场的最小净高等做了详细规定。

---

① 北京市教育委员会. 2005-12-01. 北京市中小学校办学条件标准.

　　在正式颁布《规范》的同时，还出版了两个配合该标准的图集：《〈中小学校设计规范〉图示》（11J934-1）和《中小学校场地与用房》（11J934-2）。这两个图集非常详细、精致地画出了学校教室、实验室、运动场、教学辅助用房等建筑的框架结构、几何尺寸、内部布局，并且对建筑材料也做出规定。图 4-1、图 4-2 是从图集中截取的两个图例，分别为对普通教室和 400m 环形跑道场地的详细描述。

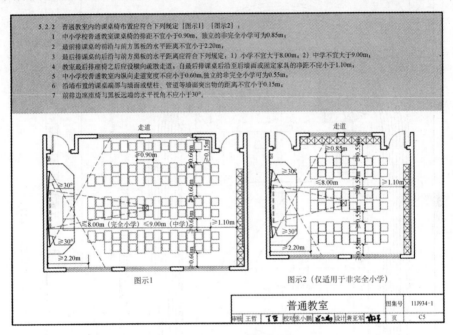

图 4-1　普通教室设计图例

　　两个图集虽然都是依据《规范》而进行的设计，但是它们还是有区别的：《〈中小学校设计规范〉图示》（11J934-1）是根据《规范》部分重点条文、容易引起歧义的条文和旧版规范有较大变化的条文通过图示、表格、图片等形式，将规范条纹清晰、简洁、明确地表达出来，力求反映规范的原意；该图集以《规范》的条文为依据，并按其条文顺序进行排列。《中小学校场地与用房》（11J934-2）则是针对《规范》中的体育场地、主要教学用房、行政办公用房、生活服务用房和疏散关键部位进行的详细深化设计，同时提出设计方法和设计原则。

　　2. 强制性与推荐性的分别阐述

　　在 2010 年 12 月 24 日中华人民共和国住房和城乡建设部发布《规范》的公告中，强调了"其中，第 4.1.2，4.1.8，6.2.24，8.1.5，8.1.6 条为强制性条文，必须严格执行"。[①]

---

① 中华人民共和国住房和城乡建设部与国家质量监督检验检疫总局. 2010-12-24. 中小学校设计规范（GB 50099-2011）.

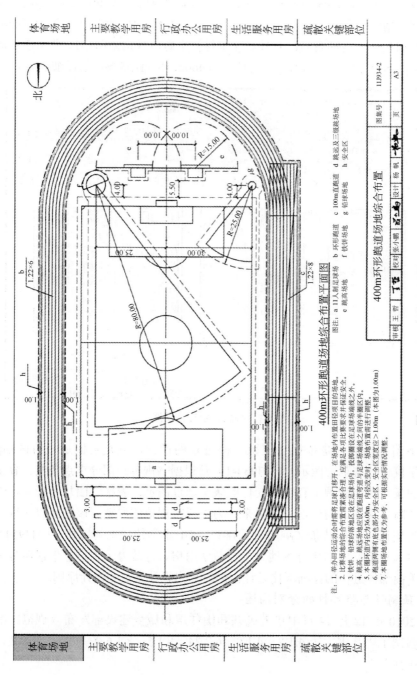

400m环形跑道场地综合布置平面图

图集: a 11人制足球场 b 环形跑道 c 100m直跑道 d 跳远及三级跳场地
e 跳高场地 f 铁饼场地 g 铅球场地 h 安全区

400m环形跑道场地综合布置

图集号 11J934-2

审核 王哲 校对 张小鹏 设计 杨帆 页

注：
1. 举办田径运动会时需将足球门移开，在场地内布置田径项目的场地。
2. 比赛场地的综合布置需要紧凑合理，应满足各项比赛要求并保证安全。
3. 铁饼、铅球场地应设在足球场内，投掷圈设在足球场端线之外。
4. 跳高、跳远场地内径为36.00m。
5. 本圈环道内径为36.00m，内径改变时，场地布置需进行调整。
6. 跑道两侧有绿色部分为安全区，安全区宽度应≥1.00m（本图为1.00m）。
7. 本栏场地布置仅为参考，可根据实际情况调整。

图 4-2 400m 环形跑道设计图例

这 5 个具体条文以加重的黑体字撰写，都是关于安全（含卫生、环保）方面的规定。其中，第 4.1.2 条规定学校应远离自然或人为高风险地段与高污染地段；第 4.1.8 条规定禁止高压输电线、油气传输管道穿越学校；第 6.2.24 条规定学生宿舍不得设在地下或半地下室；第 8.1.5 条是对临空窗台高度的规定；第 8.1.6 条是对学校各种防护栏的规定。除了这 5 条以外，其他条文可认为是非强制性或推荐性执行的标准内容。

3. 涉及配备标准内容

与配备性的地方标准中具有少量质量、安全规定的情况相同，作为以质量标准为主的《规范》中也涉及了校舍、场地配备种类的规定，还具有一些详细的教室、实验室以及教学辅助用房内部设备设施配置的规定。表 4-6 为《规范》中提出的部分教学用房内设备设施的配备要求①。

表 4-6　部分教学用房内设备设施的配备要求

房间名称	黑板	书写白板	讲台	投影机接口	投影屏幕	显示屏	展示园地	挂镜线	广播音箱	储物柜	教具柜	清洁柜	通信外网接口
普通教室	●	—	●	●	●	—	●	—	●	●	○	◎	○
科学教室	●	—	●	●	●	—	●	●	●	—	◎	—	—
化学、物理实验室	●	—	●	◎	◎	—	—	—	●	—	●	◎	—
解剖实验室	●	—	●	●	●	—	◎	◎	●	—	●	—	—
显微镜观察实验室	—	—	●	●	●	—	—	●	●	—	◎	—	—
综合实验室	●	—	●	◎	◎	—	—	—	●	—	◎	—	—
演示实验室	●	—	●	●	●	◎	—	—	●	—	●	—	—
史地教室	●	—	●	●	●	—	—	●	●	—	●	◎	—
计算机教室	—	●	●	●	●	—	—	—	●	—	—	—	◎
语言教室	●	—	●	●	●	—	—	—	●	—	—	—	◎
美术教室	—	●	●	●	●	—	◎	—	●	○	—	—	—

注：●为应设置；◎为宜设置；○为可设置；—为可不设置。

（三）安全（含卫生、环保）质量标准

安全（含卫生、环保）质量标准的规定在《规范》中有多处表现，除了前文提到的 5 个强制性条文外，还有 3 部分内容是对安全、卫生、环保做出规定的，如下所述。

---

① 中华人民共和国住房和城乡建设部与国家质量监督检验检疫总局. 2010-12-24. 中小学校设计规范（GB 50099-2011）.

1. 第 8 部分安全、通行与疏散

这部分内容包括对建筑环境安全、疏散通行宽度、校园出入口、校园道路、建筑物出入口、走道、楼梯、教室疏散等安全设施的详细规定。此处涉及或参照的国家标准有《安全防范工程技术规范》（GB 50348）、《建筑抗震设计规范》（GB 50011）、《建筑设计防火规范》（GB 50016）、《民用建筑工程室内环境污染控制规范》（GB 50325）等。

2. 第 9 部分室内环境

这部分内容包括对空气质量、采光、照明、噪声控制等环保措施的详细规定。此处涉及或参照的国家标准有《室内空气质量标准》（GB/T 18883）、《公共建筑节能设计标准》（GB 50189）、《建筑采光设计标准》（GB/T 50033）、《民用建筑隔声设计规范》（GB 50118）等。

3. 第 10 部分建筑设备

这部分内容包括对采暖通风与空气调节、给水排水、建筑电气、建筑智能化等卫生、环保以及电气安全的详细规定。此处涉及或参照的国家标准有《电子信息系统机房设计规范》（GB 50174）、《建筑给水排水设计规范》（GB 50015）、《生活饮用水卫生标准》（GB 5749）、《智能建筑设计标准》（GB/T 50314）等。

2013 年中国城市科学研究会绿色建筑与节能专业委员会颁布了《绿色校园评价标准》，该标准对中小学校舍、场地绿色环保的规划与可持续发展场地、节能与能源利用、节水与水资源利用、节材与材料资源利用、室内环境质量、运行管理、教育推广 7 个项目做出评价规定，评价等级分为 3 个等级。

四、英国中小学校舍、场地标准特点

英国施行的中小学校舍、场地标准比较多，更新也比较快。英国政府对学校的建筑设计质量十分重视，施行的标准中有强制性的、部分强制性的、选择性的以及自愿性的。

（一）学校建筑设计依据

英国中小学校舍、场地建筑设计的依据主要有 3 个种类的标准：教育部颁布的《学校建筑设计规范》（*School Premises Regulations*）、国家颁布的《建筑设计规范》（*Building Regulations*）以及教育部颁布的《建筑公告》（*Building Bulletin*）。

学校建筑设计规范这类标准是中小学建筑设计的主要依据，它们由英国教育部正式颁布，主要包括：于 1999 年 2 月 1 日开始施行的《教育（学校建筑）设计规范》（*The Education（School Premises）Regulations*，1999），于 2015 年 3 月开始施行的《学校建筑设计标准的建议》（*Advice on Standards for School Premises*，2015）两个标准，它们属于重要的法定文件（statutory instruments），具有强制执行的性质。标准中对学校的学生宿舍、卫生间、校医院的条件，房屋的结构与承重，教室的声学、照明、采暖、通风要求，学校的给排水、垃圾处理、货物储存等都做了详细规定[①]。

国家的建筑设计规范适用于普遍类型的建筑物，当然也适用于中小学校舍、场地的建设。这类标准对建筑施工、建筑结构、建筑材料等内容做了详细规定。

教育部颁布的建筑公告是对前面所述标准的解释、补充与强调。这类公告较多，且侧重点不同，此处将部分公告及其涉及的内容开列在表 4-7 中。

表 4-7　英国教育部颁布的建筑公告实例

英文名称	中文名称
Building Bulletin 87: Environmental Design	建筑公告 87：环境设计
Building Bulletin 90: Lighting Design for Schools	建筑公告 90：学校采光设计
Building Bulletin 93: Acoustic Design for Schools	建筑公告 93：学校声环境设计
Building Bulletin 98: Briefing Framework for Secondary School Projects	建筑公告 98：中学建筑设计总体框架
Building Bulletin 99: Briefing Framework for Primary School Projects	建筑公告 99：小学建筑设计总体框架
Building Bulletin 101: Ventilation of School Building	建筑公告 101：学校建筑的通风
Building Bulletin 102: Designing for Disabled Children and Children with SEN	建筑公告 102：特教学校建筑设计

（二）质量标准与配备标准

英国中小学校舍、场地标准以质量标准为主，兼配有配备标准。针对学校建设的标准中教育部颁布的学校建筑设计规范和建筑公告都对校舍、场地做了十分详细规定。以下通过一些实例对此加以说明。

1. 质量标准要求

英国中小学校舍、场地标准的主要内容应属于质量标准，现以对校舍、场地的采光与照明要求为例，介绍质量标准的情况。在学校建筑设计规范和建筑公告中，都有关于采光和照明的规定。例如，《教育（学校建筑）设计规范》的规定为：学校建筑的每一个房间或其他空间应有适合其正常使用的采光和照明；学生宿舍的维持照度应保持工作面上不少于 300lx；在视觉要求高的教学场所，应在

---

① Department for Education. 1999-02-01. The Education（School Premises）Regulations 1999.

工作平面上保持不低于 500lx 的照度；所有工作面的眩光指数应不超过 19。[1]

而《建筑公告 90：学校采光设计》对校舍、场地采光与照明的规定更加详细，文件中的具体内容非常丰富、周到。以下是根据该文件的目录进行归纳的结果，其详细程度，从中可见一斑。

1. 简介。2. 照明设计组件：2.1 任务/活动照明；2.2 照明视觉舒适度；2.3 照明与建筑一体化；2.4 照明和能源效率；2.5 照明保养；2.6 照明成本。3. 照明的选择：3.1 自然采光；3.2 电气照明；3.3 综合照明和电气照明。4. 照明设计指导：4.1 采光（4.1.1 日光量；4.1.2 日光质量；4.1.3 眩光；4.1.4 阳光控制；4.1.5 外部视觉接触）；4.2 电气照明（4.2.1 眩光；4.2.2 闪烁和高频率的操作）；4.2.3 光幕反射光；4.2.4 分布灯和灯具；4.2.5 选择）、4.3 集成日光和电灯；4.4 照明辅助设计。5. 照明的特殊应用：5.1 流通领域；5.2 区带显示屏设备；5.3 科学工作和实验室；5.4 设计和技术室和车间；5.5 图书馆；5.6 艺术室；5.7 运动场和体育馆；5.8 通用厅及戏剧与舞蹈工作室；5.9 黑板照明；5.10 照明和视觉教具；5.11 照明视觉和听力障碍的学生；5.12 本地任务照明；5.13 外部照明；5.14 应急照明内容。6. 照明设计检查：6.1 任务/活动照明；6.2 照明视觉舒适度；6.3 照明与建筑一体化；6.4 照明和能源效率；6.5 照明保养；6.6 照明成本；6.7 外部和应急照明。附录：1. 校舍建筑法规和生产新校舍标准；2. 照明与健康；3. 灯；4. 控制装置；5. 灯具；6. 照明控制；7. 废旧灯具的处理；8. 照明设计策略实例（8.1 站点分析，8.2 一个典型的教室，8.3 中庭）[2]。

该标准对采光与照明做了非常科学的严格规定，如根据国际照明委员会（Commission Internationale de L'Eclairage，CIE）标准规定，阴天多云情况下的照度值 L_θ 可用公式 $L_\theta = L_Z (1 + 2\sin\theta)/3$ 来计算，式中 L_Z 为晴天照度值，θ 为日照角度，照度单位为 lux。

2. 配备标准要求

英国中小学校舍、场地标准中也有配备标准的相关内容，现以对学校运动场地面积的要求为例，介绍标准中涉及配备标准的部分。在《教育（学校建筑）设计规范》中，规定了学校运动场地最小面积与学校规模（学生人数）之间的关系（表 4-8）[3]

表 4-8 学校运动场地最小面积与学校规模之间的关系[3]

8 岁以上学生总数/人	未满 11 岁学生的学校/m²	其他学校/m²
≤100	2 500	5 000

[1] Department for Education. 1999-02-01. The Education（School Premises）Regulations 1999.

[2] Department for Education. 1999. Building Bulletin 90：Lighting Design for Schools.

[3] Department for Education. 1999-02-01. The Education（School Premises）Regulations 1999.

续表

8 岁以上学生总数/人	未满 11 岁学生的学校/m²	其他学校/m²
101～200	5 000	10 000
201～300	10 000	15 000
301～400	15 000	20 000
401～500	20 000	25 000
501～600	25 000	30 000
601～750	30 000	35 000
751～900	35 000	40 000
901～1 050	40 000	45 000
1 051～1 200	45 000	50 000
1 201～1 350	50 000	55 000
1 351～1 500	55 000	60 000
1 501～1 650	60 000	65 000
1 651～1 800	65 000	70 000
1 801～1 950	70 000	75 000

（三）做长远发展规划

英国中小学校舍、场地的建设不仅全国要有长远的发展规划，每个具体学校的建设也被规定要有战略性目标与方案的设计。例如，在教育部颁布的《建筑公告 99：小学建筑设计总体框架》中就有关于校舍建设规划（premises development plan，PDP）的具体要求，图 4-3 是该标准中的一个截图，它详细而逻辑清晰地对一个建设方案做出了具体规定。图中的左部是对学校现存建筑情况分析的要求，包括现有学校建筑的净容量、现有建筑面积、现状调查、异常情况、审计情况、现有房间的数量和适用性等问题的分析；右部是对将来需求评估的要求，包括预计学生名额数、预计建筑面积、预计建设和使用时间、项目规范与策略、根据教学所测算的需要房间数等问题的分析；而中部是校舍和场地面积的过剩或盈余、更换/更新要求、总体规划的工程范围和初步预算、翻新和适应要求、教室数量过剩等方面的考虑。整个规划要根据"全寿命周期"理论进行设计，并规定一个校舍、场地建筑比较合理的生命周期为 25 年至 60 年。①

---

① Department for Education. 1999. Building Bulletin 99：Briefing Framework for Primary School Projects.

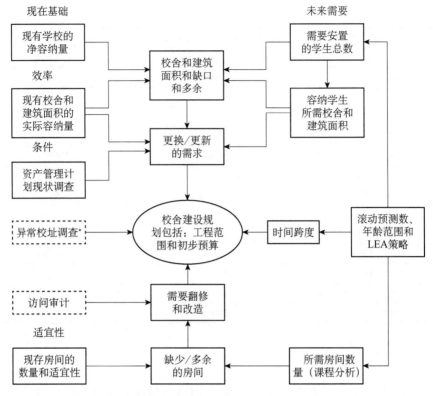

图 4-3 校舍与场地长远规划设计

*异常包括校舍需要额外的经费，比如排水、阶梯、分址、受限面积或者地面污染

（四）绿色环保建筑设计

BREEAM（Building Research Establishment Environmental Assessment Method）是由英国建筑研究院（BRE）制定的全世界最早的绿色建筑环境评价标准，该标准是对建筑主体与场地生态价值方面评价的规定，目的是减少建筑物对环境的影响。2012 年 BRE Global（BRE 全球集团）颁布了 *BREEAM Education 2008* 评价标准，英国规定超过 50 万英镑造价的小学及超过 200 万英镑的中学，其新建与改扩建项目必须达到该标准评价分数大于等于 55 分的水平等级。

BREEAM Education 2008 对中小学校舍、场地建筑的环境评价主要分为 10 个项目，包括：管理、健康与舒适、能源、交通、水利用、材料使用、废物处理、土地生态使用、污染状况和创新情况。评价指标体系中对上述各个项目的评分共分为通过、较好、很好、优秀、卓越 5 个分度级。[1]

---

① BRE Global. 2012-05-25. BREEAM Education 2008.

五、中英中小学校舍、场地标准差异

中国与英国中小学校舍、场地标准之间存在较大的差异性，在配备标准、性能质量标准、安全（含卫生、环保）质量标准等方面都有所不同，各有特点与优势，对此做以下简单的分析。

1）中英中小学校舍、场地在配备标准方面存在的差异性最大。中国的配备标准主要表现在地方标准方面，全国各省、自治区、直辖市几乎都有适应本地情况的中小学校舍、场地配备标准，即各地的"中小学校办学条件标准"，标准制定得较为详细。但是除了个别的有标准文号，其余的基本上都没有标准文号，或者说基本上没有向 SAC 报备。英国的中小学校舍、场地配备标准没有独立制定的，只是在质量标准中做了一些配备的标准规定。

2）中英中小学校舍、场地性能质量标准没有太大的差异性，它们都具有翔实的条文规定。但英国的性能质量标准表现得更具有科学性、严谨性。

3）中英两国对学校安全性要求都是十分严格的，都将安全质量要求列为强制性质量标准。

4）在学校建筑设计方面，英国更加注重建筑的长远规划设计和可持续发展设计，在标准中有具体体现，甚至还要提供一些具体设计实例（样板）。

5）中英两国都有关于中小学校绿色环保评价的标准，英国评价标准 *BREEAM Education 2008* 已颁布实施近十年，中国则是从 2008 年开始做这项研究，于 2013 年颁布了《绿色校园评价标准》。中国的这个标准是在参考了英国的 *BREEAM Education 2008*、美国的 *LEED for School*、澳大利亚的 *Green Star Education V1* 以及日本的 *CASBEE* 等学校绿色环保评价标准后制定的（吴志强等，2012）。其中，英国的 *BREEAM Education 2008* 规定了 10 个评价项目，分 5 个评价等级分度；中国的《绿色校园评价标准》则规定了 7 个评价项目，分 3 个评价等级分度（1 星级、2 星级和 3 星级）。

6）英国中小学校舍、场地建设标准对经费与成本的关注度很强，如《建筑公告 90：学校采光设计》中有照明成本的规定，在《建筑公告 99：小学建筑设计总体框架》中有建筑成本的规定，这与英国基础教育的市场化特点、标准化的市场化特点有着必然的联系。中国同类标准中几乎都没有涉及成本问题的。

第二节　中英中小学实验室标准

实验资源在学校课程建设和实施中具有举足轻重的地位（李正福，2015）。实验室是学校正常教育教学工作的基本保障，也是培养学生核心素养的主要阵地。在当今社会，各个领域都建立了相应的宣传普及、教育培训的专题空间，而中小学校内的专题空间还发挥着更为重要的育人功能。以科学教育为例，虽然现有的常见中小学科学教育基础设施有 10 种形态，但中小学实验室却是承担科学教育任务范围最大、受众最多、最易进入的科学教育专业空间（李正福，2015）。分析讨论中国与英国中小学实验室标准存在的差异，找出其原因和优劣，对进一步发展我国教育装备标准化建设具有特殊的意义。

一、中小学实验室与教育装备

教育装备是人工制造的教育资源，中小学实验室房屋是学校的建筑，实验仪器设备是师生的教具与学具，它们都是教育教学资源，又都是由人工制造的，所以都属于教育装备的范畴。将学校实验室与教育装备联系起来，其目的同样是希望用教育装备的研究方法来研究实验室，用教育装备标准化的分析方法来分析中小学实验室的标准化问题。

在做分析之前，需要对中小学实验室的概念进行界定。教育部于 2009 年 11 月 25 日颁布了《中小学实验室规程》（以下简称《规程》），其中的第三条规定"本规程所指实验室包括：中学理科实验室、通用技术实验室、小学科学（自然）实验室、艺术专用教室、历史地理专用教室、实践活动室和开设其他课程需要的专用教室等"[①]。根据《规程》的规定，除了理科实验室以外，文科类课程、艺术类课程、实践活动课程等专用教室也属于中小学实验室的范围。我们可认为这是对中小学实验室做了一个概念界定，即中小学实验室定义。

关于这个中小学实验室的定义，我们有 3 个问题需要做些说明。第一，这个定义采用的是列举定义法（或称特殊的外延定义法），与"属+种差"定义法、词法定义法、情境定义法、内涵定义法等相比，列举定义法缺少完备性，虽然简

---

① 教育部. 2009-11-25. 中小学实验室规程.

单，但并非一个好的定义方法。《规程》采用这种方法对中小学实验室进行定义主要出于方便读者理解的目的，也为了加强文件的针对性、实操性，更何况《规程》并非一个严谨的学术论著，只是一个政府文件，采用这种定义方法是可行和较为实际的。随之带来的问题是有可能给读者判断一个对象是否为中小学实验室造成歧义。第二，《规程》在定义中小学实验室时，使用了"本规程所指实验室包括……"这样的表述，即可理解为这个定义仅限于本《规程》文本描述的范围之内。但是，因为《规程》是教育部颁布的一个标准，其中的定义就可以扩展到全国中小学使用。第三，中国发布的《规程》对实验室的定义是否适用于英国，这是个较难回答的问题。但侥幸的是通过文献查询，尚未发现英国曾颁布过与《规程》相同或相似性质的标准，我们将《规程》对中小学实验室的定义用于英国中小学应该是可行的。这样处理仅仅是为了便于进行对比分析。

《中小学校设计规范》（GB 50099-2011）（以下简称《规范》）是由中华人民共和国住房和城乡建设部制定，于 2012 年 1 月 1 日开始施行的国家标准。《规范》对中小学实验室的定义主要体现在文件的 5.1.1 和 5.1.2 中，5.1.1 规定"中小学校的教学及教学辅助用房应包括普通教室、专用教室、公共教学用房及其各自的辅助用房"。其中没有提及中小学实验室。《规范》的 5.1.2 部分规定了："小学的专用教室应包括科学教室、计算机教室、语言教室、美术教室、书法教室、音乐教室、舞蹈教室、体育建筑设施及劳动教室等，宜设置史地教室"；"中学的专用教室应包括实验室、史地教室、计算机教室、语言教室、美术教室、书法教室、音乐教室、舞蹈教室、体育建筑设施及技术教室等。"[①]显然，《规范》将中小学实验室纳入了专用教室的范围，而《规程》则将中小学专用教室纳入了实验室的范围。虽然《规范》与《规程》在表述上不一致，但将专用教室视为实验室这一点是不容质疑的。

另外，中国各省、自治区、直辖市发布的中小学办学条件标准（或建设标准）中对实验室的界定通常也是与上述《规范》一致的，即认为专用教室包括科学教室（小学）、实验室、音乐教室、美术教室、书法教室、史地教室、劳技教室、信息技术教室、心理咨询室等。

二、中小学实验室相关标准类型

中小学实验室标准从实验室建设所包括的内容划分涉及实验室房屋建设和实

---

① 中华人民共和国住房和城乡建设部与国家质量监督检验检疫总局. 2010-12-24. 中小学校设计规范（GB 50099-2011）.

验仪器设备建设两个内容，而从标准类型划分则涉及配备标准和质量标准两个类型，所以对中小学实验室标准的讨论问题就出现了 4 种组合，分别为：实验室房屋配备标准、实验室房屋质量标准、实验仪器设备配备标准以及实验仪器设备质量标准。

（一）实验室房屋配备标准

配备标准一般是根据学校的性质和规模来规定教育装备配备的种类与数量。中小学实验室房屋的配备标准内容首先由学校的性质来决定，对于中国的基础教育，中小学分为小学、初中、高中 3 个不同的学段。而英国则稍微复杂，英国基础教育若按照教育阶段划分可分为初等教育和中等教育两个学段，对应的学校分别称为初等学校（primary school）和中等学校（secondary school）；也可以按照学生年龄划分为 5~7 岁的关键学段 1（key stage 1）、7~11 岁的关键学段 2（key stage 2）、11~14 岁的关键学段 3（key stage 3）、14~16 岁的关键学段 4（key stage 4）4 个学段。在进行中小学实验室标准化讨论时，我们对英国基础教育学校采取初等学校和中等学校两种教育阶段学校的划分方法。中国基础教育学校虽然有独立小学、独立初中、独立高中、九年一贯制学校、十二年一贯制学校，以及初、高中混合全日制学校的划分，但在进行中小学实验室标准化讨论时，则只采取小学、初中、高中 3 个不同学段的划分方法。

中小学实验室房屋配备标准中对实验室房屋种类的规定应根据学段或学校的性质来决定，其实这就是根据不同学段或学校按照国家课程标准规定所开设的课程种类来决定的；对实验室房屋数量的规定则应根据学校的规模（学生数或班级数）来决定。

（二）实验室房屋质量标准

中小学实验室房屋质量标准一般都是由国家建筑标准或国家建筑标准化管理机构颁布的建筑标准来规定，中国与英国情况大致相同。同时，两国教育部颁布的行业标准，中国的各省、自治区、直辖市颁布的地方标准几乎都不涉及实验室质量标准问题。

（三）实验仪器设备配备标准

中小学实验室实验仪器设备配备标准是对各种不同类型的实验室中应配置的实验设施、设备、仪器、材料等教育装备的种类与数量之规定。实验仪器设备配备标准一般多为行业标准，即教育部或教育行业颁布的标准。中国虽然有时也采用地方标准，但其内容基本上是在行业标准的基础上做一些适当调整。实验仪器设备配备标准内容一般都十分繁杂，常以列表的方式进行描述，表格有时会很长。

中小学实验室仪器设备配备标准的编制方法有以下 4 种。

1）根据传统实验室配备编制。例如，中国自清代末年西学东渐，按照西方的学校模式开始建立新校，那时就已经开始在学校中组建理科的科学实验室，并配备了各种实验仪器设备。这些实验室一直延续下来，但没有标准化。根据这些实验室的配备经验编制出一套完备的标准是目前采用的最主要方法。

2）参考其他已有标准编制。一些国家或地区已经具有了中小学实验室实验仪器设备的配备标准，参照这些标准来编制或完善自己的标准，也是经常采用的方法之一。

3）根据现行教材内容编制。中小学现行教材中都有对于实验内容以及实验仪器设备的建议或规定，根据这些建议、规定建立数据，进行统计，最后编制出配备标准。这是一种较为科学的方法。

4）根据实验教学标准内容编制。首先根据课程标准制定出实验教学标准，再依据实验教学标准来编制实验室配备标准，这是最为科学的配备标准建立方法。

（四）实验仪器设备质量标准

中小学实验室的实验仪器设备质量标准包括性能质量与安全质量两部分内容，此类标准一般多为国家标准，但中国也有少量教育部颁布的行业标准。作为教育装备的一部分，实验仪器设备基本都是工业产品，所以它们的质量应该遵循工业标准的规定进行生产。教育行业不是工业，它只是应用教育装备而不生产教育装备，所以不会有对具体实验仪器设备的标准进行规定。即使存在少量教育行业标准，也是对工业标准的重申，或者是对安全问题的强调。例如，教育部 2003 年发布的《教学仪器设备产品一般质量要求》（JY 0001-2003）就属于此类质量标准。

三、中国中小学实验室标准特点

在中国，中小学实验室标准受到中央政府和地方政府的高度重视，尤其是对义务教育阶段中小学实验室配备标准的要求更加突出，认为它是教育均衡性的具体体现。

（一）实验室房屋配备标准

中小学实验室房屋配备标准是对学校实验室类型、数量、布局以及附设房屋的规定，这类标准在中国的国家标准、行业标准和地方标准中都有涉及，但是，行业标准、地方标准比国家标准在实验室数量上规定得更加细致和精确。

1. 国家标准中的配备规定

在中华人民共和国住房和城乡建设部与国家质量监督检验检疫总局于 2010 年联合发布的《规范》中列举了小学的科学教室和中学的化学实验室、物理实验室、生物实验室、综合实验室、演示实验室、史地教室，以及中小学计算机教室、语言教室、美术教室、书法教室、音乐教室、舞蹈教室的配置情况。同时，《规范》的 5.3.1 条还规定了：科学教室和实验室均应附设仪器室、实验员室、准备室①。在与《规范》同时颁布的《〈中小学校设计规范〉图示》（11J934-1）和《中小学校场地与用房》（11J934-2）两个图集中，也都有关于中小学各种实验室的配备类型。表 4-9 是两个图集涉及的实验室类型。

表 4-9　两个图集涉及的中小学实验室类型②③

学段	学科	实验室名称
小学	科学	完全小学科学教室、非完全小学科学教室
	信息技术	完全小学计算机教室、非完全小学计算机教室
	美术	写生美术教室、绘画美术教室
	书法	书法教室
	音乐	音乐教室
	体育与健康	体操教室
中学	化学	化学实验室
	物理	力学实验室、光学实验室、热学实验室、电学实验室
	生物	显微镜观察实验室、解剖实验室
	历史、地理	地球仪分散存放史地教室、地球仪集中存放史地教室
	信息技术	计算机教室
	外语	语言教室
	美术	写生美术教室
	音乐	音乐教室
	体育与健康	体操教室
	理科学科	1 个班演示实验室、2 个班演示实验室、边演示边实验演示实验室
		固定实验桌综合实验室、可移动实验桌综合实验室

① 中华人民共和国住房和城乡建设部与国家质量监督检验检疫总局. 2010-12-24. 中小学校设计规范（GB 50099-2011）.

② 中华人民共和国住房和城乡建设部. 2011-10-12.《〈中小学校设计规范〉图示》（11J934-1）.

③ 中华人民共和国住房和城乡建设部. 2011-10-12. 中小学校场地与用房（11J934-2）.

2. 行业标准中的配备规定

2006 年 7 月教育部正式发布了《中小学理科实验室装备规范》（JY/T 0385-2006），对实验室的配备种类与数量都做了较为详细的规定。其中，除了对实验室室别（类型）提出要求外，还要求配备实验员室、准备室、仪器室、药品室、危险药品室、培养室和生物园地等辅助设施和建筑。表 4-10 是该规范中根据学校性质与规模对中学实验室类型与数量做出的规定①。

表 4-10　中学实验室类型与数量规定

室别	类别	4～8 个平行班		8～12 个平行班		12～16 个平行班	
		初中	高中	初中	高中	初中	高中
物理实验室/探究室	基本要求	1	1～2	1～3	2～3	3～5	3～5
	规划建议	2～3	2～3	3～4	3～4	4～6	4～6
化学实验室/探究室	基本要求	1	1～2	1～2	2～3	2～3	3～5
	规划建议	1～2	2～3	2～3	3～4	3～4	4～6
生物实验室/探究室	基本要求	1	1～2	1～3	2～3	3～5	3～5
	规划建议	2～3	2～3	3～4	3～4	3～4	4～6
实验员室（理、化、生）	基本要求	各 1	各 1	各 1	各 1	各 1	各 1
准备室（理、化、生）	基本要求	各 1	各 1	各 1	各 1	各 2	各 2
仪器室（理、化、生）	基本要求	各 1	各 1	各 1～2	各 2～3	各 2	各 2～3
药品室（化、生）	基本要求	各 1	各 1	各 1	各 1	各 1	各 1
危险药品室（化）	规划建议	1	1	1	1	1	1
培养室（生）	规划建议	1	1	1	1	1	1
生物园地	基本要求	1	1	1	1	1	1

注：学校规模小于 12 个班的可参照表中 4～8 个平行班的数据指标执行。

3. 地方标准中的配备规定

现以北京市教委于 2005 年颁布的《北京市中小学校办学条件标准》为例，说明地方标准如何对中小学实验室的配备进行规定。《北京市中小学校办学条件标准》对中小学实验室的定义与《规范》是基本一致的，认为实验室属于专用教室的范围。但前文我们讨论过，将专用教室与实验室等同对待，该标准中关于专用教室的界定为"专用教室包括：科学教室（小学）、实验室、音乐教室、美术教室、书法教室、史地教室、劳技教室、信息技术教室、心理咨询室等"。其实这些教室都可以当作实验室对待，也就是在此对实验室类型进行了规定。实验室数量要求在该标准中另行规定，表 4-11 是按照该标准开列出各种学制学校根据其

---

① 教育部. 2006-07-19. 中小学理科实验室装备规范（JY/T 0385-2006）.

规模而建立的专用教室（或称实验室）数量的规定[①]。

表 4-11　中小学规模与专用教室数量关系

学校学制	规定项目	配备数量		
独立小学	班级数/班	12	18	24
	专用教室数/个	10	12	13
独立初中	班级数/班	18	24	30
	专用教室数/个	18	24	26
九年一贯制	班级数/班	18	27	36
	专用教室数/个	16	18	23
完全中学	班级数/班	24	30	36
	专用教室数/个	25	29	33
独立高中	班级数/班	24	30	36
	专用教室数/个	23	27	30

（二）实验室房屋质量标准

中小学实验室房屋质量标准涉及对实验室面积、尺寸（长、宽、高）、结构、材料、采光、通风等方面的规定，有时布局的更为详细规定也在质量要求之列；这些规定中既有性能质量的要求，也有安全质量的要求。中国中小学实验室房屋质量标准主要为国家标准，即前文多次谈到的《规范》，以及与《规范》同时发布的《〈中小学校设计规范〉图示》（11J934-1）和《中小学校场地与用房》（11J934-2）两个图集。

1. 性能质量要求

在《〈中小学校设计规范〉图示》（11J934-1）和《中小学校场地与用房》（11J934-2）两个图集中都对中小学的各种实验室性能质量做出了严格的规定。图4-4 是《〈中小学校设计规范〉图示》（11J934-1）中对中学化学实验室布局与排污、排气系统的详细描述[②]。

图 4-5 是《中小学校场地与用房》（11J934-2）中对中学化学实验室尺寸与结构的详细描述。图中规定化学实验室的使用面积应为 99m² 左右，实验室建筑长宽为 12 600m×8100mm，实验室净高应>3100mm，教师演示桌位尺寸为 2400mm×700mm，双人学生单侧实验桌尺寸为 1200mm×600mm。此外，图中还对化学实验室门窗的高度和长宽、灯具的安装高度、上下水管道的安装、排气通风管道的安装、排污地沟的位置等结构问题做了详细说明。

---

① 北京市教育委员会. 2005-12-01. 北京市中小学校办学条件标准.
② 教育部. 2003-03-25. 中小学图书馆（室）规程（修订）.

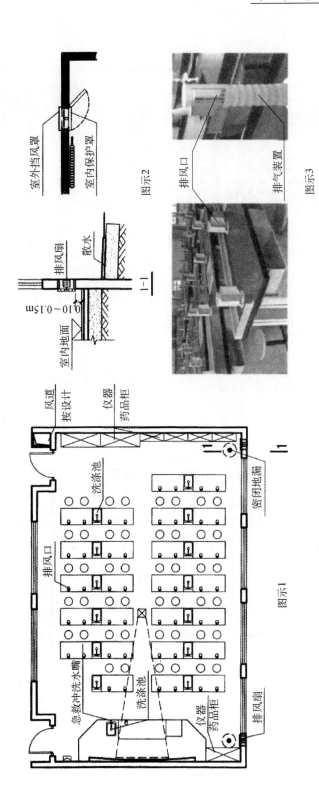

图 4-4　中学化学实验室布局与排污、排气系统

注：洗涤池尺寸一般为 350mm×510mm

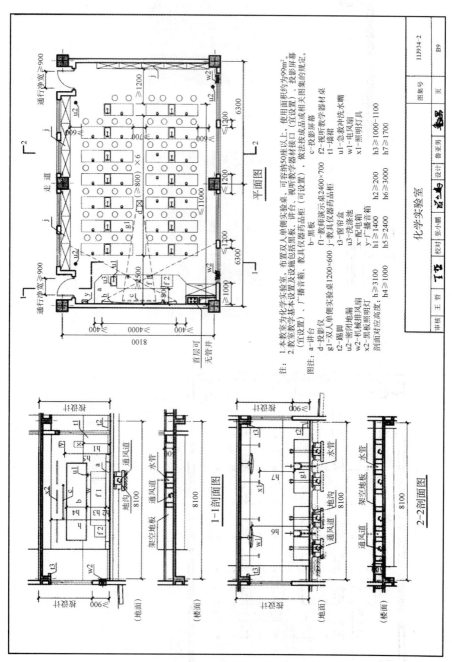

图 4-5 中学化学实验室尺寸与结构

2. 安全质量要求

《规范》对中小学实验室安全、卫生与健康环境条件等方面的质量要求做出了详细的规定。《规范》的第 8 部分是安全、通行与疏散的规定，第 9 部分是室内环境的规定，这两部分除了对学校建筑做出一般的安全、卫生要求外，对实验室也具有相关的条文规定。例如，8.1.7 规定，科学教室、化学实验室、热学实验室、生物实验室、美术教室、书法教室等须在室内装设密闭地漏；9.1.3 规定，当采用换气次数确定室内通风量时，实验室最小换气次数应达到相应规定；9.2.1 规定，实验室最低采光系数为 2.0%，窗地面积比为 1∶5.0；9.3.1 规定，实验室应维持平均照度 300lx，照度均匀度不低于 0.7，且不应产生眩光；此外，还有防噪声的规定，等等。

（三）实验仪器设备配备标准

中国中小学实验室的实验仪器设备配备标准主要在理科实验方面。2006 年 7 月教育部正式发布了《初中理科教学仪器配备标准》（JY/T 0386-2006）、《初中科学教学仪器配备标准》（JY/T 0387-2006）和《小学数学科学教学仪器配备标准》（JY/T 0388-2006）3 个行业标准；2010 年 2 月教育部又正式发布了《高中理科教学仪器配备标准》（JY/T 0406-2010）适用于高中实验室的行业标准。这些配备标准都在全国推行，同时也是全国各地制定地方标准的依据。它们的内容都十分详细，文件多以列表的方式呈现，开列了数学与理科的实验仪器、教学设备、各种工具以及实验材料等品目。标准中对仪器设备的配备分为"基本"和"选配"两种配备要求，基本配备为必配。其中《初中理科教学仪器配备标准》（JY/T 0386-2006）开列了初中数学、物理、化学、生物、地理课实验器材共约 1370 个品目；《初中科学教学仪器配备标准》（JY/T 0387-2006）开列了初中科学课实验器材共约 1080 个品目；《小学数学科学教学仪器配备标准》（JY/T 0388-2006）开列了小学数学和科学课实验器材共约 570 个品目；《高中理科教学仪器配备标准》（JY/T 0406-2010）开列了高中数学、物理、化学、生物、地理、信息技术、通用技术课实验器材共约 1790 个品目。

（四）实验仪器设备质量标准

在 SAC 网站上可以查询到主管部门为教育部（编号 360）的实验室仪器设备国家标准有 5 项，它们是《教学仪器设备安全要求仪器和零部件的基本要求》（GB 21748-2008）、《教学实验用危险固体、液体的使用与保管》（GB/T 28920-2012）、《教学仪器设备安全要求总则》（GB 21746-2008）、《教学实验室设备实验台（桌）的安全要求及试验方法》（GB/T 21747-2008）、《教学仪器设备安全要求玻璃仪器及连接部件》（GB 21749-2008）。而由教育部发布的关于中小学实验室仪器设备质量的行业标准为《教学仪器设备产品一般质量要求》（JY 0001-2003）（以下简称《要求》）。这些标准中以对实验仪器设备的安全质量要求为主，对性能质量的要求只是标注出应该遵循的国家标准、国际标准中对该项工业产品的规定文号。下面主要针对《要求》的内容做一些分析介绍。

《要求》对实验室仪器设备的规定共有 4 个部分，分别是：教学仪器设备产品性能的一般要求、教学仪器设备产品安全的一般要求、教学仪器设备产品结构的一般要求、教学仪器设备产品外观的一般要求。除此之外，还有对一些特殊仪器的具体要求，如对玻璃器件、真空器件、模型、标本的性能、安全规定，同时还提出了实验仪器设备在标志、合格证、使用说明、包装、运输和存储上的一些要求。表 4-12 是《要求》中部分实验仪器设备品目与所依据国际标准、国家标准、行业标准的对应关系[①]。

表 4-12　部分实验仪器设备品目与所依据的各级标准的对应关系

实验仪器设备品目	依据标准文号
信息技术设备的安全（idt ICE 60950：1999）	GB 4943
家用和类似用途电气的安全第一部分：通用要求（eqv IEC 60335-1：1991）	GB 4706.1
玩具安全	GB 6675
实验室玻璃仪器干燥器	GB/T 15723
实验室玻璃仪器烧杯	GB/T 15724
实验室玻璃仪器烧瓶	GB/T 15725
视听、视频和电视系统中设备互连的优选配接值	GB/T 15859-1995
显微镜用载玻片	JB/T 8230.3-1997
显微镜用盖玻片	JB/T 8230.1-1997
视听、视频和电视设备及系统第 17 部分：声频学习系统	ICE 574-17（1989）

（五）实验室的称呼

中国中小学实验室标准中，在中学称实验室，在小学则一律称教室。如中学的化学实验室、生物实验室，小学的科学教室。但从小学科学教室的布局、设备配置等情况看，其实已经和普通的授课教室完全不同了，而更加像中学的物理实验室。

---

① 教育部. 2003-07-09. 教学仪器设备产品一般质量要求（JY 0001-2003）.

四、英国中小学实验室标准特点

英国中小学实验室标准同样应该涉及实验室房屋与实验仪器设备两部分，但是在配备标准与质量标准区分上不是十分明显。其中，学校的实验室房屋标准是具有明确规定的，即明文规定是针对中小学校适用的，实验仪器设备标准则没有专门针对学校发布。

（一）实验室房屋标准

最能反映英国中小学实验室房屋标准的文件是英国教育部颁布的《建筑公告98：中学建筑设计总体框架》（*Building Bulletin 98：Briefing Framework for Seconday School Projects*，以下简称 BB 98）和《建筑公告 99：小学建筑设计总体框架》（*Building Bulletin 99：Briefing Framework for Primary School Projects*，以下简称 BB 99）。这两个公告中不仅规定了中小学实验室房屋的质量、工程等建设标准，同时还规定了学校实验室建设的类型，所以它们具有实验室配备标准的内容。

1. 配备要求

中小学实验室房屋配备标准是对实验室种类与数量的规定，在 BB 98 与 BB 99 中都能看到这方面的相关内容。例如，在 BB 98 中就规定了中学实验室的类型与面积，表 4-13 是 BB 98 中对中学实验室类型与数量的规定[①]。图 4-6 是《BB 99》中对小学信息技术实验室、厨艺实验室与艺术实验室的布局规定（注意其中都配备了轮椅）。

表 4-13 英国中学实验室类型与数量 单位/个

实验室 ＼ 学生人数	577～642	700～799	850～945	1000～1099	1125～1251	1300～1399	1399～1555	1600～1699	1699～1850	1900～1999	1999～2149
信息技术实验室	1	1	2	2	3	3	4	4	4	5	5
科学实验室	5	6	7	8	9	10	11	12	13	14	15
厨艺实验室	1	1	1	2	2	2	2	2	3	3	4
力热实验室	1	1	2	2	2	3	3	3	3	3	3
电子控制实验室	1	1	1	2	2	2	2	2	2	3	3
编制工艺实验室	1	1	1	1	1	1	1	2	2	2	2
图形工作室	0	1	1	1	1	1	1	2	2	2	2

---

① Department for Education. 2004. Building Bulletin 98：Briefing Framework for Secondary School Projects.

续表

实验室 \ 学生人数	577~642	700~799	850~945	1000~1099	1125~1251	1300~1399	1399~1555	1600~1699	1699~1850	1900~1999	1999~2149
大型艺术室	1	1	2	2	2	2	2	2	2	2	2
一般艺术室	0	1	1	1	1	1	2	2	3	3	3
音乐演奏室	1	1	1	1	1	1	1	1	1	1	1
音乐教室	0	0	1	1	1	2	2	2	2	2	3
戏剧工作室	0	0	0	0	1	1	1	1	1	1	1
多媒体工作室	0	0	0	0	0	1	1	1	1	1	1
特教资源基地	1	1	1	1	1	1	1	1	1	2	2
特教小组活动室	1	1	1	1	2	2	2	2	3	3	3
音乐小组练习室	4	6	7	7	7	8	10	10	11	11	12
音乐合奏室	1	1	1	1	1	1	2	2	2	2	3
录音室	1	1	1	1	1	1	1	1	1	1	1
窑炉室	1	1	1	1	1	1	1	1	1	1	1
暗室	1	1	1	1	1	1	1	1	1	1	1

从表 4-13 开列出的实验室类型看，英国中学实验室与中国中学实验室有着不同的概念，所关注的实验教学内容也有很大差异。在"中英教育技术与教育装备比较研究"项目组赴伦敦考察时注意到，英国中学生的许多理科试验其实是在学科教室或者普通教室中进行的，并未安排到专用的实验室中去做实验，所以我们在表 4-13 中看不到物理实验室、化学实验室、生物实验室等专用实验室的设置。实验条件会影响实验学习方式和实验学习效果（李正福，2016）。在中国，开展实验教学一般会从普通教室转移到实验室，根据教学内容，整个班级的师生在课间匆匆赶往实验室，增加了实验教学的时间成本，这成为实验教学开出率不高的一个原因。另外一个值得注意的问题是，在英国普通的学校中仍然非常重视对残疾学生的关照，中学的实验室中有专门用于特殊教育的活动室，小学的实验室中则专门安排了残疾学生使用的轮椅。

2. 质量要求

中小学实验室房屋质量主要涉及面积、尺寸等参数。表 4-14 中的数据是对应表 4-13 中开列的各种实验室的面积和容积的规定，这里仅是对中学实验室的面积要求①。

---

① Department for Education. 2004. Building Bulletin 98: Briefing Framework for Secondary School Projects.

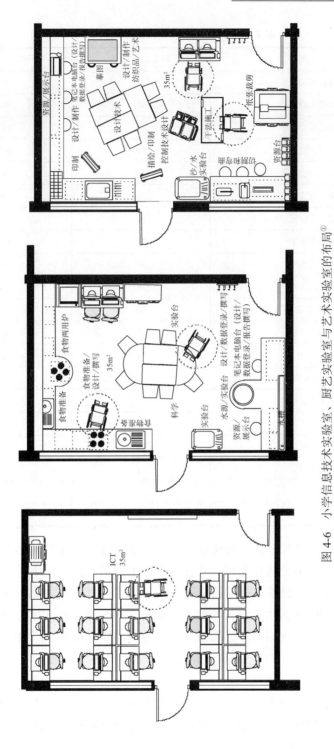

图 4-6 小学信息技术实验室、厨艺实验室与艺术实验室的布局[①]

---

① Department for Education. 1999. Building Bulletin 99: Briefing Framework for Primary School Projects.

表 4-14　英国中学实验室类型及其面积

实验室类型	最大组数规模	平均面积/m²
信息技术实验室	30	77
科学实验室	30	90
厨艺实验室	20	101
力热实验室	20	112
电子控制实验室	20	90
编制工艺实验室	20	90
图形工作室	20	77
大型艺术室	30	105
一般艺术室	30	90
音乐演奏室	30	90
音乐教室	30	90
戏剧工作室	30	90
多媒体工作室	30	90
特教资源基地	8	20
特教小组活动室	6	16
音乐小组练习室	6	7
音乐合奏室	10	20
录音室	4	12
窑炉室		4
暗室	5	12

　　BB 99 中对小学 ICT 教室的建设面积做出详细规定。每个区域的底部代表不同小组规模对应的最小建设面积，并且可以使用所示关系进行计算。其中，D 区对应大规模教室（基础阶段推荐的最小面积），配备信息通信技术（ICT）套件，以及诸如创意空间（艺术、设计和技术）或科学等专业实践区域。图 4-7 所示为小学教室面积与小组规模的计算图像区域，该图的横坐标为小组规模，纵坐标为教室面积（单位为 m²）（Department for Education，1999）。

　　3. 安全要求

　　安全质量是英国中小学实验室特别要求注意的，它在建筑的国家标准中有详细的规定。在 BB 99 中，关于学校及实验安全问题有特别的标注，下面记录的是该公告中关于安全保障的规定。

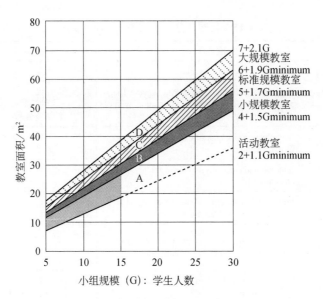

图 4-7　小学教室面积与小组规模的计算图像区域

安全保障是一个首要的问题，需要结合更大的社区准入要求来考虑。安全不仅要创造一种安全、有组织、有保障的环境感觉，还要注意监视和监督访问的细节。需要特别注意：

1）访问控制，确保游客可以进入接受采访的房间，但不能擅自进入学校；

2）保护建筑的"外围"：保护墙壁和屋顶，特别是门窗；

3）清楚定义校园边界，使用适当的围栏和/或植被；

4）用电子手段提供入侵报警；

5）设计健康和安全的审查，以确保适合有特殊需要或残疾的学生。

提示：健康和安全考虑应该是首要的和密切的，通常需要监督。只要有可能，家具和设备应有适合年龄范围的尺寸。

（二）实验仪器设备质量标准

英国中小学实验仪器设备没有配备标准，也没有专门针对中小学实验仪器设备质量制定的标准。英国的实验仪器设备质量标准基本都是国家标准（BS），而且是一般性规定，是所有实验室以及实验都应该遵守的。表 4-15 中开列了英国部分有关科学课、物理课、化学课、生物课以及信息技术课可能涉及的仪器设备的相关标准与它们的标准文号和颁布日期。其中有性能质量标准，也有安全质量标准。注意到标准文号，一些标准同时采用了欧洲标准（EN）、国际标准（ISO）和国际电工委员会标准（IEC）。另外，标准文号中的"PAS"为公共可用规范认证的标识，文号中"TR"表示该文件同时是技术报告。

表 4-15　英国部分实验仪器设备质量标准[①]

标准文号	标准名称（英文）	标准名称（中文）	发布日期
BS-1000［6/611］	Applied Sciences in General	一般应用科学	1968-01-01
BS ISO 80000-2	Quantities and units. Part 2. Mathematical signs and symbols to be used in the natural sciences and technology	数量和单位。第 2 部分。自然科学和技术中使用的数学符号和符号	2008-05-09
BS 5775-0：1982	Specification for quantities，units and symbols. General principles	量、单位和符号的规范。一般原则	1982-02-26
BS IEC 60050（111）：1996	International electrotechnical vocabulary. Physics and chemistry	国际电工词汇。物理和化学	1997-11-15
BS ISO/TR 13387-3：1999	Fire safety engineering. Assessment and verification of mathematical fire models	消防安全工程。数学火灾模型的评估与验证	2000-02-15
BS ISO 29581-1	Methods of testing cements. Chemical analysis. Part 1. Determination by wet chemistry	水泥试验方法。化学分析。第 1 部分。湿化学测定	2007-03-23
BS EN 80000-13	Quantities and units. Part 13. Information science and technology	数量和单位。第 13 部分。信息科学与技术	2007-06-19
BS ISO 80000-9	Quantities and units. Part 9. Physical chemistry and molecular physics	数量和单位。第 9 部分。物理化学与分子物理	2007-08-21
BS EN 80000-13：2008	Quantities and units. Information science and technology	数量和单位。信息科学与技术	2009-01-31
BS ISO 80000-9：2009+A1：2011	Quantities and units. Physical chemistry and molecular physics	数量和单位。物理化学与分子物理	2009-04-30
BS ISO/IEC 27031	Information technology. Security techniques. Guidelines for ICT readiness for business continuity	信息技术。安全技术。ICT 业务连续性的准备指南	2009-12-23
BS PAS 700：2009	Provision of ICT facilities and services in workplaces. Specification	在工作场所提供 ICT 设施和服务。规范	2009-04-30
BS EN ISO 19001	In vitro diagnostic medical devices. Information supplied by the manufacturer with in vitro diagnostic reagents for staining in biology	体外诊断医疗器械。制造商提供的用于生物染色的体外诊断试剂的信息	2010-08-24
BS EN 71-4	Safety of toys. Part 4. Experimental sets for chemistry and related activities	玩具安全。第 4 部分。化学和相关活动的实验设备	2011-06-23
BS ISO 13484	Food stuffs. General requirements for molecular biology analysis for detection and identification of destructive organisms in plants and derived products	食品。植物和衍生产品中破坏性生物的检测和鉴定的分子生物学分析的一般要求	2011-10-12
B 不 BBBS ISO/IEC 27036-3	Information technology. Security techniques. Information security for supplier relationships. Part 3. Guidelines for ICT supply chain security	信息技术。安全技术。供应商关系的信息安全。第 3 部分。信息和通信技术供应链安全指南	2013-01-25

① 此表经艾伦教授整理。

（三）中学实验室与小学实验室

英国中学实验室与小学实验室在标准中统一使用英文"classroom"或"room"，而不使用"laboratory"。其中"classroom"在汉语中被译作"教室"。此外，英国中小学实验室建筑标准（BB 98 与 BB 99）中还有用"studio"表示的工作室、用"hall"表示的厅室，它们有时也具有实验室的功能。

五、中英中小学实验室标准差异

中国与英国中小学实验室的标准存在较大的差异性。分析中英中小学实验室标准的差异，对学习教育装备的先进管理经验、管理科学知识都是非常有益的。

1）中国中小学实验室房屋具有配备标准和质量标准，英国中小学实验室同样具有配备标准和质量标准，在这一点上它们基本相同。学校房屋的标准，尤其是安全质量标准是非常重要的标准化内容，两国在安全方面都是十分重视的。

2）2001 年，英国颁布了《特殊教育需要和残疾人法》（*Special Educational Needs and Disability Act*，2001），该法案规定学龄残疾儿童在家长和本人的意愿下可以到普通学校随班就读。所以英国在中小学实验室房屋配备标准上特别为残疾学生设计了专门的设备设施，并且具有专门用于特殊教育的活动室，反映出英国在人文关怀、人人平等方面的精神。

3）中国中小学实验仪器设备配备标准是英国所不具备的。中国是个大国，人口与地域都远大于英国，所以中国的教育均衡问题就不太容易解决，教育装备的配备标准是学校办学条件的达标规定，是为教育均衡发展采取的必要措施。英国的教育公平问题则相对容易解决，其实，当前的英国已经越过了"公平"发展时期而进入追求"卓越"的时期。所以，中小学实验仪器设备配备标准对于英国就显得不是十分必要。

4）中英两国中小学实验仪器设备质量标准都采用的工业产品的国家标准，而都不具有教育行业的标准，原因是显而易见的。教育行业不可能也没有必要再建立一套自己的质量标准，无论是性能质量还是安全质量，另搞一套标准带来的都是重复和浪费。

5）英国中小学在普通授课教室中进行操作实验的情况比比皆是，他们经常是在教师讲授课程的同时进行科学实验，将讲授与动手实验交叉在一起进行。这种教学模式正在逐渐被中国的中小学校借鉴，目前中国已经有许多的中学采用教室与实验室合并的方式进行教学的情况。

六、我国中小学实验室配备标准的编制

依据什么来编制配备标准是非常重要的，因为它决定了配备物的精准性以及对教学的有效性。经常被考虑的依据包括育人目标、课程标准、历史延续、参考借鉴等。中小学课程标准和现行教材中都有对于实验内容以及实验仪器设备的建议或规定，根据这些建议、规定建立数据，进行统计，可以得出相应实验器材所需目录及其数量。其他国家一些实验室的配备标准，参照这些标准来编制或完善自己的标准，也是经常采用的方法之一。我国在学校中建立理科的科学实验室已有百年之久，在实践中逐渐形成了各种实验仪器设备的配备要求。根据课程标准制定出实验教学标准，再依据实验教学标准来编制实验室配备标准，这是理论上比较科学的配备标准建立方法。配备标准的编制过程是较为繁复的，为了使得该过程的介绍更加清晰，以下仅以我国目前初中物理实验室的配备标准为例进行说明。

（一）课标中对实验内容的规定

在编制时首先分析了教育部颁布的《义务教育物理课程标准》（以下简称《初中物理课标》）和上海市教育委员会颁布的《上海市中学物理课程标准》（以下简称《上海物理课标》）对实验内容的规定。在《初中物理课标》的"附录1 学生必做实验说明"中指出："学校应充分利用已有的实验器材，努力开发适合本校情况的实验课程资源，尽可能让学生自己动手多做实验。为了便于教学与评估，现列出以下学生必做的实验项目。"同时，在后面开列出 20 个具体实验题目。[①]《上海物理课标》对实验内容的规定较为具体、深入，在"初中阶段（八至九年级）内容与要求"部分说明了实验的内容和教学要求，其中"基础型课程部分"规定了 15 个实验题目，"拓展型课程部分"规定了 4 个实验题目，"探究型课程部分"则给出了 15 个建议学生动手实施的示例。[②]

在进行实验内容统计时，将《初中物理课标》中规定的 20 个实验内容列入了统计表格；将《上海物理课标》中"基础型课程部分"规定的 15 个和"拓展型课程部分"规定的 4 个共计 19 个实验内容也列入了统计表格，但未对"探究型课程部分"给出的 15 个建议实施示例进行统计（因不具有一般性）。

---

① 教育部. 2011. 义务教育物理课程标准（2011 年版）. 北京：北京师范大学出版社.
② 上海市教育委员会. 2004-05-10. 普通中小学校建设标准（DG/TJ08-12-2004）.

（二）现行教材中实验内容的统计

对于实验内容，虽然课程标准是统一的，但是因为初中物理课标中做了"学校应充分利用已有的实验器材，努力开发适合本校情况的实验课程资源，尽可能让学生自己动手多做实验"的说明，所以全国初中物理教材中对实验内容的规定并不是统一的。

在进行实验内容统计时，收集了全国各地现行的初中物理教材共计6个版本，分别为人民教育出版社版、上海科学技术出版社版、北京师范大学出版社版、教育科学出版社版、江苏科学技术出版社版、广东教育出版社与上海科学技术出版社版；也将《初中物理实验教学指导书》的内容统计在内（刘长欣，2010），最后形成的统计表格如表4-16所示（注：表中只开列了统计表前面的几个实验，其他部分省略）。统计出来的实验共计192个，其中仅在《初中物理实验教学指导书》中出现而各版本教材上没有出现的实验有50个，其余142个实验是从各个版本的现行教材中统计出来的。需要说明的是，由于初中物理课标中与上海物理课标规定的实验都在教材中有体现，所以也就被统计到该表格中，不再进行特殊标记。另外，统计过程中根据出现频次将实验分为3种类型：必做型实验，出现频次为5～7；拓展型实验，出现频次为3～4；提高型实验，出现频次为1～2。

表4-16 初中物理教材实验统计

实验题目	人民教育版	上海科技版	北师大版	教育科学版	江苏科技版	广东&上海版	实验指导书	出现频次
声是怎样产生的	√			√	√		√	4
声是怎样传播的		√	√		√	√		4
声速测量的方法							√	1
决定音调高低的因素				√		√		3
影响声音响度的因素	√					√		3
不同乐器的发音特点							√	1
橡皮筋吉他		√						1

（三）实验器材的统计与分类

1. 统计实验器材

各个版本教材中对每个实验都有较为详细的描述，对实验的方法、过程和所需要的设备、仪器、材料都做了说明。根据这些说明统计每个实验的实验方法以及每种方法配备的器材，并将它们开列在表4-17所示的表格中。表格中"等级"

一栏是对该实验类型的标注：必做型实验标注 A，拓展型实验标注 B，提高型实验标注 C，它们是根据表 4-16 中出现的频次被规定下来的。作为示例，表 4-17 中只选择了 4 个必做实验，所以都被标注了字母 A。需要说明的是，大多数实验描述中都没有对器材的规格进行规定，这是现行教材实验部分的一个缺陷，同时也使得我们编制配备标准变得困难。

表 4-17　实验所需仪器设备材料统计

物理实验名称	等级	仪器设备材料
探究光的反射规律	A	方法 1：光具盘、平行光源、平面镜 方法 2：光反射实验器一套 方法 3：激光笔、可折叠硬纸板、不同颜色笔、三角板、平面镜
测量小灯泡的电功率	A	学生电源、电流表、电压表、滑动变阻器、小灯座、小灯泡、单刀开关、定值电阻、导线
磁体周围空间的磁场	A	条形磁铁、蹄形磁铁、小磁针、铁屑、视频展示台、显示设备
二力平衡的条件	A	方法 1：硬片纸、测力计、刻度尺、粉笔、小车、定滑轮等质量小盘、砝码 方法 2：两端有挂钩的实验小车、定滑轮、砝码盘、砝码、弹簧测力计

2. 对实验器材进行分类

将表 4-17 中所有设备、仪器、材料名称列在一个表中，每个实验的所有器材都注明该实验类型等级。实验器材包括 5 个类型，给它们分别定义为 1 型到 5 型：1 型为仪器类，包括示波器、电流表等；2 型为设备类，包括大型设备恒温箱、抽气机等，也包括小型设备如酒精灯、铁架台等；3 型为材料类，包括金属粉、浓盐水等；4 型为工具类，包括实验工具和维修工具如裁纸刀、剥线钳等；5 型为实验课堂教学设备类，包括投影机、展示台等。表格建立好后，分别根据器材类型（1～5）和器材名称先后进行升序排序，再对重复的相同器材名称进行合并。最后形成如表 4-18 所示的表格（注：该表格只显示了部分器材）。

表 4-18　器材分类

器材名称	等级	类型	器材名称	等级	类型
阿基米德原理实验器	A	1	电流磁场演示器	C	1
测力计	A	1	电压表	A	1
测力计	B	1	电压表	B	1
弹簧测力计	A	1	电压表	C	1
弹簧测力计	B	1	学生电源	A	1
弹力测力计	C	1	学生电源	B	1
电流表	A	1	电流表	C	1
电流表	B	1			

3. 配备列表的生成

最后生成的初中物理实验室配备表如表 4-19 所示。表中的编号规律为：1000～1999 分配给仪器类使用，2000～2999 分配给设备类使用，3000～3999 分配给材料类使用，4000～4999 分配给工具类使用，5000～5999 分配给实验课堂教学设备类使用（表 4-19 只是显示了一部分）。有些仪器设备已经具有标准，在执行标准代号一栏中将其所执行的标准代号列出。分类与代码是为仪器设备统一代码后使用。至此，初中物理实验室的配备标准编制工作基本告一段落。

表 4-19　初中物理实验室配备表

编号	仪器名称	规格型号功能	单位	数量	实验等级			执行标准代号	备注	分类与代码
					必做	拓展	提高			
1001	阿基米德原理实验器		套		√			JY 175		
1002	测力计	10N	个		√	√		JY 0127		
1003	弹簧测力计		个		√	√	√			
1004	电流表	2.5 级，0.6A，3A	只		√	√	√	JY 0330		
1005	电流磁场演示器		套							
1006	电压表	2.5 级，3V，15V	只		√	√	√	JY 0330		
1007	学生电源	直流 1.5～9V，1.5A，每 1.5V 一挡	台		√	√	√			
1008	温度计		只		√	√	√			

（四）标准文件的完成

前面介绍的内容是一个标准文件的主体部分，而编制一个完整的标准文件还要遵照许多规范和基本格式规定。2009 年 6 月 17 日由中华人民共和国国家质量监督检验检疫总局和中国国家标准化管理委员会联合发布了《标准化工作导则第 1 部分：标准的结构和编写》（GB/T 1.1-2009）（2010 年 1 月 1 日正式实施）。该标准详细地描述了各类标准文件编写的体例、内容、格式、尺寸等项规定。形成标准文本，必须遵照标准文本编写要求。

第三节　中英中小学图书标准

图书是中小学重要的教育资源，支撑课堂教学、拓展知识视野、提高综合能力、涵养人生底蕴都离不开图书。中英两国都非常重视引导学生阅读，提供大量的优质图书供学生选择。

一、中小学图书装备

"图书装备"与"图书"是两个不同的概念。对于中小学来说，图书仅指作为知识载体的各种书籍、刊物以及数字化的阅读材料；而图书装备则除了图书以外还包括图书馆、阅览室、藏书间以及用于存放图书的各种设备设施，同时还包括计算机及网络化的图书管理、图书借阅和图书检索等软、硬件系统。图书装备属于教育装备的范畴，因为它是学校教育教学的重要教育资源，同时又是由人工制造的，即符合人工打造的教育资源这一教育装备的学术定义。

（一）图书与图书馆

所谓中小学图书装备具体地讲就是指中小学的图书和图书馆（室）。但是应该强调，相对于社会公共图书馆和高等学校的图书馆，中小学图书馆要简单得多，往往对图书馆与阅览室不进行区分，而统一称为图书馆（室）。另外，对于一些规模比较小的小学校，教师与学生阅览图书的地方往往是在几间普通的房间中，它们被称为"图书室"，所以图书馆（室）也可以理解为中学图书馆与小学图书室的合称。在这里，我们规定中小学图书馆（室）包括图书馆、阅览室、藏书间及设施设备和相关的计算机软、硬件条件。

书籍是信息传播的重要载体，是文化传承的主要工具，读书可以教化思想，能够成就人生。在学生的中小学阶段进行读书习惯的培养和让他们开始阅读重要的书籍是基础教育中最为基本也是最为关键的教育工作。上课使用的教材，其内容多是从各种书籍中根据需要提炼出来的精品，但是让学生在精读教材的同时去阅读原著，对他们知识的扩展与思维的训练都是大有裨益的。所以，一个好的学校总是首先关注图书装备的建设，在这方面投入更大的经费和人力，图书馆在学校中往往是最为显著和非常神圣的地方。

（二）中小学图书与图书馆新模式

20 世纪末出现了数字图书，进入 21 世纪后数字图书馆开始出现。数字图书馆的出现对传统图书馆是一个不小的冲击，但是经过十几年不断地发展与平衡，图书馆基本保持 3 种模式，即传统纸质图书的图书馆，纯数字图书的网络图书馆和纸质图书、数字图书结合的复合型图书馆。这些图书馆形式的出现也影响到中小学，使得许多中小学开始考虑建设那些新模式的图书馆，但在新模式的选择上则更多地采用复合型图书馆。

中小学数字图书馆的建设首先遇到的困难就是目前尚没有建设标准，现有标准几乎都是针对传统图书馆的，新的标准仅在一些条文中出现了视听阅览、数字图书、网络管理等相关的规定，而且只出现在配备标准方面。数字图书馆建设涉及多个领域的标准问题，如图书馆基础标准、元数据标准、网络标准、系统软件标准、支撑平台标准、应用与服务标准、测试标准、软件工程标准等，建立一套中小学数字图书馆标准目前条件尚不成熟。

二、中小学图书装备相关标准

中小学图书装备包括图书与图书馆（室）。同时，图书装备又属于教育装备。因为中小学教育装备具有配备标准和质量标准两种类型，所以中小学图书装备就出现了图书配备标准、图书质量标准、图书馆（室）配备标准和图书馆（室）质量标准这 4 种类型的标准。

（一）图书标准

中小学图书标准又分图书配备标准和图书质量标准，中小学图书配备标准是根据学校学制（学生学段）、规模（学生人数）而做出的图书数量（生均图书数）、种类的配置规定，这类标准在中国比较多，既有国家标准、行业标准，也有地方标准。

中小学图书的质量标准与教育装备质量标准一样，分为安全质量、性能质量和功能质量 3 个方面。作为图书，安全质量涉及的问题不多，要求也不是太高；性能质量主要体现在书籍的纸张、印刷、差错率等问题上，这个要求对于中小学校用户来说要比普通用户更高些。图书的功能质量是最不容易鉴定、最不好控制，同时也是最需要认真对待的问题，这是由于这些图书的读者更多的是未成年人，对好坏书籍的分辨能力不强，更需要加强管理。

教育装备的功能质量是对教育装备反映教育教学适用性问题的衡量，是教育装备研究领域的核心问题，是目前尚未得到解决而又必须对其加大研究力度的关键问题。图书的功能质量则是反映不同的图书内容对学生的适用性问题的衡量，不同学段的学生一定有其适用的和不适用的图书，将它们做出科学的区分就是解决图书的适用性问题，也就是图书的功能质量要求。图书的功能质量与图书的安全质量、性能质量相比虽然是最难鉴定与控制的，但是与其他教育装备相比，图书的功能质量又是相对来说最容易解决的问题。例如，一个用新技术实现的电子白板对不同学段学生的教学适用性是不容易判断的，而判断一本书的内容对不同学段学生的适用性要相对容易得多。美国在这方面的研究处于领先地位。

（二）图书馆（室）标准

中小学图书馆（室）标准又分配备标准和质量标准，中小学图书馆（室）配备标准是根据学校学制、学生规模而对学校图书馆（室）大小、布局等做出的规定，中小学图书馆（室）质量标准是对学校图书馆（室）尺寸、采光、通风等环境的具体规定。在国家标准、行业标准中，图书馆（室）的配备标准和质量标准往往同时出现在一个文件中。

（三）国际中小学图书馆建设法规

国际上对中小学图书馆（室）建设十分重视，1980 年国际图书馆协会联合会（International Federation of Library Associations and Institutions，IFLA）通过了《中小学校图书馆宣言》（*Declaration on School Libraries*，以下简称《80 宣言》），并于当年 12 月由联合国教育、科学及文化组织（简称联合国教科文组织）正式发布。1999 年国际图书馆协会联合会与联合国教科文组织又共同发布了新的《中小学图书馆宣言》（以下简称《99 宣言》）。这两个宣言被称为国际中小学图书馆建设法规，是各国中小学图书馆建设的基本准则。

《80 宣言》对中小学图书馆的建设目标做出明文规定：①紧密配合学校的教育大纲，促进教育事业的发展和改革；②千方百计，尽可能扩大资源与服务，提供学生各种求获知识的途径；③给学生以基本技能训练，使之具有广泛使用资源和服务的能力；④引导学生养成终身利用图书馆的习惯，从图书馆获得乐趣、知识和再教育的源泉。（田晓娜，1994）

《99 宣言》在《80 宣言》的基础上对中小学图书馆建设目标做出了更加详细、具体的规定：①支持和增强由学校的任务和课程体现出来的教育目标；②发展和支持学生阅读、求知和终身利用图书馆的习惯和爱好；③为学生提供创造和利用信息积累经验的机会；④向所有学生提供评估和利用各种形态的信息的知识和实践技能；⑤提供获取任何地区资源的途径，向学习者提供展示各种观念、经验和意见的机会；⑥组织可以促进文化和能够加强社会意识与敏感性的活动；⑦与学生、教师、管理者、家长共同努力，完成学校的任务；⑧提倡自由地获取知识和信息，这对于有效、负责地行使公民权，以及参与民主是不可或缺的；⑨在整个学校及更大的范围内，促进阅读、获取信息资源和中小学图书馆的服务。（徐斌，2001）

三、中国中小学图书装备标准特点

中国政府对中小学图书装备的建设十分重视，1991 年 8 月，当时的国家教育委员会颁布了《中小学图书馆（室）规程》；2003 年 3 月，教育部印发了新的《中小学图书馆（室）规程（修订）》（以下简称《规程》（修订）），同时废止了1991 年的《中小学图书馆（室）规程》。

（一）中小学图书馆（室）配备标准

在中国，有关中小学图书馆（室）的配备标准最主要的是上面说到的《规程》（修订），除此之外全国各省、自治区、直辖市的地方标准（中小学校办学条件），以及国家标准《中小学校设计规范》（GB 50099-2011）中也都涉及对中小学图书馆（室）建设的详细规定。

1. 《规程》（修订）中的配备规定

《规程》（修订）的第十七条规定："图书馆应配备书架、阅览桌椅、出纳台、报刊架、书柜、目录柜、文件柜、陈列柜、办公桌椅、装订设备、安全设备等必要的设施、设备，并有计划地配置复印、声像、文献保护、计算机（网络设备）、扫描仪、刻录机、打印机等设备。图书馆要设置藏书室（包括学生借书处）、学生阅览室、教师阅览室。有条件的学校可按学科分类设置阅览室和电子阅览室、电子资料室、多功能学术报告厅等。"[1]这条规定是对图书馆（室）在布局与设备设施配置上的要求，是中小学图书馆（室）应该具备的基本使用环境和条件保障。

2. 地方标准中的配备规定

在教育部向全国印发《规程》（修订）后，许多省份都相应地制定了自己的地方标准，2016 年 9 月上海市教委印发了《上海普通中小学图书馆规程》，现以其为例说明地方标准中对中小学图书馆（室）建设的规定。表 4-20 开列了该规程中规定的部分需要配备的设施设备，原来内容多达 50 个品目，限于篇幅，此处仅选择了前 20 个，后面的多为信息化设备。[2]

---

① 教育部. 2003-03-25. 中小学图书馆（室）规程（修订）.
② 上海市教委. 2016-09-08. 上海普通中小学图书馆规程.

表 4-20　上海中小学图书馆中的部分配备品目

序号	设备名称	功能	单位	数量	备注
1	书架	存放图书	个	按藏书（刊）量配置	宜采用双柱可调层高双面或单面书架
2	报纸架	陈列报纸	个		
3	期刊架	陈列期刊	个		
4	资料橱	陈列文献资料	顶		
5	矮书柜	存放图书，并用于各功能区域的间隔；存放图书	个	适量	
6	书柜	存放文献资料	组		
7	文件柜	存放各类归档业务资料	组		
8	书立	整理、陈列图书	个		
9	书车	搬运图书	辆		
10	装订设备				
11	阅览桌	阅读、研修等；可组合	张	不低于上海市《普通中小学校建设标准》（DG/TJ08-12-2004）有关要求	可与阅览桌兼用
12	数字阅览桌	放置数字阅览终端	张		
13	阅览椅、凳、垫等	用于读者阅览	个		
14	台灯	补充照明	个	适量	
15	电脑桌椅	管理人员使用	组	适量	
16	办公桌椅	管理人员使用	组		
17	流通工作台	读者借还图书资料	套	适量	
18	读卡器	图书借还	个	适量	
19	条码阅读器/二维码阅读器	ISBN 录入、图书借还	台		
20	图书采集器	图书采购查重；图书清点	把		

3.《中小学校设计规范》（GB 50099-2011）的配备规定

在国家标准《中小学校设计规范》（GB 50099-2011）中也对中小学图书馆（室）的配备进行了规定，该标准的第 5.13.1 条规定："中小学校图书室应包括学生阅览室、教师阅览室、图书杂志及报刊阅览室、视听阅览室、检录及借书空间、书库、登录、编目及整修工作室。并可附设会议室和交流室。"（中华人民共和国住房和城乡建设部与国家质量监督检验检疫总局，2010）注意到该标准中使用了"图书室"一词，而没有使用"图书馆"。

（二）中小学图书馆（室）质量标准

中国关于中小学图书馆（室）建设质量标准规定的文件是比较多的，涉及安全质量的在校舍、场地标准中统一做了规定，功能质量方面尚在研究阶段，所以此处只对性能质量做出说明。

1. 《规程》（修订）中的质量规定

《规程》（修订）的第十八条规定："城市中小学校图书馆建设标准应不低于现行《城市普通中小学校校舍建设标准》的规定，有条件的学校可建立独立的图书馆。电子阅览室生均使用面积不低于 1.9 平方米。农村中小学校图书馆的规模由各地教育行政部门结合实际情况参照上述标准制定。图书馆应有良好的避风、换气、采光、照明、防火、防潮、防虫等条件。"[1]其中关于避风、防火、防潮、防虫等规定具有安全要求的作用。

2. 地方标准中的质量规定

作为地方标准，北京市教育委员会于 2005 年 12 月发布的《北京市中小学校办学条件标准》中有关于图书馆（室）面积的标准规定，表 4-21 开列了该标准中的部分相关内容。注意到其中虽然只标注了对独立设置的小学、初中和独立设置的高中的图书馆（室）的面积规定，但对于其他学制的学校（九年一贯制、十二年一贯制、初高中全日制等）来说也都可以参照这个规定选择性执行。[2]

表 4-21　北京中小学图书馆（室）面积标准规定

规定项目	独立设置的小学、初中	独立设置的高中
学生阅览室面积/m²	学生人数×10%×1.5	学生人数×12%×1.5
教师阅览室面积/m²	教师人数×30%×2.1	教师人数×40%×2.1
视听阅览室面积/m²	学生人数×4%×5	学生人数×5%×5

3. 《中小学校设计规范》（GB 50099-2011）及其图集中的质量规定

《中小学校设计规范》（GB 50099-2011）中有关图书馆（室）的质量规定分散在整个标准的各个部分，现将它们整理合并在表 4-22 中。其中第 15 项的阅览室照明功率密度规定是对阅览室的节能环保要求。

表 4-22　《中小学校设计规范》（GB 50099—2011）对图书室的质量规定

序号	规定项目	技术指标	备注
1	视听阅览室使用面积	≥12.00m²	5.13.3
2	视听阅览室地板	防静电架空	5.13.3 不得采用木质、塑料
3	书库使用面积	开架藏书量 400~500 册/m² 闭架藏书量 500~600 册/m² 密集书架藏书量 800~1200 册/m²	5.13.3

① 教育部. 2003-03-25. 中小学图书馆（室）规程（修订）.
② 北京市教育委员会. 2005-12-01. 北京市中小学校办学条件标准.

续表

序号	规定项目	技术指标	备注
4	书库应采取措施	防火、降温、隔热、通风、防潮、防虫、防鼠	5.13.3
5	借书空间使用面积	≥10.00m²	5.13.3
6	学生阅览室使用面积	小学 1.80m²/每座 中学 1.90m²/每座	7.1.1
7	教师阅览室使用面积	小学 2.30m²/每座 中学 2.30m²/每座	7.1.1
8	视听阅览室使用面积	小学 1.80m²/每座 中学 2.00m²/每座	7.1.1
9	报刊阅览室使用面积	小学 1.80m²/每座 中学 2.30m²/每座	7.1.1 可不集中设置
10	阅览室桌面采光系数	≥2.0%	9.2.1
11	阅览室窗地面积比	1∶5.0	9.2.1
12	阅览室桌面平均照度	300lx	9.3.1
13	阅览室桌面统一眩光值 UGR	19	9.3.1
14	阅览室桌面显色指数 Ra	80	9.3.1
15	阅览室照明功率密度	现行值 11W/m² 目标值 9 W/m²	9.3.2 对应照度值 300lx
16	阅览室隔声标准	空气声隔声≥50dB 顶部楼板撞击声隔声评价量≤65dB	9.4.2
17	图书室室内采暖设计温度	20℃	10.1.7
18	阅览室 CO_2 浓度	≤0.15%	10.1.8

　　与《中小学校设计规范》（GB 50099-2011）同时发布的标准还有两个图集，分别是《〈中小学校设计规范〉图示》（11J934-1）和《中小学校场地与用房》（11J934-2）。这两个图集对中小学校校舍、场地的建设要求做出了十分详细的规定，这些规定绝大部分属于质量标准的内容。图 4-8 与图 4-9 是《中小学校场地与用房》（11J934-2）中对小学学生阅览室和中小学校视听阅览室的尺寸与布局要求部分的截图，设计图纸面面俱到，设计要求细致入微[①]。

（三）中小学图书配备标准

　　中小学图书配备标准是对中小学图书馆（室）中应该配备图书的种类、数量的规定。但是因为教育部有对中小学生学段读书量的具体要求，这一要求实际上也是对学校图书配备的规定，所以也将这部分内容纳入了图书配备标准中。

---

① 中国建筑标准设计研究院. 2011-10-12. 中小学校场地与用房（11J934-2）.

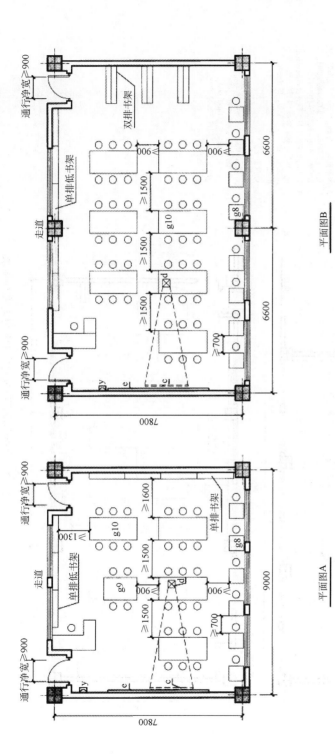

平面图B

平面图A

图注：
c-投影屏幕
e-展示园地
y-广播音箱

d-投影仪
g8-单人阅览桌700×500
g9-4人双侧阅览桌1400×900
g10-6人双侧阅览桌2000×900

注：1.本图为完全小学图书阅览室，其中平面图A容纳34座，使用面积维68m²（不含辅助用房），平面图B容纳50座，使用面积约101m²（不含辅助用房）。
2.图中桌椅、书架可及布置可以依使用需要调整。
3.图书阅览室基本设备及设施包括投影屏幕、投影仪接口、广播音箱、展示园地等（宜设），做法按成品或相关图集的规定。

图4-8　小学学生阅览室的尺寸与布局要求

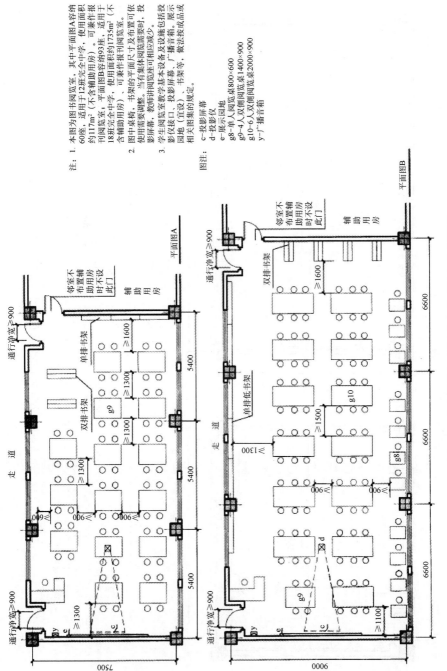

图 4-9　中小学校视听阅览室阅览室的尺寸与布局要求

1. 《规程》（修订）中图书配备的规定

《规程》（修订）的第八条规定了图书种类，要求图书馆藏书应做到结构合理，要按《中小学图书馆（室）藏书分类比例表》配备。《规程》（修订）的第九条规定了图书的数量，图书馆藏书量不得低于《图书馆（室）藏书量》的规定标准，同时要求图书馆每年剔旧更新图书，一般每年新增图书比例应不少于藏书标准的1%。其中《图书馆（室）藏书量》为《规程》（修订）的附录一，《中小学图书馆（室）藏书分类比例表》为《规程》的附录二，表4-23和表4-24是两个附录的具体内容。①

表 4-23　图书馆（室）藏书量

图书馆藏书种类	完全中学		高级中学		初级中学		小学	
	1类	2类	1类	2类	1类	2类	1类	2类
人均藏书量（按在校学生数）/册	45	30	50	35	40	25	30	15
报刊种类	120	100	120	100	80	60	60	40
工具书、教学参考书种类/种	250	2	250	200	180	120	120	80

表 4-24　中小学图书馆（室）藏书分类比例表

部类			分类比例	
五大部类	22 个基本部类		小学/%	中学/%
第一大类	A 马列主义毛泽东思想		1.5	2
第二大类	B 哲学、宗教		1.5	2
第三大类	C 社会科学纵论		64	54
	D 政治法律			
	E 军事			
	F 经济			
	G	文化科学		
		教育		
		体育		
	H 语言文学			
	I 文学			
	J 艺术			
	K 历史地理			
第四大类	N 自然科学总论		28	38
	O 数理科学和化学			
	P 天文学地球科学			

① 教育部. 2003-03-25. 中小学图书馆（室）规程（修订）.

部类		分类比例	
五大部类	22 个基本部类	小学/%	中学/%
第四大类	Q 生物科学	28	38
	R 医药卫生		
	S 农业科学		
	T 工业技术		
	U 交通运输		
	V 航空、航天		
	X 环境科学、劳动保护科学		
第五大类	Z 综合性图书	5	4

2. 地方标准中图书配备的规定

2016 年 9 月上海市教育委员会发布的《上海市普通中小学图书馆规程》中规定,中小学图书馆生均纸质图书(含音像资料和光盘资料,以件计)和馆藏纸质报刊配置具有最低标准[①],表 4-25 为该规程中对中小学图书馆(室)藏书量的具体规定。另外,各省、自治区、直辖市的中小学办学条件地方标准中也基本都具有相关的规定,表 4-26 是《北京市中小学校办学条件标准》中关于学校藏书量的规定[②]。

表 4-25 上海市普通中小学图书馆藏书量

纸质书报刊	小学	初级中学	完全中学	高级中学
生均图书/册(件)	30	40	45	50
报刊种类/种	100	160	180	200

表 4-26 北京市中小学图书馆藏书量

学校藏书	独立设置的小学、初中		独立设置的高中	
	24 班及以下	25 班以上	24 班及以下	25 班以上
设计藏书量/万册	≥1.5	≥2.5	2~3	≥4
工具书/种	220		330	
报纸杂志/种	100		150	

3. 教育部对中小学生学段读书量的要求

教育部对中小学生学段读书量的要求主要体现在教育部制定的中小学国家课程标准中。2011 版《全日制义务教育语文课程标准》中规定,学生在第一学段(1~2 年级)课外阅读总量不少于 5 万字;第二学段(3~4 年级)课外阅读总量

① 上海市教委. 2016-09-08. 上海普通中小学图书馆规程.

② 北京市教育委员会. 2005-12-01. 北京市中小学校办学条件标准.

不少于 40 万字；第三学段（5～6 年级）课外阅读总量不少于 100 万字；第四学段（7～9 年级，初中 3 年）课外阅读总量不少于 260 万字；九年义务教育时期学生课外阅读书籍总量应在 400 万字以上。2013 年教育部发布的《普通高中语文课程标准（实验）》中规定，高中生应课外自读文学名著（5 部以上）及其他读物，总量不少于 150 万字；但是没有说明是 1 年的读书量还是 3 年的读书量。如果按照小学生阅读书籍平均 10 万字一本，初中生阅读书籍平均 20 万字一本，高中生阅读书籍平均 30 万字一本计算，小学生 6 年要阅读大约 14 本书籍，平均每年阅读 2.3 本；初中生 3 年要阅读 13 本书籍，平均每年阅读 4.3 本；高中生的 150 万字阅读量则相当于 5 本书籍，虽然课标上的规定 1 年或 3 年不详，但分析可知应该是 1 年的读书量，即高中生平均每年应阅读 5 本书籍。中小学图书馆（室）的藏书量也可以参照上述要求酌情进行配备。

（四）中小学图书质量标准

与许多作为工业产品的教育装备只有工业标准的情况相似，中小学图书的质量标准要遵循新闻出版总署颁布的《图书质量管理规定》，而没有教育行业的相关行业标准和地方标准。在教育部和地方教育部门颁布的中小学图书馆（室）标准中，基本上都没有涉及图书质量问题。中小学图书质量的控制应遵照新闻出版总署的标准执行。

新闻出版总署先后颁布了两个版本的《图书质量管理规定》，一个是 1997 年版，另一个是 2004 年版。在 2004 年版正式发布时即宣布了 1997 年版废止。《图书质量管理规定》对图书文字的差错率，图书的整体设计和封面、扉页、插图等设计，以及印刷方面都做出了详细的要求。中小学图书质量也应满足这些要求。

四、英国中小学图书装备标准特点

英国没有专门立法规定中小学必须设立图书馆，关于图书质量的规定也是各领域统一的，没有专门针对教育领域或中小学的相关要求。所以在讨论英国中小学图书装备标准化问题时就不能采用讨论中国这些问题时的结构。这里，我们首先介绍英国在国际图书馆标准化发展上的贡献，再对英国中小学图书馆和图书建设标准的一些相关问题进行分析。

（一）英国图书馆标准化发展

英国是世界上图书馆事业发展较早且较发达的国家，在图书馆建设标准化方面也是走在前列的。1850 年英国就颁布了第一部图书馆法——《公共图书馆法》（*The Public Library Act*，1850），1964 年公布了新的《公共图书馆与博物馆法》（*Public Library and Museum Act*，1964），1972 年公布了《大英图书馆法》（*British Library Act*，1972）。这些法案对发展英国图书馆事业起到重要的作用，同时也在一定程度上促进了中小学图书馆的建设与发展。

英国对公共图书馆的服务质量十分重视，于 2006 年颁布了《公共图书馆服务标准》（*Public Library Service Standards*，2006）。该标准规定图书馆必须满足社区人们的需求，符合人们合理的最低服务标准。

在图书馆的藏书方面，英国于 2003 年和 2013 年分别颁布了《法定缴存图书馆法》（*Legal Deposit Library Act*，2003）和《法定缴存图书馆法（非印刷作品）条例》（*Legal Deposit Library Act（Non Printed Works）Ordinance*，2013）。这些法案规定出版商有责任将印刷型和非印刷型出版物副本存储在 6 所法定缴存图书馆，即大英图书馆、英国牛津大学的博德利图书馆、剑桥大学图书馆、苏格兰国家图书馆、都柏林圣三一学院图书馆和威尔士国家图书馆（张雅琪，盛小平，2014）。

国际标准书号（*International Standard Book Number*，ISBN）（ISO 2108）是世界通用的图书统一编号标准，是图书出版质量的基本保障。ISBN 的原型为英国于 1967 年开始推行的标准图书编码（Standard Book Number，SBN）。SBN 由 9 位阿拉伯数字组成，其中第 9 位为校验位，校验方法为一种规定的模运算法。1970 年 ISO 公布了《国际标准书号》（ISO 2108），并规定 ISBN 为 10 位阿拉伯数字，第 10 位为校验位，校验方法沿用了 SBN 校验算法。目前 ISBN 已经扩展到了 13 位阿拉伯数字（王俊琴，2017）。英国存在大量的图书馆相关标准，表 4-27 开列了其中的一部分。

表 4-27　英国图书馆国家标准部分选列[①]

标准文号	标准名称（英文）	标准名称（中文）	颁布日期
BS 8541-4	Library objects for architecture, engineering and construction Part 4. Attributes for specification and assessment. Code of practice	图书馆目标的建筑，工程和建设。第 4 部分。分类和考核属性。实际操作类别。	2012-04-01
BS 8541-3	Library objects for architecture, engineering and construction. Part 3. Shape and measurement. Code of practice	图书馆目标的建筑，工程和建设。第 3 部分形状与测量	2012-04-01
BS 8541-1	Library objects for architecture, engineering and construction. Part 1. Identification and classification. Code of practice	图书馆目标的建筑，工程和建设。第 1 部分识别分类	2011-12-01

---

① 此表经艾伦教授整理.

续表

标准文号	标准名称（英文）	标准名称（中文）	颁布日期
BS ISO 2789	Information and documentation. International library statistics	信息和文件。国际图书馆统计	2012-08-23
BS ISO 2146	Information and documentation. Registry services for libraries and related organizations	信息和文件。图书馆和相关组织的登记处服务	2008-09-02
BS ISO 28560-1	Information and documentation. RFID in libraries. Part 1. General requirements and data elements	信息和文件。RFID 技术在图书馆中的应用。第 1 部分。一般要求和数据元素	2009-01-26
BS ISO 28560-2	Information and documentation. RFID in libraries. Part 2. Encoding based on ISO/IEC 15962	信息和文件。RFID 技术在图书馆中的应用。第 2 部分。基于 ISO/IEC 15962 的编码	2009-01-26
BS ISO 28560-3	Information and documentation. RFID in libraries. Part 3. Fixed length encoding	信息和文件。RFID 技术在图书馆中的应用。第 3 部分。固定长度编码	2009-01-26 窗体底端

（二）英国中小学图书馆标准

英国 1988 年颁布的《教育改革法案》规定各地教育主管部门把财政控制权下放给中学和规模较大的小学；中学和小学可以选择脱离教育主管部门的控制。这使得中小学校在图书馆建设的选择上具有很大的自由度，学校是否建立图书馆和建设多大的图书馆以及所建图书馆的形式等都由学校领导成员决定。于是，英国中小学的图书馆不同学校相差很大，基本没有一个标准。2016 年 10 月和 2017 年 1 月"中英教育技术与教育装备比较研究"项目组曾两次赴伦敦进行了英国中小学办学条件的实地考察，其间共走访了 6 所学校。这些学校除了一个中学具有一间正规的图书室外，其他学校只是配备了大小不同的阅览室、读书角、资料室，藏书量也并不很多。但是，图书的更新率非常高，学校通过不断更新图书来保障学生的读书量。

1. 中小学图书资源中心面积规定

虽然英国中小学图书馆建设没有统一标准，但英国中小学图书馆建设也并不是丝毫无法可依。在英国教育部颁布的《建筑公告》中都有关于中小学"图书资源中心"（library resource centre）的建设规定。表 4-28 为 BB 99 中对小学图书资源中心建设面积的规定。表 4-29 为 BB 98 中对中学图书资源中心建设面积的规定。图 4-10 则为小学校图书资源中心面积的计算图像，其中横坐标为学校学生人数（N），纵坐标为图书资源中心的总面积（单位 m^2），图像中下面的虚线部分为图书资源中心的最小面积。

表 4-28　小学图书资源中心承载组数与面积

最大组数	90 人/3 班	210 人/7 班	240 人/8 班	360 人/12 班	420 人/12 班	630 人/21 班
15～30	17m²	25m²	29m²	39m²	40m²	55m²

表 4-29　中学图书资源中心承载组数与面积（N 为学生人数）

最大组数	600 人	700 人	800 人	1050 人	1200 人	1350 人	1650 人	1800 人	1950 人	2100 人
50+N/10	124m²	140m²	155m²	186m²	201m²	217m²	232m²	250m²	265m²	280m²

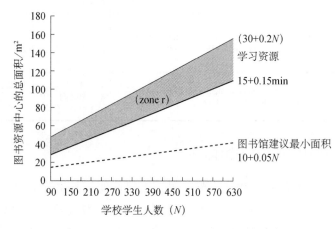

图 4-10　小学校图书资源中心面积的计算图像

2. 中小学图书馆采光与声环境设计

对于图书馆，光线和声音是非常重要的因素，在英国教育部颁布的《建筑公告》中都有关于这些方面的要求，此处做一简单介绍。

《建筑公告 90：学校采光设计》对中小学图书资源中心的采光有详细的规定。图 4-11 所示为对自然光采光的窗户要求，图 4-12 所示为图书资源中心书架灯光的采光设计要求。

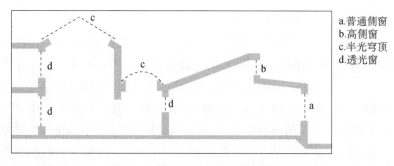

图 4-11　对自然光采光的窗户要求

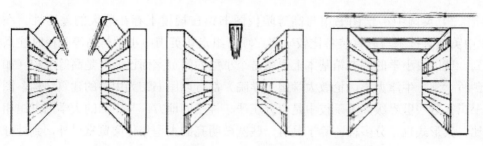

图 4-12　图书资源中心书架灯光的采光设计要求

《建筑公告 93：学校声环境设计》对中小学图书资源中心的声环境有详细的规定。表 4-30 是对最大声压级标准和混响时间标准的要求[①]。

表 4-30　最大声压级标准和混响时间标准的要求

规定项目	新建筑	翻新建筑
最大声压级/dB	60	65
混响时间/s	≤1.0	≤1.2

（三）英国中小学图书标准

英国中小学图书与图书馆的情况一样，都不具有配备标准，配备什么书籍完全根据教育教学需求而由学校领导成员来决定。中小学图书的质量标准遵循的是各个领域通用的国家标准，没有专门为中小学制定图书质量标准。

五、中英中小学图书装备标准异同

中国与英国中小学图书装备的标准存在较大的差异性。分析中英中小学图书装备标准的异同，对学习教育装备的先进管理经验、管理科学知识都是非常有益的。

1）中国具有中小学图书馆（室）配备标准和质量标准，同时具有中小学图书配备标准。英国除了具有中小学图书资源中心质量标准外不具有其他标准。相比之下，中国基础教育在图书装备配备方面要比英国重视得多，这是由于中国基础教育尚在强调均衡性发展的阶段，而英国基础教育在均衡性、公平性方面的问题并不突出。英国土地面积和人口毕竟较中国要小得多，解决均衡问题、公平问题也相对要容易得多。

---

① Department for Education. 2015. Building Bulletin 93：Acoustic Design for Schools.

2）英国中小学图书馆与高等院校图书馆在规模上存在巨大的差异性。在"中英教育技术与教育装备比较研究"项目组走访英国中小学与高等院校时注意到，英国中小学的图书馆基本上也就是个小型的阅览室而已，但是高等院校（如剑桥大学、牛津大学、伦敦大学国王学院）都有以图书馆为中心的建筑结构，图书馆在这些世界级高等院校中是十分庄严、神圣的地方。与中国的大学图书馆相比，其形式也十分多样，除了具有一些宽敞明亮的大型集体阅览室以外，到处分布着被称为学习空间（learning space）的小型阅览室、读书屋、研讨间等。英国的中小学图书资源中心形式也十分灵活，学生甚至可以随意躺在或趴在地板上看书。

3）中国与英国中小学都缺少图书功能质量方面的研究，在这一点上，美国远远地走在了前面。在美国，许多中小学都使用一个"加速阅读系统"，该系统将图书按照词汇量和难度分成不同水平等级，该水平等级被称为"学力发展水平范围"（zone of proximal development，ZPD）或"最邻近发展区"理论。根据测量工具测量出来不同的学生具有不同的学力水平等级，而每本书也都有一个相应的水平等级，教师会根据学生水平等级的具体情况向他们推荐不同水平等级的图书。例如，一个四年级的学生被测定为具有 6.5 级的水平，即为六年级入学后第5 个月的水平，则就向他推荐阅读 6.5 级水平的图书。学校的图书馆按水平等级摆放图书，学校只负责督促学生完成阅读量，所读书籍的水平则由"加速阅读系统"来控制。由此可以看到，通过 ZPD 分析，图书的功能质量在程度上已经被区分出来了。中国与英国的中小学图书装备应该在这些方面，针对图书功能质量问题开展更加深入的相关研究。

第四节　中英中小学体育标准

中小学体育装备是加强素质教育、提高体育教学质量、增进学生健康的物质保证。不管是足球、篮球、排球，还是击剑、游泳、体操，没有体育装备的有力保障，中小学体育就很难完成教育目标。加强中小学体育，就必须重视中小学体育装备工作。

一、教育装备与中小学体育装备

中小学体育装备是教育装备的重要组成部分。为了能够将这个问题阐述清楚，本节将要对中小学体育课程、中小学体育装备的概念，以及中小学体育装备与教育装备的关系做较为深入的讨论。

（一）中小学体育课程与中小学体育装备

在这里讨论中小学的体育课程，目的是确定该课程在中小学是定位于教育学类还是体育学类。如果该课程属于教育学类，则为该课程配备的中小学体育装备就属于教育装备的范畴；如果该课程属于体育学类，则中小学体育装备就不属于教育装备了，而只是体育装备，也就不属于我们文章讨论的范围。

2012 年教育部发布了《普通高等学校本科专业目录（2012 年）》，在该目录第 04 号学科门类（教育学门类）下有两个一级学科，一个为教育学类（学科编号 0401），另一个为体育学类（学科编号 0402）。教育学类研究如何优化教育教学效果，体育学类则研究怎样发展体育运动，两者研究目的、研究对象和研究方法大不相同。英国的学科专业分类体系称为联合学术编码系统（the joint academic coding system，JACS）学科体系，该体系中具有一级学科教育学，但是没有体育学。在美国教育部学科专业分类系统学科专业目录（classification of instructional programs，CIP-2000）中，同样只有一级学科教育学，而没有体育学。

中英中小学体育课程的属性应该由两国中小学体育课程的国家课程标准来决定。2001 年，教育部发布了《全日制义务教育体育与健康课程标准（实验稿）》和《普通高中体育与健康课程标准（实验）》，该标准指出：要以学生健康第一为指导思想，关注学生健康意识、锻炼习惯和卫生习惯，最终培养成德智体美全面发展的人才。2011 年教育部发布的新课标中，这些内容基本保持下来。1999 年，英国教育部、就业部和课程审查局联合颁布了《中小学体育课程标准》，该标准明确指出：体育教育是基础教育的核心，与其他各门核心学科享有同等的地位，体育课能帮助学生形成健康的生活方式，提高学生可持续发展能力。可见，中英两国的国家课程标准对中小学体育课程的定位都是健康教育，而非培养体育人才，所以中英两国中小学体育课程都属于教育学类，并不属于体育学类。于是我们可以确定地说，中英两国中小学体育装备都属于教育装备的范畴。

（二）中小学体育装备与教育装备

中小学体育装备是一个综合性的概念，它包括了中小学校体育场馆和体育器材等具体的设施设备。前面说到，中英中小学体育课程功能被定位为学生的健康教育，属于学校教育教学的重要组成部分。而学校体育场馆和体育器材等设施设备是支撑这一教育教学活动的必备教育资源，同时这些教育资源又都是人工制造的，根据教育装备是人工教育资源的定义，中小学体育装备应该属于教育装备的范畴。

但是应该强调是，我们在这里使用"中小学体育装备"，而不是用简称"体育装备"，这是因为中小学体育装备属于教育装备的范畴，而一般泛称的体育装备则不属于教育装备，如社会公共体育场馆和体育设施都属于体育装备的范畴而不是教育装备。教育装备、体育装备与医疗装备、军事装备、工业装备、农业装备等一样，它们各属于自己的领域，而我们在这里仅研究教育装备。

二、中小学体育装备相关标准

中小学体育装备包括学校体育场馆和体育器材两个主要部分，同时，中小学体育装备又属于教育装备。因为教育装备标准分为配备标准和质量标准，这就决定了中小学体育装备标准化存在中小学体育场馆配备标准、中小学体育场馆质量标准、中小学体育器材配备标准以及中小学体育器材质量标准4个方面的内容。

（一）中小学体育场馆标准

中小学体育场馆包括学校运动场、体育馆、风雨操场等设施，在中小学校建设的标准中都有这些设施的设计规定，既有对它们配备标准的规定，也有对它们质量标准的规定。

中小学体育场馆涉及的类型很多，光是学校运动场地就有足球场、田径场、篮球场、排球场、羽毛球场、乒乓球场、综合训练器械场等，甚至有时还包括垒球场地和网球场地；体育馆则包括带有观众席的正规体育馆和无观众席的风雨操场，风雨操场又有筑有围墙的和无围墙的分别；除此之外有些学校还考虑配置游泳池或游泳馆。

由于各个中小学的规模大小、地理位置、校园面积、校园环境、经济条件等因素的不同，中小学体育场馆的配备标准一般只保障最低水平的建设要求，如田径运动场；而其他类型的场馆则多是采取根据条件选择性建设的推荐建议形式。中小学体育场馆的质量标准是有严格规定的，其中主要涉及安全质量和性能质量的规定（但对教育功能质量要求甚少），这类标准在中小学体育场馆标准中占多数。除此之外，政府关于中小学体育场馆建设的法律法规是建立标准的依据，也是非常重要的内容。

（二）中小学体育器材标准

中小学体育场馆种类已经够多，而中小学体育器材的种类更加繁多，所以它们的配备标准和质量标准可以说是在中小学教育装备标准中占比例最大的一类。

中小学体育器材包括田径运动器材（铁饼、标枪、铅球等）、球类运动器材（足球、篮球、乒乓球台等）、健身器材（爬绳、爬竿、滑梯等）、体操器材（单杠、双杠、平衡木等）以及测量与计时工具（身高测试仪、体重测试仪、秒表等），在中国还有武术训练器材（刀、剑、棍等）。

对于这些中小学体育器材，一般都具有配备标准和质量标准，配备标准多分为必配与选配，质量标准则仍然是对安全质量和性能质量的要求。中小学体育器材标准对器材安全质量和性能质量的要求往往非常严格、细致。与中小学体育场馆标准要求一样，对中小学体育器材的要求也有政府发布的法律法规，它们也是建立中小学体育器材标准的依据。

三、中国中小学体育装备标准特点

中国中小学体育装备标准与其他领域（教室设备、实验室仪器设备、图书装备、信息化装备等）标准相比具有复杂、细致、安全质量要求高的特点。同时，这个领域的标准除了配备标准、质量标准外，中国政府颁布的一些法律文件、政策性文件以及标准也是非常重要的内容。

（一）中国政府对中小学体育运动与装备的政策文件

中国政府对中小学体育运动和中小学体育装备的问题十分重视，表 4-31 为 20 世纪末到 21 世纪初政府部门颁发的相关文件。其中部分文件中与中小学体育装备相关的内容开列如下。

1）《中华人民共和国体育法》第三章"学校体育"的第二十二条规定：学校应当按照国务院教育行政部门规定的标准配置体育场、设施和器材；学校体育场地必须用于体育活动，不得挪作他用。

2）《公共文化体育设施条例》第十七条规定：国家法定节假日和学校寒暑假期间，（公共体育设施——编者注）应当适当延长开放时间；学校寒暑假期间，公共文化体育设施管理单位应当增设适合学生特点的文化体育活动。

3）《学校体育工作条例》第二十条规定：学校的上级主管部门和学校应当按

照国家或者地方制定的各类学校体育场地、器材、设备标准，有计划地逐步配齐；学校体育器材应当纳入教学仪器供应计划；新建、改建学校必须按照有关场地、器材的规定进行规划、设计和建设。

4)《国家体育锻炼标准施行办法》第二十一条规定：学校应当组织学生按照教育部制定的学校学生体育锻炼标准开展测验达标活动。

5)《中共中央国务院关于加强青少年体育增强青少年体质的意见》第十五条规定：通过制定国家学校体育卫生条件基本标准，进一步明确国家对各级各类学校体育场地、器材设施、卫生条件和师资的基本要求。

需要说明的是，表 4-31 中的一些关于中小学体育装备标准的通知都附带了详细的标准附件，此处就不再逐条展开分析。

表 4-31　政府部门颁发的相关文件

序号	标准文号	发文机关	发布日期
1	中华人民共和国体育法	全国人大常委会	1995-08-29
2	公共文化体育设施条例	国务院	2003-06-26
3	学校体育工作条例	国家教委	1990-03-12
4	国家体育锻炼标准施行办法	国家体育总局、教育部、全国总工会	2013-12-16
5	教育部国家体育总局关于印发《学生体质健康标准（试行方案)》及《〈学生体质健康标准（试行方案)〉实施办法》的通知	教育部、国家体育总局	2002-07-04
6	教育部关于印发《中学体育器材设施配备目录》《小学体育器材设施配备目录》的通知	教育部	2016-07-25
7	中共中央国务院关于加强青少年体育增强青少年体质的意见	国务院	2007-05-07
8	教育部国家体育总局关于实施《国家学生体质健康标准》的通知	教育部、国家体育总局	2007-04-04
9	教育部办公厅国家体育总局办公厅共青团中央办公厅关于开展"全国学生体质健康标准推广活动"的通知	教育部、国家体育总局、共青团中央	2003-06-11
10	教育部办公厅关于贯彻执行《中小学体育器材和场地》国家标准有关问题的通知	教育部	2005-11-03

（二）中国中小学体育场馆标准

中国中小学体育场馆标准具有配备标准和质量标准，其中配备标准主要体现在地方标准中，地方标准一般不提供质量要求；国家标准主要体现质量标准，在配备方面虽然不够明确，但也能从中看出各种配备要求。

1. 国家标准

关于中小学体育场馆建设规定的标准主要有《中小学校设计规范》（GB 50099-2011）以及与其配套使用的两个图集：《〈中小学校设计规范〉图示》

（11J934-1）和《中小学校场地与用房》（11J934-2）。《中小学校设计规范》
（GB 50099-2011）对中小学体育场馆质量要求比较简单，关于体育场馆面积要
求，在 7.1.2 中规定：体育建筑设施的使用面积应按选定的体育项目确定。关于
体育场馆的净高，在 7.2.2 中规定：风雨操场的净高应取决于场地的运动内容，
其他体育场地的最小净高则如表 4-32 所示。关于风雨操场的最小换气次数，在
9.1.3 中规定为 3.0 次/小时。关于风雨操场的采光系数最低值，在 9.2.1 中规定为
2.0%。关于风雨操场的照明，在 9.3.1 中规定：平均照度为 300lx，显色指数 Ra
值为 65。

表 4-32　各类体育场馆最小净高

体育场地	田径	篮球	排球	羽毛球	乒乓球	体操
最小净高/m	9	7	7	9	4	6

在图集《〈中小学校设计规范〉图示》（11J934-1）中对中小学校主要体育项
目的用地指标做出了详细的规定，表 4-33 是该图集中对运动场地具体参数的规
定，从中也可以看出对中小学体育场馆的配备种类要求。[1]

表 4-33　中小学校主要体育项目的用地指标

项目	最小场地/m	最小用地/m²	备注
广播体操		小学 2.88/生	按全校学生数计算，可与球场共用
		中学 3.88/生	
60m 直跑道	92.00×6.88	632.96	4 道
100m 直跑道	132.00×6.88	908.16	4 道
	132.00×9.32	1 230.24	6 道
200m 环道	99.00×44.20（60m 直道）	4 375.80	4 道环形跑道；含 6 道直道
	132.00×44.20（100m 直道）	5 834.40	
300m 环道	143.32×67.10	9 616.77	6 道环形跑道；含 8 道 100m 直道
400m 环道	176.00×91.10	16 033.60	6 道环形跑道；含 8 道、6 道 100m 直道
足球（11 人制）	94.00×48.00	4 512.00	
篮球	32.00×19.00	608.00	
排球	24.00×15.00	360.00	
跳高	坑 5.10×3.00	706.76	最小助跑半径 15.00m
跳远	坑 2.76×9.00	248.76	最小助跑长度 40.00m
立定跳远	坑 2.76×9.00	59.03	起跳板后 1.20m
铁饼	半径 85.50 的 40°扇面	2 642.55	落地半径 80.00m
铅球	半径 29.40 的 40°扇面	360.38	落地半径 25.00m
武术、体操	14.00 宽	320.00	包括器械等用地

[1]　中国建筑标准设计研究院. 2011-10-12. 中小学校场地与用房（11J934-2）.

《中小学校场地与用房》（11J934-2）图集中则是对 400m 环形跑道场地、双曲率 400m 环形跑道场地、400m 环形跑道场地综合布置、200m 环形跑道场地、200m 环形跑道场地综合布置、11 人制和 7 人制足球场地、5 人制足球场地及器械体操场地、篮球场地及拼组、排球场地及拼组等给出了具体的参数，绘制了详细的图纸；同时还给出了球类场地排水示意图（图 4-13）。[1]

2. 地方标准

地方标准中对中小学体育场馆的规定不多，这些规定可视为中小学体育场馆的配备标准。例如，《北京市中小学校办学条件标准》中关于体育运动设施只做了以下规定（北京市教育委员会，2005）：

1）室外运动场：24 班以下的学校应设不低于 200m 的环形跑道及 60m（小学）、100m（中学）直跑道的田径场；25 班以上的学校应设不低于 300m（高中 400m）的环形跑道及 100m 直跑道的田径场；篮球场和排球场的总量以每 5 个班 1 个场地的标准设置。

2）室内操场或体育馆：24 班以下的学校，可视情况设有一座简单的室内操场；25 班以上的学校根据学校情况可设一座体育馆；位于城区面积狭小的学校可与礼堂兼用，也可利用其他社会资源。

3）器械库：设置于体育活动场所附近，适于放置体育器械、用品。

4）体育馆：（内设羽毛球场、乒乓球场、篮球场、排球场）可容纳一定数量观众的观看台；根据中小学学生特点，分设不同规格练习游泳池、足球场、棒球场（垒球场）、田径运动场等。

地方标准中的《上海市普通中小学校建设标准》对中小学体育场馆要求得较为详细，表 4-34 是该标准中关于学校规模与活动场地面积关系的规定[2]。

其他省、自治区、直辖市在它们的中小学办学条件标准中也基本上都有关于中小学体育场馆配备的规定。此处不再一一列举。

（三）中国中小学体育器材标准

中国中小学体育器材标准基本上都是国家标准，而且种类非常多也非常详细，但是主要表现在质量标准方面。其中，大部分是关于性能质量的，还有一些为统一的安全质量规定。

1. 性能质量标准

表 4-35 开列的是目前能够查询到的中小学体育器材国家标准。这些标准的名

---

① 中国建筑标准设计研究院. 2011-10-12. 中小学校场地与用房（11J934-2）.

② 上海市教育委员会. 2004-05-10. 普通中小学校建设标准（DG/TJ08-12-2004）.

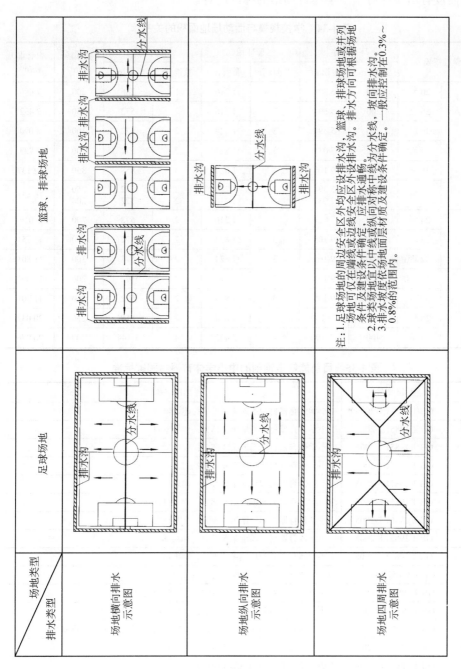

注：1. 足球场地的周边安全区外均应设排水沟，篮球、排球场地或列场地可仅在端线或边线边外设排水沟。排水方向可根据场地条件及建设条件确定，应排水通畅。
2. 球类场地宜以中线或中线为分水线，坡向排水沟。坡向对称纵向对称纵向场地面层材质及建设条件而定。
3. 排水坡度应依场地面层材质及建设条件确定，一般应控制在0.3%～0.8%的范围内。

排水类型 \ 场地类型	足球场地	篮球、排球场地
场地横向排水示意图		
场地纵向排水示意图		
场地四周排水示意图		

图 4-13 球类场地排水系统示意图

称虽然为《中小学体育器材和场地》，但是其中的内容基本上都是关于体育器材的，而没有出现针对中小学体育场馆的标准内容。

表 4-34　学校规模与活动场地面积的关系

学校规模		环形跑道		篮球场		排球场		器械场地/m²	合计面积/m²
		规格/m	面积/m²	数量/个	面积/m²	数量/个	面积/m²		
小学	20 班	200	5 394	2	1 216	1	286	200	7 096
	25 班	200	5 394	2	1 216	2	572	250	7 432
	30 班	200	5 394	3	1 824	2	572	300	8 090
九年制	27 班	250	7 031	3	1 824	2	572	300	9 727
	36 班	300	9 105	3	1 824	3	858	350	12 137
	45 班	200 250	5 394 7 031	2 2	1 216 1 216	2 2	572 572	250 200	16 451
初中	24 班	250	7 031	2	1 216	2	572	200	9 019
	28 班	300	9 105	3	1 824	2	572	250	11 751
	32 班	300	9 105	3	1 824	2	572	300	11 801
高中	24 班	300	9 105	2	1 216	2	572	200	11 093
	30 班	300	9 105	3	1 824	2	572	200	11 701
	36 班	400	17 100	3	1 824	3	858	250	20 032
	48 班	400	17 100	4	2 432	4	1 144	300	20 976

表 4-35　目前能够查询到的中小学体育器材国家标准

序号	标准文号	标准名称
1	GB/T 19851.1-2005	中小学体育器材和场地第 1 部分：建设器材
2	GB/T 19851.2-2005	中小学体育器材和场地第 2 部分：体操器材
3	GB/T 19851.3-2005	中小学体育器材和场地第 3 部分：篮球架
4	GB/T 19851.4-2005	中小学体育器材和场地第 4 部分：篮球
5	GB/T 19851.5-2005	中小学体育器材和场地第 5 部分：排球
6	GB/T 19851.6-2005	中小学体育器材和场地第 6 部分：软式排球
7	GB/T 19851.7-2005	中小学体育器材和场地第 7 部分：乒乓球台
8	GB/T 19851.8-2005	中小学体育器材和场地第 8 部分：乒乓球
9	GB/T 19851.9-2005	中小学体育器材和场地第 9 部分：羽毛球拍
10	GB/T 19851.10-2005	中小学体育器材和场地第 10 部分：网球拍
11	GB/T 19851.11-2005	中小学体育器材和场地第 11 部分：合成材料面层运动场地
12	GB/T 19851.12-2005	中小学体育器材和场地第 12 部分：学生体质健康测试器材
13	GB/T 19851.13-2007	中小学体育器材和场地第 13 部分：排球网柱、羽毛球网柱、网球门柱
14	GB/T 19851.14-2007	中小学体育器材和场地第 14 部分：球网
15	GB/T 19851.15-2007	中小学体育器材和场地第 15 部分：足球门
16	GB/T 19851.16-2007	中小学体育器材和场地第 16 部分：跨栏架

续表

序号	标准文号	标准名称
17	GB/T 19851.17-2007	中小学体育器材和场地第17部分：跳高架
18	GB/T 19851.18-2007	中小学体育器材和场地第18部分：实心球
19	GB/T 19851.19-2007	中小学体育器材和场地第19部分：垒球
20	GB/T 19851.20-2007	中小学体育器材和场地第20部分：跳绳
21	GB/T 19851.21-2007	中小学体育器材和场地第21部分：毽球、花毽
22	GB/T 19851.22-2007	中小学体育器材和场地第22部分：软式橄榄球

2. 安全质量标准

表4-36中开列的国家标准是部分与中小学体育装备相关的安全质量标准，这些标准基本上都是对体育器材直接或间接的通用安全性要求。

表4-36　部分与中小学体育装备相关的安全质量标准

序号	标准文号	标准名称
1	GB 190-2009	危险货物包装标志
2	GB 4943.1-2011	信息技术设备　安全第1部分：通用要求
3	GB/T 6675-2003	国家玩具安全技术规范
4	GB/T 9969.1-1998	工业产品使用说明书总则
5	GB 17498-1998	健身器材的安全　通用要求
6	GB 19272-2011	室外健身器材的安全　通用要求
7	QB/T 3826-1999	轻工产品金属镀层和化学处理层的耐腐蚀试验方法中性盐雾试验（NSS）法
8	QB/T 3832-1999	轻工产品金属镀层腐蚀试验结果的评价

中国中小学体育装备标准可以说是比较完善的，从体育场馆到体育器材、从配备标准到质量标准几乎是面面俱到。这种情况与中国政府对中国中小学体育活动和身体健康的重视程度是分不开的。

四、英国中小学体育装备标准特点

英国中小学体育装备标准同样分为中小学体育场馆标准和中小学体育器材标准，而标准类型也分为配备标准和质量标准。另外，英国政府同样对中小学生体育课程与中小学体育装备非常重视，所以在本节中也开列了英国政府关于中小学体育活动的政策文件。

（一）英国政府对中小学体育运动与装备的政策文件

近30年来，英国政府不断对中小学体育活动加大投入，同时颁布了一系列的相关文件。表 4-37 是英国政府对中小学体育运动与装备的部分政策文件（周冬，贾文彤，2015）。

表 4-37　英国政府对中小学体育运动与装备的部分政策文件

序号	文件名称	文件重点	发文年份
1	国家体育课程	是 1992 年颁布的国家体育课程的新版。规定学生的主要课程为舞蹈、游戏、体操、田径、户外冒险、游泳和水上安全	2000
2	体育：提升游戏	认为体育教师是完成目标的核心，竞争性游戏成为体育教师培训的主要内容。在一些特别项目上对体育教师按照教练要求进行培训	1995
3	游戏计划	任命学校体育协调员，创建体育专业院校。政府既关注学校体育中的运动，又注意发展体育教育	2002
4	体育教育、学校体育和俱乐部联结（PESSCL）	修建体育设施、创建体育专业院校、延长课后体育活动时间、任命学校运动协调员以及为有运动天赋青少年提供帮助。其中吸引青少年参与体育锻炼是主要目的之一	2003
5	关于青年人的体育教育和体育战略（PESSYP）	提出从重视竞争性运动发展到运动与体育教育并肩、并偏重体育教育的政策	2008
6	地方体育合作伙伴方案（CSPs）	提出"到 2020 年使英国成为一个最具活力和成功的体育民族"。成立地方体育合作伙伴的地方性组织，实现战略协调与计划、绩效管理和市场与沟通	2003
7	学校运动合作伙伴方案（SSPs）	成立学校体育合作伙伴组织，每个学校体育合作伙伴组织都会得到超过 25 万英镑的资金以开展各项活动	2003
8	国家体育管理组织 2013—2017 基金计划	在学校中建设可以持续利用的体育设施遗产；增进学校体育和社区体育俱乐部的链接	2013
9	学校运动会计划	打造校内、校际四级联赛。提出继承奥运会遗产的理念	2009

英国政府颁布的这些政策文件虽然没有具体到中小学体育装备的问题，但从文件关注内容可见，英国的中小学体育活动是紧紧地与社会体育活动、国家体育活动联系在一起的，是国家体育发展的重要组成部分，政府给予中小学体育活动非常巨大的重视和支持。

（二）英国中小学体育场馆标准

英国中小学体育场馆标准中对配备标准和质量标准没有做清晰的区分，对各项要求是分散在不同的标准中的，如关于学校建筑照明的标准、噪声环境的标准、通风标准、中小学建筑基本标准中都具有体育场馆的性能质量和配备要求。图 4-14 是在英国教育部颁布的《建筑公告 90：学校采光设计》标准中提供的中小学体育馆照明设计实际案例（Department for Education，1999）。

图 4-14　中小学体育馆照明设计实际案例

表 4-38 则是《建筑公告 93：学校声环境设计》标准中对中小学校室内体育馆、游泳池等的噪声环境要求。[①]

表 4-38　中小学体育馆、游泳池等的噪声环境要求

规定项目	新建场馆	返修场馆
体育馆室内环境噪声水平上限/dB	60	65
室内运动馆混响时间/s	≤1.5～2.0	≤2.0
室内游泳池混响时间/s	≤1.5～2.0	≤2.0
室内运动馆地板面积 Fa<180m²	混响时间=1.5s	
室内运动馆地板面积 Fa = 280～530m²	混响时间=2.0-（（530-Fa）/500）	
室内运动馆地板面积 Fa>530m²	混响时间=2.0s	

图 4-15 中，横坐标是学生座位数，纵坐标是小学体育场馆面积，单位是 m²。

（三）英国中小学体育器材标准

英国中小学体育器材标准多为质量标准，这些标准也都是国家标准。表 4-39 开列的只是部分标有 BS 的标准和个别标有 ISO 的标准，许多情况下英国是直接采用国际标准来执行的。可以看到，英国对中小学使用的体育器材标准规定也是十分详细和具体的。

---

① Department for Education. 2015. Building Bulletin 93：Acoustic Design for Schools.

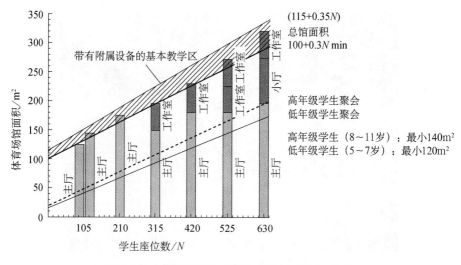

图 4-15 小学体育场馆面积与学生座位数的关系

表 4-39　英国中小学体育器材部分标准

序号	标准文号	标准名称（英文）	标准名称（中文）
1	BS 3191-2：1959	Specification for fixed playground equipment for schools. Rope equipment	学校固定操场设备规范。绳索设备
2	BS 3191-1：1959	Specification for fixed playground equipment for schools. General requirements	学校固定操场设备规范。一般要求
3	BS 1892-1	Gymnasium equipment-part 1：specification for general requirements	体育馆设备。第 1 部分：一般要求规范
4	BS 3191-3F：1965	Specification for fixed playground equipment for schools. Special requirements for steel parallel bars	学校固定操场设备规范。钢管双杠特殊要求
5	BS 3194-1：1960	Specification for portable equipment for physical education for use in nursery and primary schools. General requirements	托儿所和小学用便携式体育设备规范。一般要求
6	ISO 20957-1	Stationary training equipment-part 1：general safety requirements and test methods	固定训练设备。第 1 部分：一般安全要求和试验方法
7	BS 3194-2	Specification for portable equipment for physical education for use in nursery and primary schools. Design considerations	托儿所和小学用便携式体育设备规范。设计考虑
8	BS 3191-3B：1964	Specification for fixed playground equipment for schools. Special requirements for steel tubular climbing apparatus	学校固定操场设备规范。钢管攀登器的特殊要求
9	BS 3191-3G：1965	Specification for fixed playground equipment for schools. Special requirements for steel window ladders	学校固定操场设备规范。钢窗梯的特殊要求
10	BS 3191-3E：1965	Specification for fixed playground equipment for schools. Special requirements for steel horizontal ladders	学校固定操场设备规范。钢水平梯的特殊要求
11	BS 3194-3	Specification for portable equipment for physical education for use in nursery and primary schools. Loading	托儿所和小学用便携式体育设备规范。加载问题

续表

序号	标准文号	标准名称（英文）	标准名称（中文）
12	BS 3191-3A：1961	Specification for fixed playground equipment for schools. Special requirements for steel tubular assault poles	学校固定操场设备规范。钢管攻击杆特殊要求
13	BS 3191-3C：1964	Specification for fixed playground equipment for schools. Special requirements for frames for climbing ropes，rope ladders，hand rings and trapeze bars	学校固定操场设备规范。登山绳、绳梯、吊环和横杆等构件的特殊要求
14	BS 3191-3D：1964	Specification for fixed playground equipment for schools. Special requirements for steel tubular horizontal bars	学校固定操场设备规范。钢管单杠的特殊要求
15	ISO 8124-4	Safety of toys-part 4：swings，slides and similar activity toys for indoor and outdoor family domestic use. See also ISO FDIS 8124-4	玩具安全。第4部分：室内和室外家用秋千、滑梯和类似活动玩具。参见ISO FDIS 8124-4

五、中英中小学体育装备标准异同

在比较研究中，发现不同点有时比发现相同点更加重要，因为它可以使参与比较的双方相互借鉴、找出差距、解决问题。但是，发现相同点也会对我们有启发，如在完全不同的文化背景下为什么会对一个问题有相同的认知，这将反映出该问题的文明程度。文明一定趋同，文化必须求异，在中英中小学体育装备标准的异同分析中，我们希望发现两国在教育装备发展方面的文明问题和文化问题，这对于中国教育装备的发展是非常有意义的。

1）中英两国政府都在中小学体育活动方面十分重视，与学校教育的其他领域（教室设备、实验室仪器设备、图书装备、信息化装备等）相比较，双方政府在学校体育教育（健康教育）和学校体育装备方面颁布的国家标准都是非常详细、具体而又丰富的。

2）中国地大人多，各个地区的文化、经济情况差异较大，所以在标准制式方面具有地方标准。英国在土地与人口方面的情况与中国不同，所以也就不具有地方标准。于是，两国在中小学体育装备的标准化方面就产生了较大差异性，中国的中小学体育装备的配备标准主要体现在地方标准中，而英国的中小学体育装备配备标准则很少出现，即使出现也都是在国家标准中。其实，配备标准的提出是希望解决教育的均衡性问题，在教育均衡性较差的地区必须重视配备标准的建设，而在教育均衡性不突出的地区配备标准的作用就不大了。

3）英国中小学体育装备标准给出的技术参数往往通过公式或图像来进行描述，给出的指标更多的是一个参考范围；而中国中小学体育装备标准的技术参数则多为固定值。这反映了英国标准的建议性、参考性、自愿性特点，而中国标准的强制性相对比较强。但是中国的标准化正在向非强制性方面发展，2016年1

月，国务院办公厅颁布了《强制性标准整合精简工作方案》，该方案规定："对现行强制性国家标准、行业标准和地方标准及制修订计划开展清理评估"，要求将大部分强制性标准进行废止或转化为推荐性标准。

4）中国国家教育委员会制定的《学校体育工作条例》中"将学校体育器材纳入教学仪器供应计划"的要求反映出：学校体育器材（中小学体育装备）属于教育装备而不属于体育装备，这一概念界定与我们本章第一节的分析是完全一致的。

5）安全质量要求在中小学体育装备标准方面表现突出，在中英两国都存在相同的问题。中国在中小学体育装备的安全问题上表现更加突出，如"毒跑道"事件就曾经产生了巨大的影响，也为我们在中小学体育装备标准的研究上敲响了警钟。

中英中小学体育装备标准的比较研究在整个中英中小学教育装备标准化比较研究中占据着重要的地位，是我们研究的重点问题。这里做的研究还十分肤浅，更加深入的研究期待业内人士共同来完成。希望本书能够起到引玉的作用，将我国教育装备标准化问题的研究提升到一个更高的水平。

第五节　中英中小学教育信息化标准

教育信息化是当前发展的热点，加强教育信息化标准建设工作也是推进教育信息化的重要内容。通过分析讨论中国与英国中小学信息技术装备标准化方面存在的差异性，找出其原因和优劣，对进一步发展我国教育装备信息化、标准化建设具有重要的意义。

一、中小学信息技术装备与教育装备

讨论中小学信息技术装备标准，涉及中小学教育信息化的问题。相对于教育其他领域的概念，教育信息化是一个崭新的研究课题，中小学教育信息化以及中小学教育信息化的标准化在全世界都是一个热点问题，需要进行探讨的内容十分丰富，所以提出的相关概念也十分多。在分析中英中小学信息技术装备的异同之前，必须对一些相关概念进行界定，以使我们的讨论更有针对性，逻辑更加清晰。

（一）中小学教育信息化建设

1993 年美国政府提出了建设"国家信息基础设施"（national information infrastructure）的概念，亦称"信息高速公路"（information superhighway）计划，其特点是发展以国际互联网（internet）为核心的信息技术（information technology）并在社会各领域广泛应用。这一计划也包括教育领域，称为教育信息化（education informatization）。

1. 中国的教育信息化

中国的教育信息化运动出现在 20 世纪 90 年代后期，至今已有 20 多年的历史。开始时主要是在中国高等院校范围进行信息化建设，当时最为有名的就是接入了国际互联网的中国教育和科研计算机网（China Education and Research Network，CERNET）。而中国中小学教育信息化建设开始得比较晚，真正进入实质性建设时期应该是 21 世纪初，标志性建设工程为 2003 年开始的农村中小学现代远程教育工程。

2010 年 7 月，国务院正式发布了《国家中长期教育改革和发展规划纲要（2010—2020 年）》。该文件由 4 部分组成（总体战略、发展任务、体制改革、保障措施），其中的第四部分保障措施中第十九章（加快教育信息化进程）共有 3 个操作性措施：（五十九）加快教育信息基础设施建设、（六十）加强优质教育资源开发与应用、（六十一）构建国家教育管理信息系统。后来，这 3 个操作性措施被归结为一个专用名词："三通两平台"。其中"三通"是对"加快教育信息基础设施建设"的具体描述，即"宽带网络校校通、优质资源班班通、网络学习空间人人通（或无线网络全覆盖）"；"两平台"则是指建设"教育资源公共服务平台"和"教育管理公共服务平台"，分别是对操作性措施中"加强优质教育资源开发与应用"和"构建国家教育管理信息系统"的具体描述。

2012 年 3 月，教育部根据《国家中长期教育改革和发展规划纲要（2010—2020 年）》的精神组织编写和发布了《教育信息化十年发展规划（2011—2020 年）》。该规划提出了"基本实现宽带网络的全面覆盖""基本建成人人可享有优质教育资源的信息化学习环境""教育管理信息化水平显著提高"等教育信息化发展目标，并针对中小学信息化发展制订了许多具体而量化的目标，如"到 2015 年，宽带网络覆盖各级各类学校，中小学接入带宽达到 100Mbps 以上，边远地区农村中小学接入带宽达到 2Mbps 以上"，等等。

2. 英国的教育信息化

英国的信息化行动应该是欧洲最早的。早在 1989 年，在美国的信息高速公路计划之前，英国就提出了"计算机用于教学创新"（computers in teaching initiative）计划；1995 年，提出"教育高速公路——前进之路"计划；1997 年，开始推进"国家学习网"（national grid for learning）计划和"学科教学中应用 ICT 教师能力培训"计划；2000 年，建立"E-University 计划（2001—2004）"；2005 年，制订了"下一个十年'高等教育机构应用 E-learning 的战略计划'（2006—2016）"。2007 年，英国中小学校园的互联网接入比例已为 75%，每百名中小学生拥有计算机数量为 19.8 台，中小学校园局域网建设比例为 73.4%（陈俊珂，孔凡士，2007）。2010 年，根据英国教育供应商协会的调查，65% 的小学和 63% 的中学都具有很好的计算机使用条件。英国全国中小学计算机配备情况在 2010 年为 254 万台，2014 年为 272.2 万台。

（二）中小学信息技术装备与教育装备

在中小学教育信息化建设中所应具备的硬件条件和软件条件统称为学校信息技术装备。其中硬件条件为网络终端的计算机（包括台式机、笔记本、平板电脑、移动终端等）、构成网络节点的服务器（WEB 服务、FTP 服务、DNS 服务等）、组成链路的网络设备（路由器、交换机等）、网络机房中的各种设施设备以及教室中的多媒体设备（计算机、投影机、电子白板等）等；软件条件则是指教育教学资源软件（课程资源、课件资源、电子教材等）和教育管理软件（学籍管理、实验室管理、图书管理等）。所有这些设施设备都是人工制造的，同时它们又都是学校重要的教育教学资源，根据教育装备是人工教育资源的定义，学校信息技术装备应该属于教育装备的范畴，中小学信息技术装备属于学校信息技术装备，所以也属于教育装备的范畴。

中国使用的"信息技术"（information technology）一词来源于美国，简称 IT；对此，英国使用的词为"信息通信技术"（information communications technology），简称 ICT；以下对于中国中小学信息技术装备我们就简称为中小学 IT 装备，而对英国中小学信息技术装备则简称为中小学 ICT 装备。

（三）中小学信息技术装备相关概念

在中国，与中小学信息技术装备相关的概念有很多，如教育装备、教育技术装备、学校信息技术装备、多媒体教学装备等，为了能对下面讨论的问题表述得更加清晰，此处将这些概念以及它们之间的关系做一个界定。其中，中小学信息技术装备属于学校信息技术装备。

1. 学校信息技术装备与教育技术装备

中国的"教育技术"（educational technology）概念来源于美国的教学技术（instructional technology），而其在中国的发展则起源于电化教育（以下简称"电教"）。中国早期的电教设备仅有"三机一幕"（光学投影机、幻灯机、收录机和银幕），以后发展到开始配备电视机、计算机、投影机等多媒体设备以及各种互联网仪器设备。随着电化教育被更名为教育技术，这些仪器设备的名称也开始使用教育技术装备来统称。根据前文我们对学校信息技术装备的解释，那里所谓的学校信息技术装备其实就是这里的教育技术装备，即学校信息技术装备（或学校IT装备）与教育技术装备是同义词。

2. 学校信息技术装备与多媒体教学装备

多媒体教学装备通常是指在教室中配备的投影机、电子白板（或投影幕）、教师用计算机（以下简称"教师机"）、多媒体中央控制机（以下简称"中控机"）以及音箱等设备。由于这些设备通过中控机构成了一个完整的系统，而且该系统又通过教师机链接到校园网或国际互联网，所以这个被称为多媒体教学系统的整体就被认为是学校信息技术装备的一部分。这样，这个多媒体教学系统也就属于教育技术装备的一部分。

3. 教育装备与教育技术装备

对教育技术装备可以有两种理解：一个是"教育之技术装备"，即教育教学中的技术装备；另一个是"教育技术之装备"，即教育技术范围内的装备。因为装备是人工制造的资源（或人工打造的工具），则其必然含有技术成分，所以技术装备就是装备，则"教育之技术装备"其实就是教育装备。"教育技术之装备"是教育技术范围内的装备，其实也就是我们前面讨论过的学校信息技术装备，它们包括计算机网络设备和多媒体教学设备，而不包含像传统物理、化学、生物实验室中的那些仪器设备，也不包括教室中的传统黑板粉笔、教师讲台、学生课桌椅等教学用设施设备和教学耗材。图4-16反映了学校信息技术装备相关概念之间的关系。

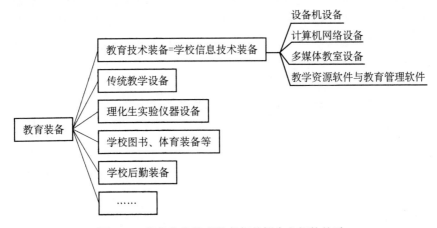

图4-16　学校信息技术装备相关概念之间的关系

二、中小学信息技术装备相关标准类型

中小学信息技术装备属于教育装备，教育装备标准分配备标准与质量标准，所以中小学信息技术装备标准也就分为中小学信息技术装备配备标准和中小学信息技术质量标准两部分。此处，我们没有使用简称中小学 IT 装备和中小学 ICT 装备，是因为还没有对中、英学校信息技术装备进行区分。

（一）中小学信息技术装备配备标准

中小学信息技术装备配备标准是一个不好抉择和不易实施的技术难题，这与信息技术的高速发展有着必然的联系。信息技术是建立在计算机和互联网基础上迅速发展起来的新技术，其发展开始阶段遵循的"摩尔定律"早已失效，仅中国国内计算机网络设备的更新周期就已经从前些年的 5 年一周期逐步变为 3 年一个更新周期。在这种情况下如果制定一个过于详尽的配备标准会十分尴尬，使得配备标准尚未出炉，新的产品和技术已经布满市场；或者配备标准才颁布，但是所配设备的技术规格就已经十分落后。所以，无论在中国还是在英国，除了基本的信息化环境配备要求以外，中小学信息技术装备几乎都不具有信息化产品的配备标准。

（二）中小学信息技术装备质量标准

中小学信息技术装备质量标准本身应属于工业产品标准，教育领域重新为教育行业制定一套产品质量的行业标准是完全没有必要的，因为这些产品相对于工业产品标准既不可能规定更高的技术标准，也不允许规定更低的技术标准。所以，中小学信息技术装备质量标准只有并非仅针对教育行业的国际标准、国家标准和企业标准（或英国的公司标准），而不会出现教育行业的行业标准和各个地域的地方标准。

三、中国中小学 IT 装备标准特点

2016 年 6 月，教育部颁布了《教育信息化"十三五"规划》。这是继 2012 年颁布《教育信息化十年发展规划（2011—2020 年）》以来又制定的一个针对教育信息化进行指导的重要文件。该文件在 5 个地方提到了标准问题，分别是：①加强网络安全标准建设；②将学校网络教学环境和备课环境建设纳入义务教育学校建设标准；③加快制定数字教育资源相关标准规范；④建立健全教师信息技术应

用能力标准；⑤将教育信息化作为学校基本办学条件，纳入学校建设基本标准和区域、学校评价指标体系。其中两处涉及学校建设的基本信息化环境配备标准（②和⑤），一处涉及教育信息化资源软件质量标准（③）。

（一）中国教育信息化标准化管理机构

对教育信息化进行标准化工作具体管理的机构在中国有两个，一个是全国信息技术标准化技术委员会教育技术分技术委员会，另一个是中国教育技术协会技术标准委员会。这两个机构前一个是由国家标准化管理委员会正式批准的，后一个则是由中国教育技术协会组建的。

1. 全国信息技术标准化技术委员会教育技术分技术委员会

2000 年，教育部科技司组织力量研制现代远程教育技术标准，2001 年，成立了现代远程教育技术标准化委员会，2002 年，更名为教育部教育信息化技术标准委员会，同年，经中国国家标准化管理委员会（SAC）批准成为全国信息技术标准化技术委员会（SAC：TC28）教育技术分技术委员会（CELTSC）。CELTSC 承担着全国教育技术、教育信息化相关标准的研制、认证和应用推广工作。2003 年，CELTSC 提出了教育技术标准体系（China E-Learning Technology Standard，CELTS）。表 4-40 所示为 CELTS 标准项目清单。

表 4-40　CELTS 标准项目清单

类别	通用规范	专用规范
指导类	系统架构与参考模型（CELTS-1）	
	术语（CELTS-2）	
	基于规则的 XML 绑定技术（CELTS-4）	
	标准本地化与例化应用（CELTS-25）	
	标准上层本体（CELTS-28）	
学习资源类	学习对象元数据（CELTS-3）	教育资源建设规范（CELTS-41）
		基础教育资源元数据应用规范（CELTS-42）
	课程编列（CELTS-8）	
	内容包装（CELTS-9）	
	测试互操作（CELTS-10）	
	内容分级（CELTS-29）	
学习者类	学习者模型（CELTS-11）	
	学生身份标识（CELTS-13）	
	学力定义（CELTS-14）	
	终身学习质量保障（CELTS-15）	

续表

类别	通用规范	专用规范
学习环境类	平台与媒体标准组谱（CELTS-17）	
	企业接口（CELTS-19）	
	学习管理（CELTS-20）	
	协作学习（CELTS-16）	
	工具/代理通信（CELTS-18）	
	虚拟实验（CELTS-26）	
	自适应学习（CELTS-27）	
教育管理类	网络课程评价（CELTS-22）	
	教学环境评价（CELTS-23）	
	教学服务质量管理（CELTS-24）	
	教育管理信息化数据标准（CELTS-30）	教育管理信息系统互操作规范（CELTS-40）

2. 中国教育技术协会技术标准委员会

2010 年，中国教育技术协会组建成立了中国教育技术协会技术标准委员会。中国教育技术协会要求该委员会专门研究教学环境、教学资源工程、信息化教学设备的相关技术标准，并规定它制定出受学校欢迎的、切实可行的标准，为学校的信息化建设做出积极的贡献。

中国教育技术协会技术标准委员会共由 6 个工作组组成，即物理环境工作组、音频系统工作组、视频系统工作组、智能化控制工作组、系统集成工作组和语言实验室工作组。该委员会出版的《多媒体教学环境工程建设规范》共计 6 册，第一册至第六册分别为：建筑物理、信息网络、供配电系统设计规范；音频系统设计规范；视频系统设计规范；多媒体智能控制系统技术规范；数字语言学习环境设计规范和系统集成技术规范。

（二）地方性中小学 IT 装备配备标准

2010—2014 年，中国相继有许多省份发布了中小学 IT 装备的地方性配备标准，如《重庆市中小学信息技术配备标准》、《四川省中小学信息技术教育基本配备标准》、《河北省中小学教育信息资源配备标准（试行）》、《江苏省小学信息技术装备标准》、《福建省小学信息技术装备标准》、河南省的中小学《信息技术设备配置标准（设备参照现在市价为准）》等。

教育装备配备地方标准是根据学校规模和地方经济、环境等特点而对教育装备配备的种类、数量等做出的标准规定。所以，上述地方标准基本都是按照这个原则对中小学 IT 装备做出了合理的基本配置要求。但是，由于我们在前文讨论过的信息技术产品更新速度快的特点，上述标准中对许多信息技术产品的配备数量要求都不得不使用"若干"台、套等含糊的数量规定。并且，自 2015 年以后基本上不再有上述这样的中小学 IT 装备地方配备标准出台，上述那些已经出台的地方标准也失去了作用，而仅在地方性的中小学办学条件标准中有基本信息化环境建设方面的配备要求。从中可见中小学 IT 装备配备标准的无奈和无效，进而更加提示我们建立教育装备元标准的必要性和紧迫性。

（三）国家信息技术装备产品质量标准

前文讨论过，信息技术装备产品质量标准不存在针对中小学 IT 装备要求的标准，其实也基本上不存在针对教育信息化要求的质量标准。当今世界上信息技术的发展水平标志着一个国家现代工业的发展水平和现代化水平，信息技术装备产品的标准就是工业化标准，这样的标准要应用到各个领域，其中也包括教育领域。对信息技术装备的产品质量标准与对教育装备产品质量标准要求一样，应该具有性能质量、安全质量和功能质量 3 个方面的要求，其中对教育装备功能质量的要求即教育教学适用性要求。就这一点来说，目前中国信息技术装备产品的质量标准还只有性能质量与安全质量两方面的内容。

1. IT 产品性能质量要求

中国信息技术装备的性能质量标准以国家标准为主，其中一些也转化于或等同采用国际标准。表 4-41 开列了部分关于信息技术产品性能质量规定的强制性国家标准，表 4-42 开列了部分关于信息技术产品性能质量规定的非强制性（推荐性）国家标准。因非强制性性能质量标准较多，表 4-42 只选择了发布日期为 2017 年 5 月 31 日，实施日期为 2017 年 12 月 1 日，而且与中小学 IT 装备要求最为贴近的一些标准。[①]

表 4-41　部分关于信息技术产品性能质量规定的强制性国家标准

序号	标准号	标准名称	发布日期
1	GB 12904-2008	商品条码零售商品编码与条码表示	2008-11-07
2	GB 15629.1101-2006	信息技术系统间远程通信和信息交换局域网和城域网特定要求第 11 部分：无线局域网媒体访问控制和物理层规范：5.8GHz 频段高速物理层扩展规范	2006-01-27
3	GB 15629.1104-2006	信息技术系统间远程通信和信息交换局域网和城域网特定要求第 11 部分：无线局域网媒体访问控制和物理层规范：2.4GHz 频段更高数据速率扩展规范	2006-01-27

---

① 国家标准全文公开系统. http://www.gb688.cn/bzgk/gb/index

BSI Shop.https://shop.bsigroup.com/en/ProductDetail/?pid=000000000030168355&t=r.

TDA. Standards for classroom teachers. 2006. http://www.tda.gov.uk/upload/resources/pdf/d/draft_revised_standards_framework_jan_2007.pdf.

续表

序号	标准号	标准名称	发布日期
4	GB 18030-2005	信息技术中文编码字符集	2005-11-08
5	GB 19966-2005	信息技术通用多八位编码字符集（基本多文种平面）汉字 16 点阵字型	2005-11-08
6	GB 19967.1-2005	信息技术通用多八位编码字符集（基本多文种平面）汉字 24 点阵字型第 1 部分：宋体	2005-11-08
7	GB 15629.1102-2003	信息技术系统间远程通信和信息交换局域网和城域网特定要求第 11 部分：无线局域网媒体访问控制和物理层规范：2.4GHz 频段较高速物理层扩展规范	2003-05-12
8	GB 15629.11-2003	信息技术系统间远程通信和信息交换局域网和城域网特定要求第 11 部分：无线局域网媒体访问控制和物理层规范	2003-05-12
9	GB 16959-1997	信息技术信息交换用藏文编码字符集基本集	1997-09-02

表 4-42　部分关于信息技术产品性能质量规定的非强制性（推荐性）国家标准

序号	标准号	标准名称	发布日期	实施日期
1	GB/T 15629.16-2017	信息技术系统间远程通信和信息交换局域网和城域网特定要求第 16 部分：宽带无线多媒体系统的空中接口	2017-05-31	2017-12-01
2	GB/T 30269.1001-2017	信息技术传感器网络第 1001 部分：中间件：传感器网络节点接口	2017-05-31	2017-12-01
3	GB/T 30269.802-2017	信息技术传感器网络第 802 部分：测试：低速无线传感器网络媒体访问控制和物理层	2017-05-31	2017-12-01
4	GB/T 30996.2-2017	信息技术实时定位系统第 2 部分：2.45GHz 空中接口协议	2017-05-31	2017-12-01
5	GB/T 33782-2017	信息技术学习、教育和培训教育管理基础代码	2017-05-31	2017-12-01
6	GB/T 33847-2017	信息技术中间件术语	2017-05-31	2017-12-01
7	GB/T 33848.1-2017	信息技术射频识别第 1 部分：参考结构和标准化参数定义	2017-05-31	2017-12-01
8	GB/T 33850-2017	信息技术服务质量评价指标体系	2017-05-31	2017-12-01
9	GB/T 33851-2017	信息技术系统间远程通信和信息交换基于双载波的无线高速率超宽带物理层测试规范	2017-05-31	2017-12-01
10	GB/T 33853-2017	中文办公软件文档格式网络应用要求	2017-05-31	2017-12-01
11	GB/T 9813.3-2017	计算机通用规范第 3 部分：服务器	2017-05-31	2017-12-01

2. IT 产品安全质量要求

安全质量标准基本上都是强制性国家标准，表 4-43 开列了部分关于信息技术产品安全质量规定的强制性国家标准。[①]

---

① 国家标准全文公开系统. http://www.gb688.cn/bzgk/gb/index

BSI Shop.https://shop.bsigroup.com/en/ProductDetail/?pid=000000000030168355&t=r.TDA. Standards for classroom teachers. 2006. http://www.tda.gov.uk/upload/resources/pdf/d/draft_revised_standards_framework_jan_2007.pdf.

表 4-43　部分关于信息技术产品安全质量规定的强制性国家标准

序号	标准号	标准名称	发布日期
1	GB 4943.23-2012	信息技术设备安全第 23 部分：大型数据存储设备	2012-12-31
2	GB 4943.1-2011	信息技术设备安全第 1 部分：通用要求	2011-12-30
3	GB 17859-1999	计算机信息系统安全保护等级划分准则	1999-09-13

四、英国中小学 ICT 装备标准特点

英国不具有专门为中小学 ICT 装备制定的标准，但是这不意味着英国中小学 ICT 装备没有标准，也更不能说英国的教育信息化发展不够先进。本节将从英国政府关于中小学信息化相关政策文件和国家对信息技术产品质量的要求方面分析其中小学 ICT 装备的标准化情况。

（一）英国政府关于中小学教育信息化相关政策文件

1995 年，英国政府推出"教育高速公路——前进之路"行动计划的同时，时任首相托尼·布莱尔宣布了《英国网络年》的五年计划。1996 年，英国教育与技能部对中小学国家课程进行了修订，增加了 ICT 课程。1997 年，英国政府宣布在公立学校的教与学中普遍运用 ICT，这项计划的目的是用 ICT 装备学校，让学校接入 Internet，并建立了国家学习网（National Grid for Learning，NGfL）以向学校提供教育信息资源。同时要求中小学生学会必要的 ICT 技能，适应信息化时代的需要。1998 年，英国政府公布了《我们的信息时代》政策宣言，指出政府要改革教育，在教育中利用 ICT 技术（陈俊珂，孔凡士，2007）。

2000 年，英国中小学施行新的国家课程标准，将 ICT 课程列为义务教育阶段的必修课。2008 年，英国教育传播与技术署（British Education Communication and Technology Agency，BECTA）公布了《利用技术：新一代学习（2008—2014）》信息化战略文件，确立了下一阶段英国教育信息化的核心战略目标。2011 年，英国教育标准局（Ofsted）发布了《学校中的 ICT（2008—2011）》（*ICT in schools 2008—2011*）分析报告，该报告提出应大力加强中小学 ICT 教学，有效提高学生 ICT 考试的水平。2012 年，英国皇家学会发布《关闭还是重新开始：英国中小学计算机教学方法》（*Shutdown or restart？The way forward for computing in UK schools*）报告，提出要进一步加强中小学生的 ICT 教育。2014 年，英国将中小学的 ICT 课程改为计算机课程（computing）。2016 年，英国发布《教育部 2015—2020 战略规划：世界级教育与保健》的教育发展战略文件，制定了未来五年的教

育发展战略与规划，其中提出要大力推进 STEM 课程的开设率和提升相关课程的质量。

（二）英国教育部建筑公告中的 ICT 设施相关规定

英国教育部颁布的建筑公告中都有关于中小学 ICT 教室的建筑标准规定，如《建筑公告 93：学校声环境设计》对中小学 ICT 教室的声环境有详细的规定。表4-44 是该公告中对 ICT 教室声环境方面的要求（Department for Education，2015）。

表 4-44　建筑公告中对 ICT 教室声环境方面的要求

项目	新建筑	翻修建筑
室内环境噪声水平上限值/dB	40	45
最大声压级/dB	60	65
混响时间/s	≤ 0.8	≤ 1.0

又如，《建筑公告 90：学校采光设计》对中小学 ICT 教室的采光有详细的规定。图 4-17 是从该标准中的截图，它规定了计算机桌面以及计算机屏幕采光光路的具体要求（Department for Education，1999）。

图 4-17　对 ICT 教室计算机桌面以及计算机屏幕采光光路的具体要求

（三）英国 ICT 产品质量国家标准

英国对 ICT 产品有着复杂而严格的技术要求，在产品质量标准方面具有性能质量标准和安全质量标准，这些标准都是国家标准，而且许多又是国际标准（ISO）、欧洲标准（EN）和国际电工委员会标准（IEC）进行转化或等同采用的。英国中小学 ICT 装备的产品质量要遵照这些标准执行。

1. ICT 产品性能质量要求

英国 ICT 产品性能质量国家标准非常多，表 4-45 只选登了 2017 年颁布的部分标准。从它们的标准文号可以看出，这些标准基本上都是由 ISO、EN 和 IEC 标准转化或等同采用而来的。

表 4-45 英国 ICT 产品性能质量国家标准选登

标准文号	标准名称（英文）	标准名称（中文）
BS ISO/IEC 19086-3：2017	Information technology. Cloud computing. Service level agreement（SLA）framework. Core conformance requirements	信息技术，云计算，服务水平协议（SLA）框架，核心的一致性要求
BS ISO/IEC/IEEE 8802-3：2017	Information technology. Telecommunications and information exchange between systems. Local and metropolitan area networks. Specific requirements. Standard for Ethernet	信息技术，系统间的电信和信息交换，局域网和城域网，具体要求，以太网的标准
BS ISO/IEC 29341-30-1：2017	Information technology. UPnP Device Architecture. IoT management and control device control protocol. IoT management and control architecture overview	UPnP（通用即插即用，universal plug and play）设备架构，物联网管理与控制设备控制协议，物联网管理控制体系结构概述（IoT 是 Internet of things 的简写，即物联网）
BS EN ISO 9241-333：2017	Ergonomics of human-system interaction. Stereoscopic displays using glasses	人机交互工效学，立体显示器用玻璃
BS ISO/IEC 9594-8：2017	Information technology. Open Systems Interconnection. The Directory. Public-key and attribute certificate frameworks	信息技术，开放系统互连，目录，公钥和属性证书框架
BS ISO/IEC 9594-1：2017	Information technology. Open Systems Interconnection. The Directory. Overview of concepts，models and services	信息技术，开放系统互连，目录，概念、模型和服务的概述
BS ISO/IEC 9594-5：2017	Information technology. Open Systems Interconnection. The Directory. Protocol specifications	信息技术，开放系统互连，目录，协议规范
BS ISO/IEC 29341-30-10：2017	Information technology. UPnP Device Architecture. IoT management and control device control protocol. Data store service	信息技术，UPnP 设备架构，物联网管理与控制设备控制协议，数据存储服务
BS ISO/IEC 9594-6：2017	Information technology. Open Systems Interconnection. The Directory. Selected attribute types	信息技术，开放系统互连，目录，选择属性类型
BS ISO/IEC 9594-7：2017	Information technology. Open Systems Interconnection. The Directory. Selected object classes	信息技术，开放系统互连，目录，选定对象种类
BS EN 62766-3：2017	Consumer terminal function for access to IPTV and open internet multimedia services. Content meta-data	接入 IPTV 和开放互联网多媒体业务的用户终端功能，内容元数据
BS EN ISO 9241-112：2017	Ergonomics of human-system interaction. Principles for the presentation of information	人机交互系统，对信息呈现的原则
BS ISO/IEC 9594-4：2017	Information technology. Open Systems Interconnection. The Directory. Procedures for distributed operation	开放系统互连，目录，分布式操作规程

续表

标准文号	标准名称（英文）	标准名称（中文）
BS EN 62766-2-2：2017	Consumer terminal function for access to IPTV and open internet multimedia services. HTTP adaptive streaming	接入 IPTV 和开放互联网多媒体业务的用户终端功能，HTTP 自适应流媒体
BS ISO/IEC 9594-9：2017	Information technology. Open Systems Interconnection. The Directory. Replication	信息技术，开放系统互连。目录，复制
BS ISO/IEC 9594-2：2017	Information technology. Open Systems Interconnection. The Directory. Models	信息技术，开放系统互连、目录，模型
BS ISO/IEC 20000-6：2017	Information technology. Service management. Requirements for bodies providing audit and certification of service management systems	信息技术，提供服务管理系统审计和认证机构的要求

资料来源：BSIShop.https://shop.bsigroup.com/en/Product Detail/?pid=000000000030168355&t=r.

2. ICT 产品安全质量要求

表 4-46 是英国 ICT 产品安全质量国家标准选登，其中除了信息技术服务管理类标准外，大部分同样是由 ISO、EN 和 IEC 标准转化或等同采用而来的。

表 4-46　英国 ICT 产品安全质量国家标准选登

标准文号	标准名称	备注
BS ISO/IEC 27001：2005/BS 7799-2：2005	Information technology. Security techniques. Information security management systems. Requirements	信息技术，安全技术，信息安全管理系统，要求
BS ISO/IEC 27002：2005/BS 7799-1：2005	Information technology. Security techniques. Code of practice for information security management	信息技术，安全技术，信息安全管理实用规程
BS ISO/IEC 27005：2011	Information technology. Security techniques. Information security management systems. Requirements	信息技术，安全技术，信息安全管理系统，要求
BS ISO/IEC 27035：2011	Information technology. Security techniques. Information security incident management	信息技术，安全技术，信息安全事件管理
BS ISO/IEC 27003：2010	Information technology. Security techniques. Information security management system implementation guidance	信息技术，安全技术，信息安全管理体系实施指南
BS ISO/IEC 27036-3	Information technology. Security techniques. Information security for supplier relationships. Part 3. Guidelines for ICT supply chain security	信息技术，安全技术，供应商关系的信息安全，第3部分，信息和通信技术供应链安全指南
BS ISO/IEC 27031	Information technology. Security techniques. Guidelines for ICT readiness for business continuity	信息技术，安全技术，ICT业务连续性的准备指南
BS PAS 700：2009	Provision of ICT facilities and services in workplaces. Specification	在工作场所提供信息技术设施和服务规范
BS 15000-1：2002	ICT service management-Specification for service management	信息技术服务管理-服务管理规范
BS 15000-2：2003	ICT service management-Code of practice for service management	信息技术服务管理-服务管理实务守则
BS ISO/IEC 24759：2017	Information technology. Security techniques. Test requirements for cryptographic modules.	信息技术，信息安全，密码模块的测试要求

资料来源：BSIShop.https://shop.bsigroup.com/en/ProductDetail/?pid=000000000030168355&t=r.

五、中英中小学信息技术装备标准异同

中国与英国中小学信息技术装备标准的差异不是很大，在许多方面都是大致相同的，但仍然存在一些细微差异。分析中英中小学信息技术装备标准的异同，对学习教育装备的先进管理经验、管理科学知识都是非常有益的。

1）英国中小学信息技术装备不具有配备标准。中国中小学信息技术装备配备标准只出现在一些地区的地方标准中，但是很快就失去了其效能。但是在中小学教育信息化基本配备条件方面两国都是非常重视的，都把它确定为学校基本建设的条件标准和评价标准。

2）中英的教育信息化起点基本上是同时的，都经历了 20 多年的发展。但是从发展理念上看，英国在不断地提出新的东西，如在中小学信息技术课程建设方面，英国从 1996 年开始的 ICT 课程，到 2014 年修改为计算机课程，到 2016 年又提出了 STEM 课程的新概念。在这方面，中国的变化显得比较迟缓。

3）"中英教育技术与教育装备比较研究"项目组在走访英国中小学校时注意到，英国中小学的信息技术硬件设备的先进水平远远落后于中国的中小学，但是英国计算机软件开发与应用水平却比中国高出很多。英国中小学计算机软件尤其是在教育教学管理平台建设和应用上做得有声有色，从学生学籍管理、教师教学水平管理、图书设备管理等，到学生多元能力测评与教师教学能力测评的各种软件充斥着各个中小学校园。这方面是值得我们关注和必须奋力追赶的。

4）对于中小学信息技术装备标准，软件标准化建设的重要性要远大于硬件标准化建设。这个标准化过程必然涉及学校计算机软件的教育教学适用性问题，也包括技术与教学整合问题，这不仅事关教育信息化的最终效果，更影响着教育深化改革与内涵发展的进程（李正福，2015）。"信息技术与课程整合"的要求是要使得信息技术在教学中表现得就像黑板与粉笔一样，信息技术产品要想做到这一点就必须花费大力气来研究。需要注意的是，这项研究课题的巨大投入不能只依靠企业，政府必须参与其中。

第五章

中英教育装备产品的标准化发展

第一节　中英教育装备产业结构差异

2016 年 10 月 2—12 日，英国繁荣基金项目"中英教育技术与教育装备比较研究"项目组部分人员赴英国进行实地考察。考察期间与英国教育供应商协会（BESA）及其旗下的众多企业会员单位进行了深入交流，其间还参观了一些相关的中小学校。在此次考察的基础上，通过数据分析对中英两国教育装备行业做比较，以此来发现合作机会和在发展中得到有益的借鉴。

一、中国教育装备行业协会与英国教育供应商协会

CEEIA 是中国教育装备行业协会的英文缩写。而 BESA 是英国教育供应商协会的英文缩写。这两个协会在各自国家的功能和地位相当，可以用来进行对比分析。

首先，两个协会下的企业其服务对象都是基础教育和学前教育。CEEIA 下企业的服务主要是针对中国的中小学校和幼儿园，BESA 下企业的服务则主要针对英国的 primary school（相当于中国的小学，但学生年龄在 4～11 岁）和 secondary school（相当于中国的中学，但学生年龄在 12～18 岁），以及年龄为 3～4 岁孩子早期教育阶段的幼儿园。

从两个协会规模上看，CEEIA 具有会员单位 2659 个[①]，而 BESA 的会员单位数量只有 325 个，仅从数量上看似乎两个协会在规模上相差太大，没有可比性。但是如果进一步对它们的服务对象数量进行分析，就可以看出可比性的条件所在。据教育部公布的数据[②]，2015 年全国小学校为 19.05 万所，初中校为 5.24 万所，高中校为 2.49 万所，总计为 26.78 万所。这是一个粗略的统计，因为没有区分九年制与十二年制学校存在造成对数量的影响。据 BESA 提供的数据，2015 年英国全国中小学校数量为 32 175 所。CEEIA 会员单位数与 BESA 会员单位数之比为 2659：325≈8.18：1，中国中小学校数与英国中小学校数之比为 267 800：32 175≈8.32：1，两个比例数相差很小，说明两个协会的规模作用具有可比性。

---

① 中国教育装备行业协会会员查询系统. http://so.ceiea.com/.
② 教育部. 2015.2015 年全国教育事业发展统计公报.

同时，两个协会都具有一定的历史经验。CEEIA 的前身为中国教学仪器设备行业协会，于 1986 年成立，至今已有 31 年的历史。BESA 的历史更长，已经有 80 多年的教育服务历史，具有非常丰富的经验。

二、两协会成员构成比例分析

BESA 成员构成比例如图 5-1 所示。其中：

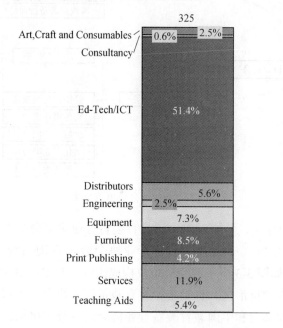

BESA Members/Launchpad

图 5-1　BESA 成员构成比例

1）Art，Craft and Consumables 是教育类艺术、工艺与耗材生产厂商，占比为 2.5%。

2）Consultancy 是与教育相关的咨询公司，占比为 0.6%。

3）Ed-Tech／ICT 可理解为教育技术/信息通信技术厂商，相当于我们的教育信息化产品生产厂商，占比为 51.4%。

4）Distributors 是产品经销商，占比为 5.6%。

5）Engineering 是教育工程策划类公司，占比为 2.5%。

6）Equipment 是教学仪器设备生产厂商，占比为 7.3%。

7）Furniture 是教学家具生产厂商，占比为 8.5%。

8）Print Publishing 是教育类印刷出版公司，占比为 4.2%。

9）Services 是教育服务类公司，包括系统集成商，占比为 11.9%。

10）Teaching Aids 是教具与学具生产厂商，占比为 5.4%。

相比之下，CEEIA 的会员要复杂得多，为了能够进行对比分析，我们先将 CEEIA 的会员做一简单分类（图 5-2）。

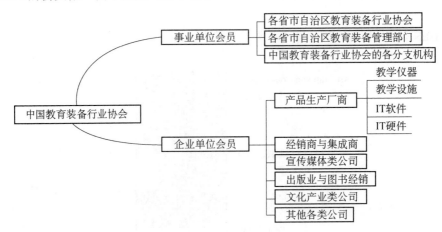

图 5-2　CEEIA 会员单位分类

根据图 5-2 的分类，并通过对中国教育装备行业协会会员查询系统提供的会员单位信息进行分析（中国教育装备行业协会会员查询系统，http：//so.ceiea. com/），可以得到如图 5-3 所示的会员单位构成比例。其中，事业单位是事业单位会员，包括了各省（自治区、直辖市）教育装备行业协会、各省（自治区、直辖市）教育装备管理部门和中国教育装备行业协会的各分支机构；图书出版是出版业与图书经销商；媒体类是宣传媒体类公司；文化类是文化产业类公司；图中的其他则是指其他各类公司。以下据此进行详细的对比分析。

1）CEEIA 成员中以经销商与集成商的所占比例为最大，达到了 40.43%。其中经销商一般没有自己的产品，只是代理经销其他厂商的产品。而集成商有时会拥有自己的少量产品，但在整个销售额中所占比重很小，往往是为了巩固自己的市场而加入自己独特的小量产品。在 BESA 的成员中经销商与集成商的比例比较小，只占 17.5%（=5.6%+11.9%）。说它不足是因为集成商只是服务商中的一部分。

2）CEEIA 成员中教育信息化产品的生产厂商占比非常小，其中 IT 硬件厂商占比为 3.46%，IT 软件产品厂商或开发商的占比仅为 1.35%，两项之和为 4.81%，而且硬件厂商数大于软件厂商数。BESA 成员中教育技术/信息通信技术厂商占比则非常大，达到了 51.4%，超过了半数。通过与 BESA 交流还了解到，在这些教育信息化产品生产厂商中软件厂商的数量远大于硬件厂商。

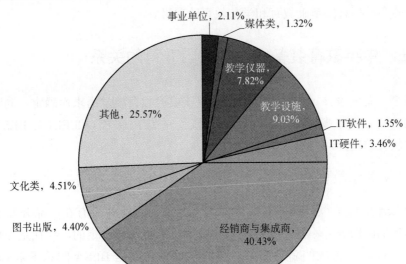

图 5-3 CEEIA 会员单位构成比例

3）CEEIA 成员中有超过 1/4 的其他各类公司，占比为 25.57%。把它们放在其他类中是因为它们的产品或所经营的项目并不是纯粹为教育教学而设计的，只不过可以用到学校中或教学当中。例如，一些投影机、计算机、触摸屏、显微镜等设备生产厂商，它们的产品主要是商业用途或属于家电业，但是因为这些产品也能够用于教育教学，所以它们也就成为 CEEIA 的会员。而在 BESA 会员中则几乎没有与其对应的厂商，BESA 的会员基本都是纯粹从事教育服务的。

4）CEEIA 的事业单位会员中有全国各省、自治区、直辖市的行业协会，这些地方行业协会下属的企业会员也为数不少，并且有一些企业是同时作为 CEEIA 会员和地方行业协会会员而以两种身份存在的。英国则没有这种地方性的教育装备行业协会，BESA 在各地也没有分支机构，这点与 CEEIA 完全不同。其实在 BESA 的成员中是不存在事业单位性质会员的。

5）CEEIA 成员中的教学仪器生产厂商占比为 7.82%，教学设施生产厂商占比为 9.03%，两项合计为 16.85%。对应到 BESA 中，教学仪器设备生产厂商占比为 7.3%，教学家具生产厂商占比为 8.5%，教具与学具生产厂商占比为 5.4%，3 项合计为 21.2%。两个协会这方面成员的占比还是比较相近的。

6）CEEIA 的经销商和集成商除了做中小学、幼儿园的项目以外，还要做普通高等学校和职业院校的项目，有时一个公司的两方面项目每年数量已经非常接近，并且它们还要做其他非教育领域的项目。这种现象在 BESA 中是不存在的，BESA 的会员都只做基础教育和学前教育的项目。

三、中英教育装备行业与本国教育的关系

教育装备的设计、开发与生产首先应该根据教育教学需求而确定，同时教育装备的功能必须能够解决教育教学中的问题。在这一点上，CEEIA 与 BESA 之间存在比较大的差异。

（一）关于教育教学需求的问题

CEEIA 的成员以经销商与集成商为主，说明企业并没有在产品开发上下功夫，即他们的服务并不是从学校的教育教学需求出发而设定的，往往是先掌握了新的技术或其他领域的新型装备，再向学校输送。据 BESA 的总干事 Caroline Wright 女士介绍，他们企业产品开发的主要人员基本上都是有教学经验的教师，他们最了解学校教学的需求，教育装备产品的开发完全是从学校需求出发的。而且教育信息化产品生产厂商在 BESA 的成员中占大多数，可认为这是一种良性结构。

中国教育装备行业大量的经销商与集成商能够很好地生存下来一定有它的道理，我们在这里不对它的优劣进行评论。但是应该指出，如果不从教育教学需求出发而盲目进行教育装备配备，其结果肯定会严重影响教育装备行业发展，也必将影响教育的正常发展。

（二）关于解决教育困境的问题

人们认为中国基础教育的最大困境是培养了大量"高分低能"的人，为此而掀起了以素质教育为导向的教育教学改革。素质教育就是"德育为先，能力为重"的教育，除了道德养成教育以外，培养和提高学生的能力成为问题的焦点。这里有 3 个基本问题必须解决：①学生需要培养和提高哪些能力；②怎样培养和提高这些能力；③如何对这些能力培养和提高的水平进行测量与评价。在与 BESA 成员进行交流的过程中，发现他们有大量的企业（教育信息化产品生产厂商）从事学生与教师各种能力培养和提高方面的培训软件、测量评价软件的产品开发。虽然他们在这些软件开发上时间并不是很长，只有几年或十几年的历史，但是他们在能力训练和测量评价的研究上已经有几十年的经验了。

中国教育装备行业要想有大的发展，就必须在解决中国基础教育的根本问题上发挥作用，就必须首先解决学生与教师在能力培养和提高的培训、测量、评价方面的技术问题，在这些方面开发出适宜中国教育教学环境的教育信息化产品。

（三）关于教育装备标准化的问题

教育装备标准化有配备标准和质量标准两个方面的问题。配备标准是教育领域特有的，其他领域或行业几乎都没有配备标准，而教育装备配备标准的作用主要是在实现教育均衡发展方面发挥作用。质量标准是对教育装备产品质量的规定，它应该包含 3 方面的内容：性能质量、安全质量和功能质量。性能质量是指产品在几何结构、物理、化学、生物、电气等特性上的技术指标规定，它是由生产该产品的行业进行认定的，因为教育装备基本都属于工业产品，所以它们的性能质量几乎都是由相应的工业标准来规定。安全质量是指产品在涉及使用者个人、生态环境、社会与国家安全方面的规定，它是由国家进行强制认证的。可见教育装备的性能质量与安全质量都不是教育部门能够解决的问题。功能质量是对产品在教育教学适用性方面的规定，必须由教育部门进行科学测量和认证，但它还仅处于研究阶段（艾伦，2015）。所以在国内教育装备的质量标准是一个热点问题。

此次赴英国考察的目标之一是了解英国教育装备的标准化进程，与中国教育装备标准做比较研究。但是在与 BESA 进行交流时得知，英国目前在基础教育阶段并不存在教育装备的配备标准。其实，美国、英国、澳大利亚的教育经历了"进步""平等"两个时期，并于 20 世纪 80 年代后已经进入"卓越"期，教育均衡问题已经基本解决（冯大鸣，2004），所以他们不需要以教育装备配备标准来促进教育均衡发展。另外，20 世纪 90 年代英国施行了"教育分权化"政策，教育财政方面政府放权，而学校校长掌握着财政大权（冯大鸣，2004）。据 BESA 的总干事 Caroline Wright 女士介绍，政府对聘用来的学校校长足够信任，认为他们是教育专家，相信他们十分清楚学校教学环境建设的需求，由他们自己决定各种设施与装备的配备，不需要标准文件对学校的配备物进行规定。通过 BESA 会员企业对自己产品的介绍，可以看到他们更加关心学生与教师能力的标准化问题，在能力培训和测量评价方面有着严格遵循的标准。

四、中国教育装备行业的改革与发展

中国的教育事业需要改革与发展，中国的教育装备行业同样需要进行改革与发展。教育装备行业必须关注基础教育的两个关键问题：一个是素质教育问题，一个是教育均衡问题。

（一）教育装备与素质教育

素质教育是国策，是"德育为先，能力为重"的教育，"高分低能"是素质教育要解决的问题。而研究表明中小学校的教育装备投入对提高学生考试成绩无效，但是与学生能力的提高确存在一定的关系。

1966 年美国的《科尔曼报告》、2006 年英国 KCL 和 UCL 的相同研究以及 2016 年教育部教育装备研究与发展中心（以下简称"装备中心"）的研究指出，在基础教育阶段教育装备的投入水平与学生的学业水平（中考成绩与高考成绩）没有相关性，当然也就不存在因果性关系。但是装备中心的进一步研究表明，学校教育装备投入水平与学生各种能力水平的提高确实具有显著相关性，有可能存在因果关系。所以教育装备行业，特别是致力于教育信息化产品开发的企业，应该借鉴 BESA 相关企业对学生与教师能力培训、测量等方面产品研发以及标准建立的经验，为中国中小学素质教育做出贡献。

（二）教育装备与教育均衡

教育均衡最基本的要求是在教育机构和教育群体之间，平等地分配教育资源，达到教育需求与教育供给的相对均衡，并最终落实在人们对教育资源的分配和使用上。教育装备是基础性教育资源，是保障教育均衡不断提高的底线。教育装备行业一方面要严格执行相关标准，保证达标产品、高质量产品送进校园、送到学生手上；另一方面还要加强产品研发，不断提高产品的性能和质量，提高产品对教育教学的服务效果，并为相关标准的研制和出台提供实践支撑。同时，要不断提高产品的性价比，努力使每个学生都能够用上物美价廉的教育教学产品。

第二节 英国教育科技的能力测评软件评析

教育装备工作关注学生的能力培养、测量与评价问题，不仅在中国教育装备工作中是这样定位的，就是在大洋彼岸的英国也不例外，而且他们在这方面已经做出了突出成绩，产出了大量成果。这里将要对英国教育科技（educational technology）产品中学生能力测量评价软件和功能进行介绍、分析，了解其所关注的能力类型与测评目的，为促进我国教育装备发展提供有益的借鉴。

一、英国教育科技产品中涉及的学生能力类型

英国教育科技产品中涉及的学生能力类型很多，使用的名称也不太统一，归

纳起来大致有以下这些。

（一）体能健康测评

该类产品是通过一系列体育运动能力的测量，对学生身体素质与健康情况进行评价的软件。此类产品如 Driving Technology。该产品同时还可以对学生体能测量的情况进行记录和分析，并能够在一定程度上提供体能发展预测。

（二）心理健康测评

该类产品是用于测量自我意识（self-awareness）、自我调节（self-regulation）、动机（motivation）、同情心（empathy）和社交能力（social skills）的软件。此类产品如 Emotional Literacy，The Cornwall Learning Skills for Life Programme 等。

（三）阅读能力测评

该类产品用于测量学生的英文阅读能力。此类产品如 Suffolk Reading Scale（SRS）；YARC（约克大学阅读和语言中心开发）等。

（四）认知能力测评

该类产品通过语言交际能力、非语言交际能力、数学能力、空间意识 4 个维度来测量认知能力，并提供全国平均能力水平作为参照。测试条件不受课标材料和母语学习的影响。此类产品如 Cognitive Ability Tests（CAT4），The Complete Digital Solution（CDS），Lucid CoPS Quick Reference Guide，Lucid LADS Plus Quick Reference Guide 等。

（五）推理能力测评

该类产品有基于课标用于测量英语的文学能力、非文字的逻辑推理能力以及定量推理能力的软件，可在线进行测评，即时出分，并提供给学生和家长成绩报告。也有测量语言推理能力、非语言推理能力、学龄前儿童推理能力、6～14 岁儿童空间推理能力类的软件。此类产品如 Placement Test；Verbal Reasoning and Non Verbal Reasoning 等。

（六）学科学习能力测评

该类产品主要测量学生英语、科学、数学 3 个学科学习能力，其中又细分为拼写能力、通读能力、学习态度、理解能力、记忆能力、视觉压力、解决问题能力等方面。此类产品如 Progress Test Series（PTS），New Group Reading Test

（NGRT），Times Table Wizard，Assessment Beyond Levels，InCAS 等。

二、能力测量标准

根据英国教育标准局（Ofsted）制定的国家课程质量标准，每年要对 7 岁、11 岁、14 岁、16 岁学生的核心课程（英语、科学、数学）学业成绩进行测量，这些年龄分别对应不同的关键学段（表 5-1）。为了能够更加理解各学段的定位，表 5-1 中同时开列了英国各个关键学段与中国各学段的对应关系。英国与中国的初中毕业中考和高中毕业高考相类似的标准化考试有两个：一个是 GSCE 考试，中文名称为普通初级中等教育证书，是英国学生（13～15 岁）完成第一阶段中等教育所参加的主要会考；另一个是 A-Level 考试，中文名称为普通高级中等教育证书，是英国学生（16～18 岁）的大学入学考试。

表 5-1　中英中小学学制对照

关键学段	大致年龄	年级	对应中国学段
关键学段 1（key stage 1）	5～7 岁	1～2 年级	小学
关键学段 2（key stage 2）	7～11 岁	3～6 年级	小学
关键学段 3（key stage 3）	11～14 岁	7～9 年级	初中
关键学段 4（key stage 4）	14～16 岁	10～11 年级	高中

Ofsted 除了规定对各个学段进行测量的国家课程内容标准外，还规定了对这些内容掌握程度的标准框架，而具体标准（标准考试）的规定则是由生成标准试题库与标准试卷的企业自行设定。但是，具有这种资质的企业不多，在英国只有一两家，其中最著名的是 Hodder 教育集团（Hodder Education Group）。为了保证试题库与试卷以及试卷生成系统能够符合标准框架，相关企业会将每次考试的试题与成绩提供给大学研究机构进行可信性和有效性方面的统计分析。

在学生能力测量方面，英国没有统一的国家标准，各种测量软件使用的测量方法都只依据自行制定的企业标准或行业标准。而这些标准基本上也都只具有标准框架，没有形成具体详细的标准化文件。

三、英国教育科技产品能力测评软件统计

为了能够对英国教育科技产品中学生能力测量评价的软件有更加深入的了解，这里对 BESA 网站上链接到的相关企业产品进行了统计。需要说明的是：

1）这并不是英国全部企业产品的情况，但是已经占据了英国全国同类企业

的大约 60%。

2）在统计过程中，由于网站链接和一些登录限制问题，在数量上难免会有一些疏漏。

3）由于学生体能健康测评软件产品只有一个网站链接到企业，所以在下面的统计表格中就不对此类产品再做开列。表 5-2 ～表 5-6 分别开列了心理健康测评软件、阅读能力测评软件、认知能力测评软件、推理能力测评软件以及学科学习能力测评软件的情况。

4）这里仅对网站链接到的软件产品数量进行简单统计，并做一些必要解释。

5）对能力测评软件的分类方法并非我们自己的意愿，这样的分类尊重了企业的原意，是在不破坏原来按类存放的基础上做出的整合。

表 5-2　心理健康测评软件

序号	软件名称	软件描述	参考网址
1	HADS Quick Reference Guide	针对焦虑和抑郁，自测评分。可用 115 种语言进行测评	https://gl-education.com/products/hospital-anxiety-and-depression-scale-hads/
2	Emotional Literacy	测评学生的情感素养。测量自我意识、自我调节、动机、同理心和社交能力。包含教师版、学生版和家长版问卷	https://gl-education.com/products/emotional-literacy/
3	The Cornwall Learning Skills for Life Programme	测评综合学习技能。包括测量社交、情感、语言交流和认知能力	https://gl-education.com/products/the-cornwall-learning-skills-for-life-programme/
4	Family Relations Test Quick Reference Guide	家庭关系测试（儿童版）。测量儿童对家庭每一个成员正面和负面的情绪，以及评估儿童与家庭成员之间互相尊重的程度	https://gl-education.com/products/family-relations-test-childrens-version-frtc/
5	HADS Quick Reference Guide	精神健康问卷调查。测量未成年人（非幼儿）临时性的精神障碍	https://gl-education.com/products/general-health-questionnaire-ghq/
6	MCMHPW Quick Reference Guide	精神健康问卷调查。通过试卷测评学生的心理健康，测试后提供全方位的教师干预指导	https://gl-education.com/products/measures-of-childrens-mental-health-psychological-wellbeing/
7	Schedule of Growing Skills	幼儿行为发展测试。通过积木、玩偶、形状等彩色玩具作为测量工具，在玩中完成测评过程。测量维度包括：主动姿势、被动姿势、多动症、动手能力、视觉能力、听觉和语言、讲话和语言、社交能力、自我意识	https://gl-education.com/products/schedule-of-growing-skills-sgs/

表 5-3　阅读能力测评软件

序号	软件名称	软件描述	参考网址
1	Dyslexia Screener	评测学生是否有诵读困难。分为 6 个测验，从能力、成绩和诊断特征 3 个方面进行，每个方面的测评有 2 个	https://www.gl-assessment.co.uk/products/dyslexia-screener-portfolio-and-guidance/

续表

序号	软件名称	软件描述	参考网址
2	Lucid LASS Quick Reference Guide	阅读能力测试。用于发现学生是否有阅读困难和学习困难。包括视觉记忆、听觉言语记忆、语音阅读技巧、语音处理能力、单词阅读、句子阅读、拼写、推理等	https://gl-education.com/products/lucid-lass/
3	Lucid Exact Quick Reference Guide	初中生具体的阅读问题。针对 11~24 岁的学生，测试包括示词、阅读理解、阅读速度、拼写、手写听写、打字听写等	https://gl-education.com/products/lucid-exact/
4	YARC	深度测评学生的阅读和理解能力。一对一诊断性阅读测试，分小学和初中学段	https://gl-education.com/products/york-assessment-of-reading-for-comprehension-yarc/
5	BPVS3	测试学生是否有词汇发展延迟。通过图片做无字测试，教师根据图片做一对一提问	https://gl-education.com/products/british-picture-vocabulary-scale-bpvs3/
6	PhAB2	PhAB2 针对英语学生，PhAB 针对第二外语为英语的学生。多角度测试学生是否有语音发展困难。共分 6 个测试，分别测试如下 6 个维度：分辨音素能力、发音反应速度、押韵、区别相似音素能力、流利度、断词能力	https://gl-education.com/products/phonological-assessment-battery-phab/
7	WellComm	语言发展潜能测量	https://gl-education.com/products/wellcomm/
8	Suffolk Reading Scale（SRS）	阅读能力的发展。试题类型为多选和完成句子，分小学和初中学段	https://gl-education.com/products/suffolk-reading-scale-srs/
9	Star Reading	阅读能力测评。电脑测试，根据全国课标、学生学习情况和教学情况，为学生的阅读能力打分并推荐阅读资源	http://www.renlearn.co.uk/star-reading/

表 5-4 认知能力测评软件

序号	软件名称	软件描述	参考网址
1	The Complete Digital Solution（CDS）	包括 3 套测量工具： 1）能力测试工具：CAT4 2）成绩测试工具：通过 Baseline，Progress Test Series，New Group Reading Test，Single Word Spelling Test 4 个测试显示与学生认知水平不符的成绩异常。 3）学习态度测试工具：通过 Dyslexia Screener，Pupil Attitudes to Self and School（PASS），Kirkland Rowell Survey 测试学生学习过程中存在的态度或情绪问题，如不够自信等	https://www.gl-assessment.co.uk/products/complete-digital-solution-cds/
2	Cognitive Ability Tests（CAT4）	通过语言交际能力、非语言交际能力、数学能力、空间意识 4 个维度测量认知能力，并提供全国平均能力水平作为参照。测试不受课标材料和母语学习的影响	https://www.gl-assessment.co.uk/products/cognitive-abilities-test-cat4/
3	Lucid Rapid Quick Reference Guide	句子理解能力。能测量出任何类型的阅读困难。电脑测评。为进一步细化测评，得到更为准确的结果，完成本测评后可以继续完成如下测评：Lucid CoPS Cognitive Profiling System，LASS 8-11 and LASS 11-15	https://gl-education.com/products/lucid-rapid/

序号	软件名称	软件描述	参考网址
4	Lucid CoPS Quick Reference Guide	阅读困难或学习困难的测评。用 5 分钟的小游戏进行测评	https://gl-education.com/products/lucid-cops/
5	Lucid LADS Plus Quick Reference Guide	评测因记忆而引起的阅读困难。主要针对受过精神伤害或因外因能力有缺陷的人。测试在 25～30 分钟内完成，成绩自动生成，并配有测试成绩说明手册	https://gl-education.com/products/lucid-lads-plus/
6	Lucid Recall Quick Reference Guide	记忆能力测试。包括测量单词重现能力、视觉重现能力和数字重现能力	https://gl-education.com/products/lucid-recall/
7	Lucid Comprehension Booster Quick Reference Guide	评测理解能力、学习策略。通过多样的上下文设计活动，提高学生的理解能力，该活动极少需要老师或家长的监督	https://gl-education.com/products/lucid-comprehension-booster/
8	Lucid Memory Booster Quick Reference Guide	解决学生记忆困难问题。通过系列紧张有趣的活动，帮助孩子建立有效的记忆方法，有 6 个难度级别	https://gl-education.com/products/lucid-memory-booster/
9	Star Early Literacy	幼儿认知能力测评。电脑测试，测量幼儿文学和数学能力，根据测试结果向家长做出幼儿阅读建议	http://www.renlearn.co.uk/star-early-literacy/

表 5-5　推理能力测评软件

序号	软件名称	软件描述	参考网址
1	Placement Test	语言能力和推理能力测量。基于课标，测量英语文学能力、非文字的逻辑推理能力以及定量推理能力。在线测评，即时出分，包括给学生和家长的成绩报告	https://gl-education.com/placement
2	Verbal Reasoning and Non Verbal Reasoning	综合推理能力测评。包括语言推理能力、非语言推理能力、学前儿童推理能力、6～14 岁儿童空间推理能力	https://gl-education.com/products/verbal-reasoning-and-non-verbal-reasoning/
3	PISA-Based Test for Schools	在线答题测试，基于 PISA 的 OECDprogram，提供全国平均水平作为参考值，自动形成报告	https://www.nfer.ac.uk/schools/pisa-based-test-for-schools/

表 5-6　学科学习能力测评软件

序号	软件名称	软件描述	参考网址
1	Assessment Beyond Levels	基于课标的能力测评，为全国标准测试。在线测评，学生测试结果将与全国平均标准对比	http://www.cem.org/levels
2	ASPECTS	综合教师观察和软件测试来测评 3～5 岁孩子的知识和能力。一对一测评，基于故事阅读，测量学生的文学和数学能力	http://www.cem.org/aspects
3	BASE	合格水平测试 baseline。综合成绩测评，在线测评，即时生成测评报告。也包括动态观察测评。测量维度包括：文学，数学，交际	http://www.cem.org/reception-baseline-assessment
4	AfE Primary 1-PIPS P1	学习能力测评。一对一测试，学生在电脑上完成测试，教师控制电脑并观察测试过程。测量维度包括：文学、数学。针对苏格兰课标，测评学生入学第一年的学习发展情况，并为第二年升学提供依据	http://www.cem.org/afe-primary-1-pips-p1

序号	软件名称	软件描述	参考网址
5	AfE InCAS P2-P7	学习能力和学习态度测评。学生独立在线完成。测量维度包括：阅读、拼写、数学、心算、学习能力发展、学习态度。针对苏格兰课标，测评学生入学第2～7年主要学习方面的发展情况，并对学生未来的学术发展提供相关数据	http://www.cem.org/afe-incas-p2-p7
6	InCAS	学习能力和学习态度测评。学生独立在电脑上完成测评，测量5～11岁学生主要学习方面的发展情况，并对学生未来的学术发展提供相关数据。测量维度有：阅读、拼写、数学、心算、能力发展、学习态度	http://www.cem.org/incas
7	MidYIS	学习能力测评。学生在电脑上自主完成测评，测评维度包括：词汇、数学、非语言能力、学术技能	http://www.cem.org/midyis
8	INSIGHT	学习能力和学习态度测评。基于课标的测评，学生独立在电脑上完成，测量维度包括：阅读能力、数学能力、科学能力、发展和学习态度	http://www.cem.org/insight
9	Yellis	合格水平测试，secondary版的baseline。学生独立电脑完成，测量维度包括：词汇、数学、非语言能力	http://www.cem.org/yellis
10	AfE S1/S2 Baseline Assessment - MidYIS	学习能力测评。针对苏格兰地区的MidYIS。学生在电脑上自主完成测评，测评维度包括：词汇、数学、非语言能力、学术技能	http://www.cem.org/afe-s1-s2-baseline-assessment-midyis
11	AfE S2 Curriculum Assessment - SOSCA	学习能力测评。基于苏格兰课标，学生独立在电脑上完成，测量维度包括：阅读、数学和科学	http://www.cem.org/sosca
12	Alis	学习能力测评。和GCSE成绩有同等效力，集合格水平测试和选拔性测试于一身，学生独立在电脑上完成测试，测试维度包括：词汇、数学和非语言能力	http://www.cem.org/alis
13	CEM IBE	学习能力测评。以IB学位项目标准，集合格水平测试和选拔性测试于一身，学生独立在电脑上完成测试，测试维度包括：词汇、数学和非语言能力	http://www.cem.org/cem-ibe
14	Baseline	英语和数学的能力（文理基础能力）测评。通过三段无文字的图片测试，在入学前和学年末测试小学一年级的学生能力，包括文学、语言、交流和数学能力	https://www.gl-assessment.co.uk/products/baseline-and-baseline-progress/
15	New Group Reading Test（NGRT）	测评分为两部分：完成句子——测量解码和基本理解能力；篇章理解——逐步提高难度，测量理解能力；阅读能力较弱的学生将需要完成拼读能力测试	https://www.gl-assessment.co.uk/products/new-group-reading-test-ngrt/
16	Single Word Spelling（SWST）	拼写能力测评。基于全英国的课标，包含高频词、文学词汇和拼写填空3个测试类别	https://www.gl-assessment.co.uk/products/single-word-spelling-test-swst/
17	Pupil Attitudes to Self and School（PASS）	学习态度测评。定位可能影响学生成绩的因素。通过8个维度测试影响学生成绩的不良情绪	https://www.gl-assessment.co.uk/products/kirkland-rowell-surveys/

续表

序号	软件名称	软件描述	参考网址
18	Lucid ViSS Quick Reference Guide	视觉压力（暗敏感综合征）测试。通过电脑上的动画测试	https://gl-education.com/products/lucid-viss/
19	Progress Test Series（PT Series）	英语、数学和科学 3 个学科小学学段的成绩和发展情况测评。PT Series 是基于课标的学科测评	https://www.gl-assessment.co.uk/products/progress-test-series/
20	Progress Test in English（PTE）	英语学科测评，是独立的测试产品，也是 PT Series 的组成部分。主要测量 5～14 岁学生的英语技能（包括拼写、语法和标点的正确使用）以及阅读理解的能力。通过逐年测试和全国平均水平参照为教师提供支持	https://www.gl-assessment.co.uk/products/progress-test-in-english-pte/
21	Progress Test in Maths（PTM）	数学学科测评，是独立的测试产品，也是 PTE 的组成部分。主要从两个维度对数学学习进行测量：①对课标范围内数学知识的理解；②通过推理和解决问题理解和应用数学知识。通过逐年测试和全国平均水平参照为教师提供支持	https://www.gl-assessment.co.uk/products/progress-test-in-maths-ptm/
22	Progress Test in Science（PTS）	科学学科测评，是独立的测试产品，也是 PTE 的组成部分。针对课标要求进行测评，适合 7～14 岁学生	https://www.gl-assessment.co.uk/products/progress-test-in-science-pts/

图 5-4 是对上述列表中各类测评软件数量的简单统计，从中可以看出学科学习能力的测评软件最多，其次为阅读能力和认知能力测评软件，体能健康和推理能力测评软件的数量最少。我们暂且认为这个分布是合理、科学的，因为它毕竟是从需求出发而逐步形成的，并经过了 80 多年历史的考验（BESA 于 1933 年成立，已有 80 多年的历史）。虽然前期并没有相关的计算机软件产品，但是在这些方面的能力测量上有着相当丰富的经验。

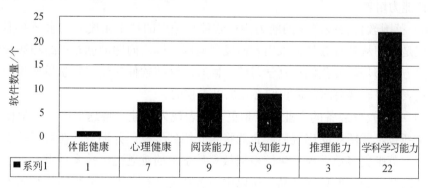

图 5-4 各类软件数量统计情况

四、分析与评论

从上述统计的情况可以看出：

1）这些能力测评的对象主要是分布在学前、小学和中学等关键学段的学生。

2）关注最多的能力是学科学习能力，它们以英语、科学、数学这 3 个学科为主。

3）英国特别重视学前和小学关键学段学生对英语学习的拼写能力、阅读能力、通读能力、理解能力的基本要求，其作用相当于中国"双基"教育的扫除文盲工作。中国人使用的汉字属于象形文字，汉字数量众多且存在一字多音的现象，所以存在文盲，文盲就是见字不会发音和不知其意。英文属于拼音文字，只有 26 个字母，不会出现文盲现象，但是拼写障碍、阅读障碍、理解障碍是必须解决的问题。

4）数学也是英国中小学特别重视的学科，英国中小学生的数学学习能力比起中国学生要差很多，这不能否认中国的数学教学水平以及学习方法始终处于世界领先地位。举例来说，中国学生从小背诵的乘法口诀使他们面对简单的算术计算可以脱口而出，而英国学生在算术计算时几乎都需要回归到加法运算。加强数学学习能力和数学运算能力是英国学生学科学习能力中非常重要的组成部分。

5）英美提倡的 STEM〔science（科学）、technology（技术）、engineering（工程）、mathematics（数学）〕教育是根据他们自己国情提出的，并且重点不在于这 4 个方面的知识，而是 4 个方面的能力。其中科学方面重视分析能力，数学方面重视计算能力，技术方面重视综合能力，工程方面则重视设计能力。在中国推进 STEM 教育理念时应做具体分析，针对中国学生现状有侧重地实施综合能力与设计能力培养。

6）英国教育科技产品的能力测评软件从采用的技术角度看其水平并不是太高，但是他们从教育教学需求出发而发现问题、解决问题的创新思路和活跃新颖的方式方法都是需要我们认真学习的。同时，这些软件在建立数学模型和创建算法上也表现得非常突出，是我们必须加以重视的。

7）中国教育装备的产业特点是更多地表现为企业"推送"产品到学校，即当一个新技术或新产品出现后，企业将它介绍到学校，并期望其在教育教学中发挥作用。英国更多地表现为学校根据教育教学中的难题提出技术需求，再与企业一起共同开发相应的技术产品。所以中国教育装备行业的产品推销商和系统集成商数量要远大于产品生产厂商，而英国在这方面恰恰相反（艾伦，2016）。中国教育装备发展应注意逐步改变这种"推送"模式。

8）由于中英之间存在巨大的文化差异，将上述能力测评软件不加分析、不加修改地直接引进使用是不可取的，必须进行本地化改造。

第三节　英国教育科技教师 CPD 培训工具评析

英国教育科技产品中，除了辅助学生学习、学校教育管理、学生能力测评等功能软件产品外，表现最突出的就属教师专业培训方面的软件平台工具产品了。这里对英国基础教育教师持续专业发展（continuing professional development，CPD）培训工具的软件平台进行介绍与分析，了解其特点与优势，为促进我国教育装备发展提供有益的借鉴。

一、新形势下的教师专业发展

1966 年，联合国教科文组织与国际劳工组织在《关于教师地位的建议》中提出了"教师专业化发展"的概念。我国于 20 世纪 80 年代针对教师职前与职后教育提出教师专业发展问题，这是为教育改革提供合格教师的重要决策。教师专业发展是指教师在专业精神、专业理论、专业知识以及专业技能等方面得到全面深入的提高与发展，以适应教育改革的需要。

进入 21 世纪，在新形势（或新常态）下，教师专业化发展又被赋予了新的内涵。新形势下国家各行各业的专业人员都被要求具有"工匠精神"，具有工匠精神的条件是首先要具有"契约精神"，就是要与自己从事的职业签订一个"卖身契"，终身为其服务。而作为专业教师则首先应具备将毕生献给教育事业的专业精神，只有在这个精神和思想的指导下才可能得到专业理论、专业知识、专业技能的提高和发展。

英国教育科技中教师 CPD 培训工具软件平台产品即体现出了这种精致的工匠精神，其在教师专业技能方面尤其突出。

二、英国教师专业化标准

2007 年，英国开始实行由学校培训和发展机构 TDA（Training and Development Agency for Schools）制定的《教师专业标准框架》（*Professional Standards for Teachers*）。该标准包括了合格教师（qualified teacher status）标准（记作 Q 组块）、入职教师或普通教师（induction/main scale teacher）标准（记作 IM 组块）、

有经验教师或资深教师（performance threshold/senior teacher）标准（记作 P 组块）、优秀教师（excellent teacher）标准（记作 E 组块）和高级技能教师（advanced skills teacher）标准（记作 A 组块）5 个标准主体组块。同时，每个标准主体组块又分为以下 3 个维度（TDA. Standards for classroom teachers，2006）：

1）专业品质。规定了与儿童和青少年的关系、职责与规章、交流与合作、个人的专业发展 4 个二级指标。

2）专业知识和理解。规定了教与学、评价与监控、学科知识、课程、读写算与 ITC、成绩与多样性、身心健康 7 个二级指标。

3）专业技能。规定了计划与教学、评价监督与反馈、反思与改进、学习环境、团队合作 5 个二级指标。

标准主体组块与专业标准维度的对应关系如表 5-7 所示。表中空白的地方应该是每个指标所规定具体内容所对应不同组块要求的详细描述，因内容繁多，此处省略掉而没有列出。该标准规定的专业品质对应我们前文强调的专业精神。

表 5-7　标准主体组块与专业标准维度的对应关系

标准维度		主体组块				
一级指标	二级指标	Q	IM	P	E	A
专业品质	儿童和青少年的关系					
	职责与规章					
	交流与合作					
	个人的专业发展					
专业知识和理解	成绩与多样性					
	学科知识					
	课程					
	身心健康					
	读写算与 ITC					
	评价与监控					
	教与学					
专业技能	团队合作					
	学习环境					
	计划与教学					
	评价监督与反馈					
	反思与改进					

2012 年，英国教育部正式颁布了新的《教师标准》，用它取代了此前发布的《合格教师资格标准》《初级教师专业标准》《注册教师行为实践守则》。但是，该标准更多地强调对教师教学行为的标准化规定，在教师专业化发展方面尚不能完全取代 2007 年《教师专业标准框架》的作用。

三、英国教育科技产品教师培训工具介绍

遵照上述标准，英国教育科技企业对教师 CPD 培训工具软件平台进行了产品开发，但产品从标准一级指标维度上区分只涉及两类：一类是专业知识和理解，就是我们常说的学科教学培训；另一类是专业技能，就是我们常说的教学技能培训。2017 年 1 月，"中英教育技术与教育装备比较研究"项目组在英国伦敦对 BESA 旗下的 TES Global 公司进行了实地考察，该公司的项目负责人对他们的产品做了详细的介绍，并进行了深入的讨论。以下对他们的教师 CPD 培训工具部分产品做一个简单的统计。表 5-8 开列了 TES Global 公司教师 CPD 培训工具软件平台中学科知识培训类产品。

表 5-8　学科知识培训类产品

序号	产品名称	产品描述	参考网址
1	Subject Knowledge Enhancement for Teachers	中文名称：学科知识提高课程教师版 目标人群：想要获得进一步专业提升或想要学习一门新学科的教师 课程描述：为有教师资格认证的在职教师提供学科专业知识升级培训，或者新学科的专业知识培训。 培训学科：生物、化学、信息技术、法语、地理、德语、数学、物理和西班牙语。 学习支持：有专业教师对学习者进行个人辅导，帮助制订学习计划和指导学习进度。 测量评价：①过程性评价。学习过程中完成规定任务，个人辅导教师将在过程中给予支持和反馈。②期末任务。完成两篇教案，并完成教学实施，收集学生反馈，完成教学反思和自我评价。辅导教师将对作业进行反馈和打分。	https://www.tes.com/institute/subject-knowledge-enhancement-teachers
2	Subject Knowledge Enhancement for School	中文名称：学科知识提高课程学校版 目标人群：为学校中任何能够执教两门以上学科的教师 课程描述：为有教师资格认证的在职教师提供学科专业知识升级培训，或者新学科的专业知识培训。 培训学科：生物、化学、信息技术、法语、地理、德语、数学、物理和西班牙语。 学习支持：有专业教师任辅导教师，帮助制订学习计划和指导学习进程，并进行课堂指导。 测量评价：①过程性评价。学习过程中完成规定任务，个人辅导教师将在过程中给予支持和反馈。②期末任务。完成两篇教案，并完成教学实施，收集学生反馈，完成教学反思和自我评价。辅导教师将对作业进行反馈和打分	https://www.tes.com/institute/subject-knowledge-cpd-for-schools-and-teachers
3	Physics CPD Course for Teachers	中文名称：理科 CPD 课程教师版 目标人群：主要面向新手初中教师 课程描述：基于科学课新课标，为教师全面培训科学课的教学 课程模式：理论讲座加课堂实录的方式	https://www.tes.com/institute/physics-cpd-course
4	Physics CPD Course for Schools	中文名称：理科 CPD 课程学校版 目标人群：主要面向新手初中教师 课程描述：基于科学课新课标，为教师全面培训科学课的教学 课程模式：理论讲座加课堂实录的方式	https://www.tes.com/institute/physics-cpd-course-schools

续表

序号	产品名称	产品描述	参考网址
5	Return to Teaching CPD Course	中文名称：返岗教师培训 目标人群：返岗教师，或拥有教师资格但没有教学经验的教师 课程描述：唤醒教学专业知识，为返岗教师培训最新的教学理念和方法。 培训学科：生物、化学、信息技术、法语、德语、数学、物理和西班牙语。教师还将另外培训近年来的课标变化。 学习支持：全程提供个人辅导教师	https://www.tes.com/institute/return-to-teaching-online-course

表 5-9 开列了 TES Global 公司教师 CPD 培训工具软件平台中教学技能培训类产品。

表 5-9　教学技能培训类产品

序号	产品名称	产品描述	参考网址
1	Outstanding Teaching CPD Course for Teachers	中文名称：优秀教学 CPD 课程教师版 目标人群：所有教师 课程描述：通过课堂实例分析和讲解教学技巧，并提供教学资源的下载，为教师提供从备课到测试各个教学环节的提升培训。 学习支持：提供教师之间的交流平台。	https://www.tes.com/institute/outstanding-teaching-mike-gershon
2	Outstanding Teaching CPD Course for Schools	中文名称：优秀教学 CPD 课程学校版 目标人群：所有教师 课程描述：通过课堂实例分析和讲解教学技巧，并提供教学资源的下载，为教师提供从备课到测试各个教学环节的提升培训 学习支持：提供教师之间的交流平台	https://www.tes.com/institute/outstanding-teaching-for-schools
3	Better Voice for Teachers	中文名称：教师好声音 目标人群：所有教师 课程描述：在线声音训练，帮助教师克服嗓音问题以及如何应对声音疲劳。 培训形式：培训以一对一的形式，说明如何训练出有信任感的声音，并配有辅导教师跟踪学习情况。 学习支持：专业广播员做线上支持。 课程效果：能够提高教师健康使用嗓子和声音的能力，听课之后便能够立即将所学应用到教学甚至日常生活中	https://www.tes.com/institute/better-voice-for-schools-online-cpd
4	Growth Mindsets CPD Course	中文名称：心态成长 CPD 课程教师版 目标人群：所有教师 课程描述：培训教师如何引导学生面对挑战和困难，如何鼓励学生努力学习。 培训形式：提供丰富的课堂策略、技巧、活动和教学资源，辅以心态成长课程的教学实例，为各个层次的教师提供帮助。 学习支持：教师可以根据个性化的进度完成 10～12 小时的在线课程。课程创始人将在线参与讨论和答疑	https://www.tes.com/institute/growth-mindsets-mike-gershon
5	Promote Growth Mindsets in Your School	中文名称：心态成长课程学校版 目标人群：所有教师 课程描述：培训教师如何引导学生面对挑战和困难，如何鼓励学生努力学习。 培训形式：提供丰富的课堂策略、技巧、活动和教学资源，辅以心态成长课程的教学实例，为各个层次的教师提供帮助。 学习支持：线上平台为教师之间的交流和互相学习提供支持。教师可以根据个性化的进度完成 10～12 小时的在线课程。课程创始人将在线参与讨论和答疑。 课程效果：完成课程将获得培训证书	https://www.tes.com/institute/growth-mindsets-for-schools-cpd-0

续表

序号	产品名称	产品描述	参考网址
6	Lessons in Behavior Management CPD Course	中文名称：行为管理课程教师版 目标人群：新手教师 课程描述：提高课堂行为管理能力，营造良好的课堂学习氛围，深入研究课堂行为管理技巧背后的心理学机制。 培训形式：提供丰富的课堂策略、技巧、活动和教学资源，辅以心态成长课程的教学实例，为各个层次的教师提供帮助。 学习支持：提供教师之间的交流平台	https://www.tes.com/institute/behaviour-management
7	Behavior management CPD Training for Schools	中文名称：行为管理课程学校版 目标人群：新手教师 课程描述：提高课堂行为管理能力，营造良好的课堂学习氛围，深入研究课堂行为管理技巧背后的心理学机制。 培训形式：提供丰富的课堂策略、技巧、活动和教学资源，辅以心态成长课程的教学实例，为各个层次的教师提供帮助。 学习支持：提供教师之间的交流平台	https://www.tes.com/institute/behaviour-management-cpd-training-schools
8	SEND CPD Course	中文名称：针对残疾儿童的特殊教育培训 目标人群：所有教师 课程描述：通过案例视频和学生采访视频为载体，覆盖学习测评、元认知、思维方法和科技的创新使用四大培训主题。 学习支持：课程导师在线参与讨论	https://www.tes.com/institute/send-cpd-course

四、分析与评论

从上述统计的情况可以看出：

1）上述产品多数分为教师版与学校版（或校园版）。它们的区别在于组织者的不同，教师版培训是针对个体教师的，而学校版则以学校为单位进行组织。所以它们在培训内容上基本相同，培训方式等方面具有差别。

2）上述产品学科培训主要针对数学、物理、化学、生物、地理、计算机、科学以及第二外语等课程。从这些课程名称可以看出，培训对象应属于中小学教师，与英国《教师专业标准框架》所规定的教育教学对象为"儿童和青少年"之间是一致的。

3）英国《教师专业标准框架》规定的教师主体包括合格教师、入职教师（或普通教师）、有经验教师（或资深教师）、优秀教师以及高级技能教师5种类型。上述产品的培训对象相对于该标准应属于合格教师与入职教师两类，资深教师、优秀教师和高级技能教师在培训中起着教学设计和学习支持作用。

4）上述产品的教学技能培训方面表现出了细致入微的特点，甚至将在课堂讲授课程时如何进行正确发音都作为培训内容。正确的发音不仅可以保护教师的声带，更重要的是在不同教学情境下声音的抑扬顿挫效果可以更加引起学生的精神关注，增加学生的知识记忆，提高学生的学习兴趣。但是应该注意，汉语发声特点与英语发生特点存在重大差别，汉语语义的识别在很大比例上依靠4个声调来区分，而英语语义的识别在很大比例上依靠辅音来区分，这也是中国人说话声音较大在技术方面的原因。所以这类产品如果引进中国，必须进行深入的本地化改造。

5）教学技能培训中的课堂行为管理也是非常重要的内容，提高课堂行为管理的能力是为了营造良好的课堂学习氛围。这里的课堂行为既包括教师的教学行为，也包括学生的学习行为，教师的教学行为依靠教师自己来掌控，而学生的学习行为要依靠教师来调动。所以这一心理学技能对教师来说是至关重要的。

6）我国中小学的信息技术课程简称IT课程，英国相应的课程使用简称ICT，该课程现在使用名称computing。英国的信息技术课程强调中小学生的数字素养、信息通信技术和计算机科学，并把它们概括性地称为"computing"（高雅洁，柏毅，2013）。"中英教育技术与教育装备比较研究"项目组在对伦敦的中小学进行考察时，注意到这些学校computing课程的教学内容基本都是计算机编程，对小学生进行简单的面向对象的逻辑图形编程教学，而对中学生进行较为复杂的面向过程的语句和指令编程教学。

7）从上述产品的产品描述、培训方式等信息中可以看出英国教育的传统性，在那里我们看不到慕课（massive open online courses，MOOCs）、翻转课堂（flipped classroom）、微课程（micro-lecture）、建构主义（constructionism）等这些时髦的名词。英国是个十分传统的国家，在教育上也是这样，它并不追求一些新的教学模式或方法。我们在随"中英教育技术与教育装备比较研究"项目组参观牛津大学、剑桥大学和伦敦大学国王学院时，曾问那里的中国留学生是否知道什么是慕课，他们表现出一脸茫然，当向其解释了"MOOCs"的具体含义后，他们表示没有听说过。

8）表5-9教学技能培训的第8项是针对残疾儿童的特殊教育培训。将这个课程放到教学技能培训中并对全体教师进行培训，是考虑到随班就读的残疾儿童教育问题。2001年，英国颁布了《特殊教育法》，该法案规定了学龄残疾儿童在家长和本人的意愿下可以到普通学校随班就读，于是对教师在这方面的教学技能就提出了特殊的要求。

9）从表5-8和表5-9中的项目数对比可见，教学技能类的培训课程要远多于学科知识类培训课程，这进一步说明了英国基础教育在教师专业技能方面所具有的细节需求和精致的工匠精神。

第四节 学生能力问题在英国教育与教育科技中的表现

教育装备工作应该更多地关注学生的能力培养、测量与评价问题，因为教育装备投入仅与学生能力水平的提高具有相关性，必定存在对学生能力提高上发挥作用的很大可能性。这个命题已经不再是一个研究性假设，不再是教育科学猜想，它已经被采集到的巨量数据的分析证实。

一、能力问题的重要性

"德育为先，能力为重"是我国素质教育的国策，学生能力是指什么，以及学生能力为什么如此重要是需要我们首先阐述清楚的问题。

（一）知识与能力

知识（knowledge）可被简单地分为两个类型：显性知识（explicit knowledge）与隐性知识（tacit knowledge），而能力（ability）则属于隐性知识。

1. 显性知识与隐性知识

显性知识是可以直接通过语言对其进行描述，可以运用逻辑推导对其进行证明或证实的知识，它是学生在课堂上获取的最主要知识。学生在日常教学活动中通过听教师讲课或通过阅读书籍所获得的科学知识（数学、物理、化学、生物等知识）、人文知识（文学、历史、哲学等知识）都属于显性知识，这些知识都经过了严格的逻辑证明或证实，而测量学生掌握这些知识的水平通过卷面考试即可实现。

隐性知识的表现方式与显性知识明显不同，它多不能直接通过语言进行描述，并无法或无须对其进行证明。一般认为能力、技能（skills）、先验知识（prior knowledge）等都属于隐性知识的范畴（如与生俱来的生存技能、不证自明的几何公理）。能力与技能的提高依靠经常不断的训练，先验知识的获得则多是通过"点悟"来实现。

2. 能力的特征

人的能力是在实践活动中通过人体各个器官经历各种训练而得到提升的。我们使用"能力的提升"而不使用"能力的获得"这样的说法，是因为能力具有先验性。能力是隐性的，人们先天地具备某些能力，只是表现出来的程度不同。有些人具有先天的音乐才能，有些人具有先天的绘画才能，有些人天生就是个哲学家，而有些人天生就是个数学家，他们天生地就具有一些非凡的能力，这些能力都是先验的，后天的训练只是将这些能力获得加强或充分调动。能力是隐性知识，所以它具有隐性知识的特点，如人们无法用语言将一个具体的能力精确地描述出来；我们只能说这种能力强或不强，而不能像对显性知识一样说它是正确的还是错误的，且它不会被遗忘；能力只有在实践中得到提升，而不能像显性知识一样通过信息技术手段进行传播；同时它不能够被直接地进行量化和测量，只能通过间接的方法了解其被人们掌握的程度。

能力的这些特点使得它的提升、测量与评价变得十分困难，对它的研究进度非常缓慢，积累的经验也是凤毛麟角。所以借助世界上其他国家在本领域的先进经验就显得尤为重要。

3. 能力本位的教学条件

中小学的课堂教学是以学生获取显性知识为主要目的，我们称其为知识本位的教学。而中小学实验教学、社会实践、课外活动以及一些校本特色课程等则定位于以学生能力培养和提升为主要目的，我们称其为能力本位的教学。能力本位的教学需要构建一定的教学条件与环境，对这一条件与环境的研究是我们面临的一个重要的课题。

（二）素质教育与能力

对于能力，不同文化背景的社会和处于不同发展阶段的国家可能会有不同的认识和需求，但不管怎样，总是要思考培养什么能力、如何培养能力和培养效果如何测评等基本问题。如果这些基本问题没有弄清楚、想明白，能力培养的质量可能就会大打折扣。最近几年，国际社会高度重视 21 世纪能力培养问题，有关国家和国际组织发表了未来社会关键能力的看法，我国也在 2016 年发布了《中国学生发展核心素养》，为世界提供了关键能力的中国版本。同时，我们也发现，英国在能力测评方面处于全球领先地位，有些能力测评产品比较成熟可靠。所以，了解和学习包括英国在内的发达国家和地区有关能力培养的经验做法，对于我们开展素质教育、发展核心素养是十分重要的。

（三）教育装备与能力

2015 年 3 月，教育部教育装备研究与发展中心受教育部基础教育一司的委托进行"全国基础教育装备专项调查研究"工作。该项工作历时一年，对全国 6 个省份 290 所中小学校的 558 名正副校长、4300 名教师和 25 826 名学生进行了问卷调查、访谈和数据采集。对调查研究中返回的数据进行分析，得出两个结论（艾伦，2016）：一是教育装备的投入水平与学生的学业水平没有强相关性，教育装备投入对初、高中学生的学业水平基本是没有贡献的，它们之间不存在因果关系；二是教育装备的投入水平与学生的能力水平具有显著相关性，教育装备对学生能力水平的提高可能是有贡献的，它们之间有可能存在因果关系。

二、英国教育改革中涉及的能力问题

注重学生能力问题不仅是我国基础教育所关注的问题，在世界上作为教育发展先驱的英国以更加超前的意识与更加先进的手段处理着这一问题。从 1988 年英国政府颁布《教育改革法》开始到 2007 年英国国家课程标准制定，学生与教师的能力问题就一直没有离开过人们的视线。表 5-10 开列了这段时间内英国政府颁布的相关文件中对学生与教师能力要求的具体描述，英国教育改革中对师生能力问题的重视程度可见一斑。

表 5-10　1988—2007 年英国政府颁布教育改革文件中对能力要求的描述

时间	颁布文件	能力要求相关描述
1988 年	教育改革法	(a) 不同能力和不同成熟程度的学生在每一个主要阶段需要接受的事实、技能和理解力（在本章简称"成绩目标"） (b) 不同能力和不同成熟程度的学生在每一个主要阶段需要接受的事实、技能和活动（在本章简称"教学大纲"）（张振改，2014）
	英国国家课程	第二，探索能力。包括：(17) 动手能力；(18) 集体合作能力。第三，信息技能。包括：(19) 表达自己的意见和对别人见解的反应；(20) 利用参考资料。（余中根，2008）
1992 年	学校质量标准	(1) 学生学习质量 学生学习质量即学生在课堂上学习所取得的进步（对知识、理解力和技能的掌握程度）以及他胜任学习的能力（包括读、写、算方面的能力）。这些学习技能包括：准确、流畅和理解地进行阅读的能力，观察力，信息检索能力，寻找范例与规划的能力，较深的理解力，用各种不同方式交流信息和思想的能力，集中注意以及与他人有效地进行合作和工作的能力与在适当情况下应用计算机的能力（王小飞，2010）
2002 年	传递结果：到 2006 年的战略	战略目标之一：在教育标准和技能水平上达成卓越 具体目标 2：使所有年轻人能够发展并拥有生活与工作所需要的技能、知识和个人素养（冯大鸣，2004）
2007 年	英国国家课程	将操作化能力与知识内容分开表述 英国基础教育质量标准所强调的"核心能力"主要指向儿童的"生活技能"，要求学校培养出适应知识经济需求的"候选人"（丁晓昌，2011）
	教师专业标准框架	专业技能：计划、教学、评价监控和反馈、反思与改进、学习环境、团队合作（江芳，杜启明，2013）

时间	颁布文件	能力要求相关描述
2007 年	教师专业标准	3. 专业技能（professional skills） 专业技能包括一般能力和与教学有关的特殊能力。 其一是规划技能。 其二是教学技能。 其三是评价、监督和反馈技能。 其四是教学评审技能。 其五是学习环境营造技能。 其六是团队工作和合作技能。（孙珂，马健生，2011）

三、英国师生能力测评的教育科技产品

英国的教育改革非常关注教师与学生的能力问题，而且这种重视最终还能够具体体现在实践之中。英国政府对教育提出的师生能力的提升与测评，几乎都能够在教育科技产品中得以实现。"educational technology"一词在我国被称为教育技术，而在英国这个词组的汉语词义为教育科技（美国的"教育技术"一词则使用"instructional technology"）。英国从事教育科技的企业形成了一个稳固的行业。

（一）英国教育科技企业学生能力相关产品比例分析

BESA 旗下的企业被称为教育科技产品厂商与服务商，其厂商中有大量是生产教师与学生能力训练与测评软件的企业。

1）BESA 旗下的企业数为 325 个，占据了英国全国从事教育科技行业中企业数的 80%。

2）BESA 网站（http：//www.besa.org.uk）链接的各企业官方网站数为 283 个，占 BESA 全部成员数（325 个）的 87.08%。

3）在上述 283 个企业中具有教育软件产品的厂商数为 230 家，占网站上链接全部企业数的 81.27%。

4）在上述 230 家具有教育软件产品的厂商中从事师生能力训练与评测软件开发、设计、生产的厂商数量为 56 家（其余为教育教学资源、教育管理软件等产品厂商），占全部教育软件产品厂商的 24.35%。

5）在上述 56 家从事师生能力训练与测评软件生产的厂商中专注于能力测量评价软件研究与生产的厂商数量为 31 家，占比为 55.36%。

6）在上述 31 家生产师生能力训练与测评软件的厂商中仅针对学生能力测评软件生产的厂商数量有 23 家，占比为 74.19%；其余 8 家厂商除了生产学生能力测评软件外同时还生产教师能力测评软件，占比为 25.81%。

这种比例的合理性我们尚不能对其做出充分论证，但它毕竟是伴随着英国教育改革几十年的实践而逐步形成的，所以它的比例关系对我国这一行业合理构成具有参考意义。英国 BESA 网站可以链接到的企业（283 个）中，从事师生能力训练与测评软件生产的厂商共计 56 家，相对于英国全国可能存在的相同厂商数应为：56×（325/283）÷ 80%≈80（家）。英国 2015 年全国中小学校数量为 32 175 所，则平均每家此类厂商对应的学校数约为 402 所。中国 2015 年全国中小学校数量总计为 26.78 万所，如果也按照平均每家此类厂商对应 402 所学校计算，则中国需要此类厂商数量约为 666 家。这仅仅是一个参考性的粗略估算，并没有将诸多影响该数据的因素考虑进去，如学生能力类型数量的限制、生产厂商与代理经销商的比例关系、中英文化差异造成的两国教育培养目标的不同等重要与非重要因素。

（二）英国教育科技学生能力测评软件案例分析

表 5-11 是英国教育科技行业中从事学生能力测评软件的一个真实厂商产品的实际情况（隐去了厂商的名称）。从中可以发现一些有价值的信息。

1）一家厂商并非只有一个能力测评软件产品，此案例中的厂商就有 4 个此类产品。

2）提供的测量工具针对性是很强的，对应不同的能力问题都有具体的解决方案。

3）从能力类型上看，该案例关注了学生的学科学习能力、阅读能力、逻辑推理能力、认知能力以及对事物的理解能力等多方位的能力。

4）给出软件测试功能的同时还提供了测试条件，这对于能力测评结果的科学性是十分重要的。

5）英语、数学和科学这 3 个学科的测评是英国中小学生最基本测评，它是由英国教育标准局（Ofsted）规定的标准化测评内容，是分别针对英国 7 岁、11 岁、14 岁和 16 岁学生的国家课程标准规定，同时也是西方提出的"STEM"教育的基本内容。

表 5-11　英国教育科技某厂商的能力测评软件产品功能描述

软件名称	Cognitive Ability Tests（CAT4）	The Complete Digital Solution（CDS）	Progress Test Series	New Group Reading Test（NGRT）
针对能力	认知推理能力	自然推理的能力 学习态度 目前能力的表现	英语、数学和科学 3 个学科的成绩与发展情况测评	阅读和理解能力（包括语音测试）

续表

软件名称	Cognitive Ability Tests（CAT4）	The Complete Digital Solution（CDS）	Progress Test Series	New Group Reading Test（NGRT）
类型	单项能力测评	综合测评（显示一年的变化）	学科测评	单项能力测评
能力测评功能简述	通过语言交际能力、非语言交际能力、数学能力、空间意识4个维度的测量认知能力，并提供全国平均能力水平作为参照。测试不受课标材料和母语学习的影响	包括3套测量工具 1）能力测试工具：CAT4。 2）成绩测试工具：通过Baseline，Progress Test Series，New Group Reading Test，Single Word Spelling Test 4个测试显示与学生认知水平不符的成绩异常。 3）学习态度测试工具：通过Dyslexia Screener，Pupil Attitudes to Self and School（PASS），Kirkland Rowell Survey测试学生学习过程中存在的态度或情绪问题	PT Series是基于课标的学科测评	测评分为两部分：完成句子——测量解码和基本理解能力；篇章理解——逐步提高难度，测量理解能力。阅读能力较弱的学生将需要完成拼读能力测试
网址	https://www.gl-assessment.co.uk/products/cognitive-abilities-test-cat4/	https://www.gl-assessment.co.uk/products/complete-digital-solution-cds/	https://www.gl-assessment.co.uk/products/progress-test-series/	https://www.gl-assessment.co.uk/products/new-group-reading-test-ngrt/

四、结束语

人才培养的事业中学生能力问题是非常重要的一环，英国教育很早就意识到了这个问题。从英国教育与教育科技产品的分析中可以看到它们在这方面的成绩，这些应该成为我们可以借鉴的先进经验。今后，我们还要进一步分析英国教育科技企业所关注学生能力的类型、提高学生能力的训练方法、测量评价这些能力的工具及其工作原理。

参 考 文 献

艾伦. 2009. 教育装备学与教育技术学. 中国教育技术装备，(29)：6-7.

艾伦. 2010. 对通用技术课程定位的思考. 中国教育技术装备，(14)：35-39.

艾伦. 2012. 教育装备的起源与本质. 中国教育技术装备，(6)：3-7.

艾伦. 2013. 关于教育装备功能的讨论. 中国现代教育装备，(16)：75-77.

艾伦. 2015. 教育装备元标准建立的必要性. 中国现代教育装备，(23)：1-5.

艾伦. 2016. 中英教育装备行业构成对比分析. 中国现代教育装备，(20)：5-8.

艾伦等. 2006. 教育装备与装备制品差异分析. 中国教育技术装备，(2)：4-7.

艾伦，潘登宇，张鹏. 2016. 标准化的目标取向与条件取向——英国教育标准对我国教育装备工作的启示. 中国现代教育装备，(22)：5-10.

陈俊珂，孔凡士. 2007. 中外教育信息化比较研究. 北京：科学出版社，110-116.

陈克守，刘金文. 2008. 逻辑学. 济南：山东人民出版社，10-11.

丁晓昌. 2011. 瞭望世界的风景国际比较教育研究报告集. 南京：江苏教育出版社.

杜威. 1987. 杜威传. 单中惠，编译. 合肥：安徽教育出版社.

冯大鸣. 2004. 美、英、澳教育管理前沿图景. 北京：教育科学出版社，7，110，116，144.

冯大鸣. 2011. 西方六国政府-学校关系变革. 上海：上海教育出版社，5.

高雅洁，柏毅. 2013. 英国中小学 ICT 教育实施情况分析——《ICT in schools 2008-11》述评. 江苏教育学院学报（社会科学），(2)：45-49.

顾明远. 1998. 教育大辞典（增订合编本上）. 上海：上海教育出版社.

郭彩琴. 2007. 逻辑学教程. 北京：北京大学出版社，10.

何智. 2015.《北京市中小学办学条件标准细则》研制与思考. 中国现代教育装备，(24)：23-28.

何智，艾伦. 2004. 教育装备的发展特点分析. 长春 2004 年教育技术国际论坛论文集. 长春：吉林大学出版社，746.

洪治纲. 2004. 冯友兰经典文存. 上海：上海大学出版社，119.

后有为. 2006. 深化对教育技术装备的认识，用教育技术装备促进学校发展、促进教育教学改革、促进教师的专业成长. http://www.njjyzb.cn/old/article/view1240.aspx.

胡德海. 2006. 教育学原理（简缩版）. 兰州：甘肃教育出版社.

胡泽君. 2008. 公共管理与社会服务. 北京：中央编译出版社，199，200.

江芳，杜启明. 2013. 小学教师专业标准知与行. 芜湖：安徽师范大学出版社.

教育部. 2016. 加强中小学装备工作 服务立德树人根本任务——教育部印发《关于新形势下进

一步做好普通中小学装备工作的意见》. 中华人民共和国教育部政府门户网站 http：//moe.edu.cn/jyb_xwfb/gzdt_gzdt/s5987/201607/t20160727_273081.html.

教育部高等教育评估中心. 2005. 高等学校教学工作评估与教学成果评审实用手册（第 4 卷）. 北京：教育科学出版社，9.

孔德音. 1980. 标准化理论与实践. 天津：天津市标准化学会，3-4.

夸美纽斯. 1999. 大教学论. 傅任敢译. 北京：教育科学出版社.

李建民. 2015. G20 国家教育研究丛书英国基础教育. 上海：同济大学出版社，184，231.

李艺，颜士刚. 2007. 论技术教育价值问题的困境与出路. 电化教育研究，（8）：9-12.

李正福. 2014. 中学实验教学有待加强. 中国现代教育装备，（4）：1-4.

李正福. 2015. 技术与教学的整合机理初探. 中国现代教育装备，（8）：1-5.

李正福. 2015. 科学教育基础设施建设的现状与发展. 中国现代教育装备，（11）：1-5.

李正福. 2015. 中学生实验学习方式现状调查.

李正福. 2016. 实验学习方式的现状、问题与对策. 教育评论，（6）：146-149.

李正福. 2017.《北京市义务教育阶段办学条件标准细则》修订项目国际对比研究报告. 北京：北京市教育技术设备中心.

李正福，等. 2015. 提高实验资源使用效益的策略分析. 教育理论与实践，（8）：56-58.

林聚任，刘玉安. 2004. 社会科学研究方法. 济南：山东人民出版社，151.

刘长欣. 2010. 初中物理实验教学指导书. 北京：教育科学出版社.

刘俊生，余胜泉. 2012. 分布式认知研究述评. 远程教育杂志，（1）：92-97.

刘文其，胡春华，黄京文. 2009. "教学仪器设备存在的问题及质量管理的思路"课题研究调查报告. 中国教育技术装备，（14）：44-50.

卢梭. 1978. 爱弥儿：论教育. 李平沤，译. 北京：商务印书馆.

罗晖，王康友，陈玲等. 科学教育蓝皮书：中国科学教育发展报告（2015）. 北京：社会科学文献出版社.

马如宇. 2009. 教育技术装备概念及内涵界定思考. 中国教育技术装备，（23）：8-13.

孟德斯鸠. 1961. 论法的精神. 张雁深，译. 北京：商务印书馆，11.

倪文杰，张卫国，冀小军. 1994. 现代汉语辞海（注音、释义、词性、构词、连语）. 北京：人民中国出版社，215.

任飏. 2013-11-25. 基础教育要警惕过度信息化. 人民日报，第 5 版.

孙珂，马健生. 2011. 促进教师的专业发展：英国教师教育标准述评. 比较教育研究，（8）：30-34.

孙涛，李正福. 2017. 论校内外科技教育的结合. 教育理论与实践，（23）：21-23.

田晓娜. 1994. 中国学校图书馆（室）工作实用全书. 北京：国际文化出版公司，745.

王德峰. 2000. 哲学导论. 上海：上海人民出版社，137-138.

王俊琴. 2017. 国际标准书号的起源与发展：从 SBN 诞生到 ISBN 修订. 出版广角, (5)：64-66.

王小飞. 2010. 英国教育质量标准评述. 中国教育政策评论, 279-296.

吴坚, 傅殿英. 2005. 实用逻辑学. 北京：首都经济贸易大学出版社, 20.

吴志强, 汪滋淞, 干靓. 2012.《绿色校园评价标准》编制研究. 建设科技, (6)：52-55.

新标准信息. 1999. 英国教育标准化. 兵工标准化, (5)：5.

徐斌. 2001. 国际图联《中小学图书馆宣言（1999）》解析. 中国图书馆学报, (5)：91-93.

殷常鸿, 胡又农, 艾伦. 2005. 教育装备理论框架构建浅析. 中国教育技术装备, (11)：1-5.

余中根. 2008. 外国教育史研究. 昆明：云南大学出版社.

约翰·洛克. 1998. 教育漫话. 徐诚, 杨汉麟译. 石家庄：河北人民出版社.

翟博. 2006. 教育均衡发展：理论、指标及测算方法. 教育研究, (3)：16-28.

张如喜. 2005. 标准化入门 ABCD. 广州：广东科技出版社, 15-16.

张雅琪, 盛小平. 2014. 英国图书馆法律制度体系及其作用分析. 图书情报工作, (10)：35-41.

张振改. 2014. 教育政策的限度研究. 北京：人民出版社.

章云珠. 2012. 论英国教师专业标准框架的特征. 教育评论, (2)：156-158.

赵松等. 2016-06-20. 校园"毒跑道"追踪：国外校园跑道采用什么材质、安全监管如何？.
　　http://world.people.com.cn/n1/2016/0620/c1002-28456847.html?from=singlemessage.

中国标准化研究院. 2014. 标准是这样炼成的——当代中国标准化的口述历史. 北京：中国质检
　　出版社, 中国标准出版社.

中国标准化研究院. 2015.2014 国际标准化发展研究报告. 北京：中国质检出版社, 中国标准出
　　版社, 3.

中国标准化研究院国家标准馆. 2015. 国际标准化资料概览——ISO 成员国国家标准化组织篇.
　　北京：中国质检出版社, 中国标准出版社, 165-166.

中国教育技术协会. 2010. 关于成立中国教育技术协会技术标准委员会的通知. 现代教育技术,
　　(6)：159-160.

周冬, 贾文彤. 2015. 近 30 年来英国学校体育政策研究. 河北师范大学学报（教育科学版），
　　4：98-102

周国梅, 傅小兰. 2002. 分布式认知——一种新的认知观点. 心理科学进展, (2)：147-153.

祝怀新. 2003. 英国基础教育. 广州：广东教育出版社, 51-52.

Cole M, Engestrom Y. 1993. A cultural-historical approach to distributed cognition. In：Salomon G.
　　ed. Distributed cognitions：psychological and educational considerations. USA：Cambridge
　　University Press.

后　记

　　本书是英国繁荣基金项目（2016—2017 年度）"中英教育技术与教育装备比较研究"的重要研究成果。

　　本书从我国教育技术和装备现实状况与战略发展出发，选择了中英教育技术与装备领域较为重要的几个主题，聚焦了标准规范、具体实施、差异对比等几个方面，介绍了英国教育科技行业发展状况、教育科技标准化建设情况、中小学教育装备实施情况等内容，并比较了中英双方的差异以及比较优势，提出了我国教育技术与装备有关领域发展的对策建议。希望对了解英国教育科技发展、教育技术与装备标准化建设提供一些素材和参考。

　　感谢英国驻华大使馆国际贸易部教育科技及高等教育总监潘登宇先生和《中国现代教育装备》杂志社张鹏主编，没有他们的指导与鼓励，本书很难顺利完成。感谢科学出版社教育与心理分社付艳社长和朱丽娜老师对本书的出版付出大量心血！特别要感谢艾伦教授。艾教授是我国教育技术装备理论的开拓者，德高望重，学识渊博，书稿撰写得到艾教授的全力支持和全程指导，在此表示衷心感谢！

　　由于教育装备体系庞大，内容繁杂，涉及领域多，中英教育装备又存在许多差异，项目组短短一年多的研究是远远不够的。书中有一些内容还不够成熟，材料收集、翻译、整理还存在一些问题与不足，挖掘深度也还不够，敬请读者批评指正。

李正福

2017 年 10 月 6 日